本书为国家社会科学基金重大项目（编号：22&ZD180）的阶段性成果之一

金融科技对
金融稳定的影响研究
——基于金融安全的视角

黄靖雯　陶士贵◎著

RESEARCH ON THE IMPACT OF FINTECH ON
FINANCIAL STABILITY
–BASED ON THE PERSPECTIVE OF FINANCIAL SECURITY

经济管理出版社
ECONOMY & MANAGEMENT PUBLISHING HOUSE

图书在版编目（CIP）数据

金融科技对金融稳定的影响研究 ：基于金融安全的
视角 / 黄靖雯，陶士贵著. -- 北京 ：经济管理出版社，
2025. 6. -- ISBN 978-7-5243-0111-0

Ⅰ．F832

中国国家版本馆 CIP 数据核字第 2025HY9779 号

组稿编辑：张巧梅
责任编辑：张巧梅
责任印制：张莉琼
责任校对：王淑卿

出版发行：经济管理出版社
　　　　　（北京市海淀区北蜂窝 8 号中雅大厦 A 座 11 层　100038）
网　　　址：www. E-mp. com. cn
电　　　话：（010）51915602
印　　　刷：唐山昊达印刷有限公司
经　　　销：新华书店
开　　　本：720mm×1000mm/16
印　　　张：14
字　　　数：251 千字
版　　　次：2025 年 6 月第 1 版　　2025 年 6 月第 1 次印刷
书　　　号：ISBN 978-7-5243-0111-0
定　　　价：88.00 元

前　言

在全球经济数字化深入发展的背景下，金融科技已成为多国金融业数字化转型与提升国家金融竞争力的重要抓手。金融科技与金融创新理论、金融中介理论、金融监管理论和金融发展理论等联系紧密，对经济金融领域的发展能够产生重大影响，兼具金融与科技双重属性，涉及金融、科技、网络与数据等多领域国家安全。因此，在鼓励通过金融科技创新发展提高国家金融竞争力的同时，也要警惕金融科技创新可能在金融领域引发的安全风险，尤其在当前新一代信息技术对金融领域的变革效应逐步增强的背景下，如何统筹金融科技高质量发展与高水平金融安全问题值得深入研究。金融稳定是金融安全的基础，包括中国在内的多国中央银行都已关注金融科技对金融稳定的影响。我国将金融科技作为促进传统金融数字化转型和金融服务实体经济、推动普惠金融与经济绿色低碳转型发展的重要引擎，并已推动金融稳定立法，基于金融安全的视角研究我国金融科技发展对金融稳定的影响具有重要的理论与现实意义以及广泛的国际示范效应。

本书基于金融安全的视角，其撰写思路和研究设计紧密围绕金融科技对金融稳定的影响展开，试图回答以下三类具体问题：①金融科技发展是否对金融稳定产生显著影响？同时，金融科技在不同维度与业务领域的不均衡发展是否对金融稳定产生结构性影响？考虑不同因素时金融科技对金融稳定是否具有异质性影响？②金融科技如何影响金融稳定？③金融科技对金融稳定的影响程度是否受到其他外部因素的调节？

首先，本书第1章阐明研究背景、研究目的与研究内容，在此基础上，第2章从概念界定与文献综述入手，明晰金融科技与金融稳定的内涵，通过梳理国内外相关研究现状与前沿动态，以及对既有文献的综合述评，力图在现有研究基础上寻求新的突破点，弥补现有研究的不足。其次，本书遵循"理论分析—假设提出—假设检验"的分析范式，在第3章基于金融创新理论、金融中介理论、金融监管理论和金融发展理论等理论视角，构建了一个系统性分析框架，提出研究假设，并基于第4章的核心变量测度数据，在第5章和第6章使用计量经济学实证分析方法逐一验证了金融科技对金融稳定的影响效应、作用渠道与调节机制，回应了本书提出的三类具体问题。再次，在上述理论分析范式之外，本书在第4章从实践角度，综合分析了中国金融科技演进历程、发展特征、监管框架与制度演进以及金融稳定的监管等特征事实，力求为提升金融科技水平、促进金融稳定路径的现实适用性提供现实依据。最后，本书在第7章对研究结论进行总结，提出了相应的启示与政策建议，旨在引导并规范金融科技高质量发展，防范金融风险，维护金融稳定和金融安全。

本书的特色主要体现在以下四个方面：①本书在概念界定部分对金融科技、互联网金融和数字金融等概念进行了统一辨析，有助于读者深入理解中国的金融科技内涵与发展。②基于金融创新等多理论视角，结合金融科技对经济与金融的影响，较为全面地揭示了金融科技对金融稳定的影响效应与影响机制。综合分析了金融科技作用于银行体系风险、影子金融风险、金融与经济包容性以及环境风险等渠道对金融稳定产生的可能影响；探讨了政府治理、金融监管、市场化与数字基础设施等因素在金融科技影响金融稳定程度上的调节机制，有助于更加深刻地理解金融科技与金融稳定之间的内在联系。此外，考虑了在不同金融科技发展水平、地理区位与征信体系完善程度下金融科技对金融稳定的异质性影响，为深入理解不同情境下的二者关系进行了有益尝试。③规范化揭示了金融科技对金融稳定的非线性"U"型影响解释框架，更细致地阐述了二者之间的关系，提升了"U"型关系确立的规范性、可解释性以及研究结论的可信度。④基于中国金融科技发展与监管现实以及金融稳定监管实际，利用较新的数据探讨了二者之间的关系，增强促进金融科技发展与维护金融稳定路径的现实适用性。

本书是国家社会科学基金重大项目"总体国家安全观下防范和应对外国经济制裁研究"（22&ZD180）的阶段性成果之一，并得到其资助。本书在撰写过程中，参考和引用了大量国内外相关论文与著作，在此对所有涉及的专家、学者表示衷心的感谢。本书是在黄靖雯博士毕业论文的基础上修订完成的，在写作和修订过程中，担任博士生导师的陶士贵教授全程悉心指导、严格把关，最终两人共同完成本书。同时，南京师范大学商学院多位教授提出了宝贵意见和建议，为本书内容的改进与完善提供了重要参考，在此表示诚挚的谢意。同时，也感谢经济管理出版社的编辑和工作人员，他们的专业指导和辛勤工作使本书得以高质量地呈现在读者面前。

需要指出的是，由于作者水平有限，加之编写时间仓促，同时又由于金融科技仍处在蓬勃发展期，金融科技影响金融稳定的相关研究尚处于快速发展阶段，需要不断面对新的知识，解决新的问题，所以书中难免会有一些疏漏与不足之处，恳请广大读者不吝赐教，我们将在未来的研究中不断改进和完善。同时也期待未来能有更多学者加入这一研究领域，进一步丰富金融安全视角下的金融科技发展与金融稳定维护相关研究。

希望本书的出版能够为后续基于金融安全视角的金融科技高质量发展和金融稳定维护等方面的研究提供一定的理论和实证支持。

作　者

2024 年 9 月

目　录

第1章 绪论

本章首先阐述了研究背景，其次提出研究目的与研究意义，再次列出研究的内容、方法与技术路线，最后分析了研究可能的创新点。

1.1 研究背景

1.1.1 金融科技的兴起与发展

21世纪以来，金融行业已逐渐从以实体银行分支机构为特征的行业，转向由各种类型的服务提供商组成的行业（Minto et al.，2017）[1]，金融业务触达用户的方式逐渐向无实体接触、智能化与数字化模式演变。随着金融行业技术变革进程的加快，金融行业受到数字化越发强烈的影响，近年来尤以金融科技的兴起为典型（Zavolokina et al.，2016）[2]。金融科技的产生和发展并非偶然，而是具有一定的必然性，离不开消费者日益增加的对便捷、高效率和低成本的金融服务的需求，信息技术的发展驱动以及经济全球化的趋势引领。金融科技属于技术驱动的金融创新（FSB，2016）[3]，给金融服务的提供方式带来了根本性变革，在全球范围内迅速发展，并在资本市场、借贷、支付结算等领域深度应用，充分激发和释放了"金融＋科技"的活力以及数据要素的作用，金融科技逐渐成为国内外经济金融领域关注的热点。

金融科技有助于降低信息不对称，满足长尾市场需求，缓解金融抑制，在推进利率市场化、提升金融服务效率、促进普惠金融发展以及经济绿色转型发展等方面具有重要作用。在数字化变革浪潮和全球竞相发展数字经济的背景下，金融科技已成为多国在国际竞争中提升国家金融竞争力的重要抓手。从全球视角来看，金融科技已经逐渐成为世界金融领域竞争与合作的焦点（中国互联网金融协会和毕马威，2021）[4]。其中，以数字货币（包括法定数字货币和私人数字货币）为代表的部分金融科技业态的兴起和发展已逐渐对世界金融体系产生了变革性的影响（周帅和付争，2022）[5]。

中国在顶层设计方面规划了经济和社会等多领域的全方位数字化变革图景，数字经济建设深入推进，金融科技成为重点发展领域。2022年1月12日，《"十四五"数字经济发展规划》的印发加快了我国经济、社会和政府管理等各领域的全方位数字化变革，使数字经济和数字金融纵深发展，金融服务的数字化和智能化程度也逐渐提升；党的二十大报告提出要建设网络强国、科技强国和数字中国，这为中国未来科技的发展指明了方向，为数字经济建设提供了坚实的数字化基石；2023年2月，中共中央、国务院印发的《数字中国建设整体布局规划》将金融业中的数字技术创新应用作为重点发展的领域之一。金融科技的深入发展离不开大数据、云计算和区块链等数字技术的应用，在新一轮科技革命和产业变革深入推进的背景下，技术对金融的变革效应更加全面和深入，金融科技已经成为数字经济发展的核心（贾圣林，2020）[6]。自2017年开始，中国金融科技发展迈入"快车道"（王晓青和许成安，2021）[7]，跨越金融电子化和信息化以及以互联网金融为主的金融互联网化和移动化阶段，进入数字化和智能化发展阶段（黄靖雯和陶士贵，2022）[8]。在数智化阶段，数字货币和开放银行等新业态和应用逐渐兴起，金融科技已成为中国金融业数字化转型、发展数字经济和提升国家金融实力与竞争力的重要手段，在政策的引领下不断优化资金供给结构，增强金融服务实体经济的能力，助力普惠金融、供应链金融、绿色金融、农村金融和科技金融等各领域发展。

1.1.2 金融安全观下金融稳定的战略地位提升

金融安全是国家安全的重要组成部分，由于国家安全理论主要源自国际经济与国际政策领域，金融安全可以看作是主权意义上的金融稳定，即金融体系处于没有危险及未受到内外威胁的状态，因此，金融稳定是金融安全的基础（郑联盛和李俊成，2023）[9]。金融稳，则经济稳。世界各国都将金融业作为严格管制行业，一个重要原因是金融稳定对经济体系具有重大影响（周剑，2019）[10]，对国家的经济稳定尤为关键（黄达和张杰，2020）[11]。2008 年国际金融危机以来，系统性金融风险控制成为实践界和学术界关注的重要内容，金融稳定逐渐成为各国宏观调控的目标之一（杨源源和高洁超，2021）[12]。中国将金融稳定作为经济健康有序发展、保障国家安全的长效机制，以防范化解系统性金融风险为根本任务，自 2021 年开始稳步推进金融稳定立法工作，将维护金融稳定上升到法律层级。2022 年 3 月，设立金融稳定保障基金以强化金融稳定、维护金融安全。2023 年 3 月，中共中央、国务院印发《党和国家机构改革方案》，设立中央金融委员会作为党中央决策议事协调机构，负责金融稳定和发展的顶层设计、统筹协调、整体推进、督促落实，研究审议金融领域重大政策、重大问题等。可见，金融安全观下金融稳定的战略地位得到提升。

1.1.3　金融安全视角下研究金融科技对金融稳定影响的必要性

金融科技具有金融与科技双重属性，涉及金融、科技、网络与数据等多领域国家安全。金融科技的本质仍为金融，从金融安全的视角来看，防风险与维稳定是金融工作的永恒主题。金融稳定是一个涵盖金融系统稳健运行和金融生态环境持续改善等内涵的系统性概念，是金融安全的核心组成部分，厘清金融科技对金融稳定的影响效应与影响机制是金融安全视角下的一个重要议题。尤其是在各类新兴技术在金融领域的应用程度逐渐增强，网络风险、数据安全等科技伦理问题层出不穷，金融科技的影响范围和金融稳定的战略地位得以提升的背景下。因此，从金融安全的视域下讨论金融科技的风险与安全保障的研究尤为必要。

随着金融科技发展程度的不断深入，金融科技逐渐表现出一系列影响金融稳定的风险与机遇。金融科技行业的发展规模越大，对整个金融行业稳定的影响就越大（Navaretti et al.，2017）[13]，世界各地的监管政策制定者和标准制定者都已关注金融稳定的风险和机遇（Antunes，2021）[14]。一方面，金融科技具有金融与技术双重属性，可能引发各类风险，导致金融不稳定。在金融科技的金融业务属性方面，由于金融科技的本质仍为金融，并未改变和消除金融风险的属性和类型，仍然存在因期限和流动性错配以及高杠杆等导致的传统微观金融风险，还可能产生风险扩散和传染、顺周期性以及系统重要性风险等宏观金融风险，业务运行主体和业务运行模式也会带来风险。在金融科技的技术属性方面，金融科技的发展根本与大数据、云计算、人工智能等信息技术具有密切联系，金融领域对信息技术的深度使用使技术类操作风险更大，也可能会引发网络安全风险、技术不完备风险、技术依赖和第三方依赖等科技应用类风险。此外，金融科技领域大科技公司等平台经济存在系统重要性与垄断等特有风险，金融科技发展带来了消费者隐私侵犯与算法歧视等伦理问题，面临国际制裁等国家安全风险，这些均可能给金融稳定带来消极效应。另一方面，金融科技发展产生的一系列经济金融影响也给维护金融稳定带来了机遇。首先，金融科技能够产生"鲶鱼效应"，促进传统金融机构竞争与数字化发展，变革组织模式，提升运营效率，影响金融体系，进而对金融稳定产生影响；其次，金融科技有助于降低金融交易门槛，促进普惠金融发展，改善城乡收入失衡等不平等发展，提升金融与经济包容性水平；再次，金融科技对绿色产业的支持有助于调整产业结构，促进经济绿色转型发展，降低环境风险；最后，金融科技部分领域如监管科技的应用能够提前监控金融科技业务运行，经评估合格后再推向市场应用的模式有助于保障金融稳定。

从一般意义上来说，金融发展与金融安全是金融领域需要兼顾的两大重要方面，在促进金融科技发展的同时保障金融安全与维护金融稳定对经济金融稳健运行具有积极意义。如何防范金融科技发展风险，利用金融科技发展机遇，在以金融科技赋能经济金融高质量发展的同时维护金融稳定，处理好金融科技创新发展与金融稳定的关系至关重要。

金融科技对金融稳定的影响这一议题从 2017 年开始逐渐在学术界受到关注，相关文献对此进行了探索性研究，但对金融科技影响金融稳定的理论分析、作用渠道与调节机制分析尚不足。中国金融科技的市场规模较大，在支付等业务领域的发展全球领先，对金融稳定的潜在影响较大。我国将金融科技作为促进金融服务实体经济、推动普惠金融发展与经济绿色低碳转型发展的重要引擎，在通过金融科技发展促进实体经济与金融数字化转型的过程中其对金融稳定发挥了何种作用以及如何发挥作用等问题都值得深入研究。基于中国国情的金融科技与金融稳定研究具有重要的理论与现实意义以及广泛的国际示范效应。综合以上研究背景，本书基于中国样本聚焦于金融科技对金融稳定的影响展开研究。

1.2　研究目的与意义

1.2.1　研究目的

金融科技是深层次与多维度的金融创新，实质上承担着金融中介机构将储蓄转化为投资等金融功能，与金融监管联系紧密，其发展有助于促进金融深化。本书基于金融创新、金融中介、金融监管和金融发展等理论视角，围绕金融科技对金融稳定的影响，试图回答以下三类关键问题，为系统性评估金融科技对金融稳定的影响提供经验证据，并为促进金融科技健康可持续发展的同时更多地发挥其对金融稳定的积极影响提供启示与建议。

第一，金融科技发展能否对金融稳定产生显著影响？目前大多数研究对此尚无统一定论，有正影响、负影响、无影响和非线性影响等多种结论，部分实证分析的规范性和结果的稳健程度均有待提升，综合多理论视角以及金融科技发展与监管现实的分析框架较少。同时，金融科技能否对金融稳定产生结构性影响？如金融科技在不同发展维度与不同业务领域存在发展不均衡。金融科技对金融稳定的影响效应是否存在多因素情境下的异质性？如金融科技发展水平的高低、地理区位的分布以及征信体系的完善程度均可能产生异质性影响。

第二，金融科技如何影响金融稳定？即金融科技能够通过哪些渠道对金融稳定产生影响？如金融科技之于金融体系的鲶鱼效应等可能作用于银行体系和非银行体系风险进而影响金融稳定，金融科技对金融与经济包容性发展的影响以及对绿色产业的支持均可能影响金融稳定。

第三，金融科技对金融稳定的影响程度是否受到其他外部因素的调节？如在顶层设计层面的政府治理、金融治理层面的金融监管、营商环境层面的市场化发展以及数字基础设施层面的科技支撑等均可能改变金融科技对金融稳定的影响程度。

1.2.2　研究意义

本书聚焦金融科技对金融稳定的影响，力求系统性地探讨并检验金融科技对金融稳定的影响效应、作用渠道以及调节机制，增强对金融科技与金融稳定之间内在联系的理解，对于如何合理利用金融科技发展对经济金融的影响，促进金融服务实体经济、助力普惠金融以及经济高质量发展的同时，有效防控风险，保障金融稳定具有重要的理论与现实意义。尤其是在金融科技领域因涉及金融、科技、网络与数据等多领域国家安全，多国已关注金融科技对金融稳定的影响，并将其作为国家金融竞争高地的背景下，中国将金融稳定作为顶层设计目标，并已着手金融稳定立法，基于中国国情的金融科技与金融稳定研究具有重要的理论与现实意义以及广泛的国际示范效应。

1.2.2.1 学术价值

理论联系实际，整合研判金融科技对金融稳定的影响。金融科技是技术驱动的金融创新，具备金融与科技双重属性，涉及金融、科技、网络与数据等多领域国家安全，对金融服务具有重大影响。一方面，理论上有助于满足长尾市场金融需求，缓解金融抑制，促进普惠金融发展，降低信息不对称与交易成本，提升金融中介对金融资源的配置效率等；另一方面，也可能引发各类金融与技术风险，衍生数据安全、网络安全、垄断以及消费者保护等多领域风险，增加金融不稳定因素。现有文献更多地分析了金融科技对实体经济、普惠金融以及传统金融机构的影响，可能产生的各类风险及监管应对，对金融科技对金融稳定影响的研究讨论不足，缺乏结合金融科技的理论影响与我国金融科技发展特征、金融监管改革、金融科技监管框架和关键领域的监管制度演进等现实发展的综合分析，部分经验研究的规范性和系统性有待完善。因此，本书一方面从理论角度分析金融科技对金融稳定的影响效应、作用渠道与调节机制，并采用计量经济学分析模型对理论假设进行验证；另一方面从实践角度分析金融科技发展演变、发展特征以及金融监管改革后的金融科技监管演进的特征事实，通过理论联系实际，整合研判金融科技与金融稳定之间的关系。

搭建研究框架，总结影响机理。当前金融科技影响金融稳定的经验研究逐渐兴起，但相关理论视角比较单一，对金融科技影响金融稳定的作用渠道讨论不多，可能的调节机制鲜少提及。本书从金融创新、金融中介、金融监管和金融发展等理论角度出发，分析提炼金融科技对金融稳定的影响机理，搭建形成系统性研究框架，不仅探讨了金融科技对金融稳定的影响效应、结构性影响以及异质性影响，还从作用渠道与调节机制两方面探索性分析了金融科技对金融稳定的影响机制。

1.2.2.2 应用价值

为系统性评估金融科技发展对金融稳定的影响提供经验证据。多国中央银行均已关注金融科技对金融稳定的影响，我国将防范和化解金融风险、维护金融稳定作为国家顶层设计目标，并已着手将金融稳定立法，从 2023 年 3 月起改革金融监管体系，逐步形成"一委一行一局一会"的中央统筹、央地双层协调的金融监管格局。由中央金融委员会统筹金融稳定管理，强化金融稳定保障，中国人民银行及其分支机构实际执行金融稳定监管职能，监测金融科技运行可能对金融稳定的影响也是中国人民银行的重点任务之一。在金融稳定的定量评估部分，本书主要使用了中国人民银行对区域金融稳定评估的指标体系，较为真实地反映了地区金融稳定发展实际与监管指标监测情况。因此，本书在金融科技对金融稳定的影响效应、结构性影响、异质性影响、作用渠道与调节机制等方面得出的研究结论能够为系统性评估中国金融科技发展对金融稳定的影响提供经验证据。

对推动金融科技高质量发展、维护金融稳定以及深入构建金融科技监管与制度体系等方面均具有重要的政策启示。金融科技与金融稳定都属于金融监管范围，金融科技的高质量发展需要政府引导、多领域经济与非经济制度以及监管规范的保障，还需要数字基础设施的技术支撑。本书考虑了政府治理、金融监管、各类市场化制度与数字基础设施等因素对金融科技与金融稳定关系的调节效应，并验证了这些因素对金融科技与金融稳定关系程度的显著影响。研究结论对如何引导金融科技规范发展，建立各项金融监管制度、经济与非经济领域发展政策，营造数字化发展、公平竞争、要素充分释放的市场环境以及数字基础设施发展环境，实现防控风险、促进发展与维护稳定的统一目标具有重要启示意义。本书最后基于研究结论提出的建议对推动金融科技高质量发展、维护金融稳定以及深入构建金融科技监管与制度体系等方面均具有重要的政策意义。

研究金融科技发展对金融稳定的影响是对国际组织关切的积极响应，对他国金融科技发展与治理以及维护金融稳定具有示范效应与参考价值。中国金融科技发展在支付领域居世界前列，大科技金融公司积极拓展全球化业务，传统金融数字化转型加快，银行金融科技国际竞争力领先，中国的金融科技发展受到广泛关注。同时，作为金融抑制性水平较高的众多发展中国家之一，金融科技发展对以银行为主导的金融体系产生了竞争替代效应，中国将金融科技作为促进金融服务实体经济、提升经济金融包容性以及促进经济绿色低碳转型发展的重要引擎。本书考虑了金融科技通过影响银行体系、非银行体系、金融与经济包容性发展、经济绿色低碳转型等渠道对金融稳定产生的影响，这是很多国家在金融科技发展中面临的共性问题，研究结论对他国金融科技发展和治理以及维护金融稳定具有示范效应与参考价值。

1.3 研究内容与方法

1.3.1 研究内容

本书基于中国国情研究金融科技对金融稳定的影响，以研究目的中的三类关键问题为导向。在界定金融科技与金融稳定的内涵，梳理相关文献的基础上，基于金融创新理论、金融中介理论、金融监管理论和金融发展理论视角构建金融科技影响金融稳定的分析框架。首先，研究了金融科技对金融稳定的影响效应，进一步分析了金融科技不同发展维度与不同业务领域对金融稳定的结构性影响，以及考虑不同金融科技发展水平、地理区位分布与征信体系完善程度等不同情境下金融科技对金融稳定的异质性影响；其次，基于金融科技对银行体系、非银行体系、金融与经济包容性以及绿色转型发展中的环境风险的影响，从银行风险承担、影子银行规模、普惠金融、环境风险等视角检验金融科技对金融稳定的作用渠道；再次，从政府治理、金融监管、市场化制度、数字基础设施等研究视角分析了这些因素对金融科技影响金融稳定程度的调节机制；最后，基于以上研究得出的结论提出研究启示与建议。各章节具体内容安排如下：

第1章为绪论。基于研究背景提出本书的研究目的与研究意义，随后列出研究内容、研究方法与技术路线，分析了可能的创新点。

第2章为概念界定与文献综述。对金融科技与金融稳定的内涵进行界定，分别梳理了金融科技与金融稳定领域的主要研究，其中，金融科技领域主要包括金融科技对经济与金融的影响研究、金融安全观下金融科技的风险与监管研究，金融稳定领域主要包括金融稳定的内涵与影响因素研究。最后梳理了金融科技对金融稳定影响的相关研究，并对以上文献内容进行综合述评，为后续研究内容奠定基础。

第 3 章为理论基础与影响机制。首先从理论角度阐述金融科技影响金融稳定的理论基础，逐步分析金融科技对金融稳定的影响效应、作用渠道与调节机制，据此提出研究假设，为下文的假设检验奠定理论基础。

第 4 章为金融科技与金融稳定的特征事实与定量评估。对金融科技与金融稳定的特征事实进行分析，梳理了中国金融科技演进历程、现阶段发展特征、金融科技的监管框架与监管制度演变以及金融稳定的监管事实，有助于理解中国国情下金融科技对金融稳定的影响。进一步评估金融科技发展水平与金融稳定水平，为下文的实证研究提供核心的数据基础。

第 5 章为金融科技对金融稳定的影响效应。从总体上分析金融科技对金融稳定的影响。首先，在对样本、数据与变量进行说明的基础上，构建双向固定效应基准回归模型进行假设检验；其次，对模型可能存在的内生性进行讨论与处理，使用一系列方法检验基准模型的稳健性；再次，从金融科技不同发展维度与不同业务领域分析了金融科技对金融稳定的结构性影响；最后，讨论了多因素条件下金融科技对金融稳定的异质性影响。

第 6 章为金融科技影响金融稳定的机制检验。在分析金融科技对金融稳定的影响效应之后，进一步探讨金融科技与金融稳定之间可能的内在联系。一方面，金融科技能够通过哪些渠道影响金融稳定，对金融科技可能影响金融稳定的作用渠道进行检验；另一方面，金融科技对金融稳定的"U"型影响可能存在其他因素的外部调节效应，构建含交互项的调节效应模型对金融科技影响金融稳定的调节机制进行检验。

第 7 章为结论、建议与展望。根据上文对金融科技影响金融稳定的分析进行总结，首先总结研究的主要结论，其次据此提出启示与建议，最后指出研究的不足之处以及未来的研究展望。

1.3.2　研究方法

在研究过程中，一方面将理论与实证相结合，基于理论分析构建金融科技对金融稳定影响的研究框架，提出研究假设，采用计量经济学研究方法进行假设检验；另一方面将逻辑与历史相统一，综合普遍性与特殊性，以及理论性与实践性，在金融科技与金融稳定的内涵界定、文献综述、影响机制以及特征事实分析中广泛运用归纳法与演绎法，共同探究金融科技对金融稳定的影响。各类研究方法的具体应用如下：

1.3.2.1 归纳法与演绎法

本书在前 4 章和最后 1 章广泛运用归纳法与演绎法。归纳法主要体现在对金融科技与金融稳定内涵的总结，对金融科技相关概念的辨析，对国内外相关已有文献进行的系统梳理、归纳与评述，对金融科技的发展演进历程、发展特征、金融科技监管的演进以及金融稳定的特征事实的分析归纳上，最后基于研究结论提炼出了启示与建议。演绎法主要体现在基于普遍性的经济学与金融学理论，探讨金融科技对金融稳定的影响效应、作用渠道与调节机制。

1.3.2.2 实证分析法

基于理论分析部分提出的研究假设，运用计量经济学方法进行假设检验，具体使用 Stata17 软件进行面板数据的实证分析，主要体现在第 5 章和第 6 章。在对金融科技对金融稳定的影响效应、作用渠道以及调节机制的假设检验中均使用了双向固定效应模型估计，其中在内生性处理部分使用工具变量法以及系统GMM 估计，调节效应检验使用含交互项的模型估计。

1.3.2.3 统计分析法

在第 4 章金融科技与金融稳定的定量评估部分，使用熵值法对金融稳定水平进行综合评价，分别绘制了金融科技与金融稳定的时间趋势图，使用描述性统计方法分析指数的波动和走势。在第 5 章对变量数据进行了描述性统计，直观观察数据的分布情况。在第 6 章作用渠道检验的过程中，在部分渠道变量的度量上，使用了熵值法构建普惠金融指数。

1.3.3 技术路线

本书的技术路线见图 1-1。

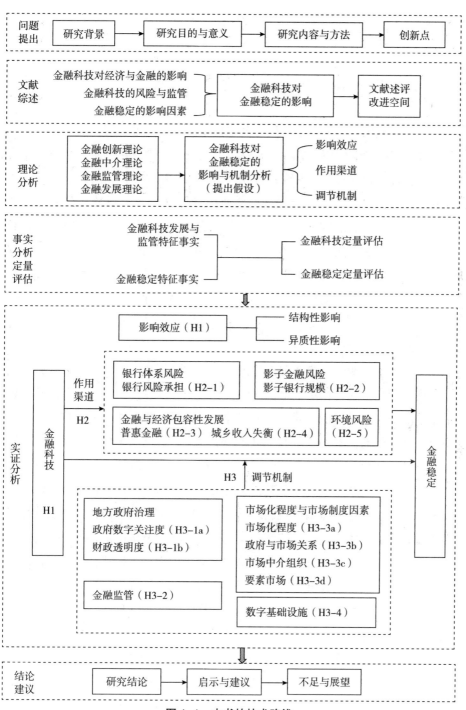

图 1-1 本书的技术路线

1.4 可能的创新点

基于对以往研究的归纳与理解，本书可能的创新点主要体现在以下三个方面：

第一，规范化揭示了金融科技对金融稳定的非线性影响解释框架。在金融科技对金融稳定的影响效应上，现有文献主要假设二者为线性关系，然而线性假设很可能不符合二者现实中的关系，且在模型设定上存在未控制时间效应以及稳健性检验不足的情况，均可能导致研究结果对现实世界的解释性存在偏差。尽管个别文献验证了二者之间的"U"型关系，但理论假设提出与实证检验的规范性不足，"U"型关系确立的准确度有待提升。本书在分析金融科技影响金融稳定的理论基础后提出非线性影响的研究假设，在实证检验部分使用双向固定效应模型，并采用了规范化的检验程序揭示了金融科技对金融稳定的"U"型影响效应，更细致地阐述了二者之间的关系，提升了"U"型关系确立的规范性、可解释性以及研究结论的可信度。

第二，基于金融创新等多理论视角，结合金融科技对经济与金融的影响，较为全面地揭示了金融科技对金融稳定的影响机制。以往文献分析了金融科技影响金融稳定的个别传导渠道，同时指出多种外部因素可能改变金融科技对金融稳定的影响程度，然而已有文献对调节机制鲜少提及。本书基于多理论视角，从作用渠道与调节机制两方面较为全面地揭示了金融科技对金融稳定的影响机制，有助于更加深刻地理解金融科技与金融稳定的关系。在作用渠道上，综合考虑了金融科技发展通过影响银行体系风险、影子金融风险、金融与经济包容性以及环境风险等渠道，进而可能对金融稳定产生作用效果。在调节机制上，综合探讨了政府治理、金融监管、市场化制度、数字基础设施等因素在金融科技对金融稳定的影响程度中的调节效应。此外，考虑了不同金融科技发展水平、地理区位与征信体系完善程度下金融科技对金融稳定的异质性影响，为深入理解二者在不同情境下的关系进行了有益尝试。

第三，基于中国金融科技发展与监管现实以及金融稳定监管实际，利用较新的数据探讨了二者之间的关系，增强促进金融科技发展与维护金融稳定路径的现实适用性。首先，在"理论分析—假设提出—假设检验"的分析范式之外，在实践层面，将中国金融科技发展演进历程、发展特征、金融科技监管框架以及关键领域的监管制度演进等特征事实纳入分析框架，有助于深刻理解中国金融科技发展对金融稳定的影响效应，提升对二者关系的解释度。其次，在核心变量的定量测度上尽可能使用了能反映现实发展水平的指标，基于金融科技用户数据与金融稳定监管实际评估核心变量。最后，在现有期刊论文中，大多为以国外和跨国数据为样本的研究，鲜有基于中国样本的研究，且部分研究时间较早。本书使用了目前能获取的最新中国省级面板数据进行研究，在 2011~2021 年较长的时间区间内考察金融科技对金融稳定的影响。

第2章 概念界定与文献综述

本章基于已有文献，主要界定了金融科技与金融稳定的内涵，分别梳理了金融科技与金融稳定领域的主要研究，其中，金融科技领域主要包括金融科技对经济与金融的影响研究、金融安全观下金融科技的风险与监管研究，金融稳定领域主要包括金融稳定的内涵与影响因素研究。最后梳理了金融科技对金融稳定影响的相关研究，并对以上文献内容进行综合述评，为后续研究内容奠定基础。

2.1 金融科技的内涵与相关概念辨析

2.1.1 金融科技的内涵

"金融科技"（FinTech）源于"金融与技术"（Financial Technology）的缩写，早在 1972 年的科学文献中，汉诺威工业信托公司副总裁 Abraham Bettinger 把金融科技定义为将银行专业知识与现代管理科学技术和计算机相结合的一种金融技术（Bettinger，1972）[15]。此后，学者们主要从技术与金融的关系角度对金融科技的定义进行了探讨。由于各国金融科技发展的差异及金融科技本身的复杂性，目前国际组织、各国和学术界对金融科技的定义尚无统一定论。国际认可度最广的定义出自金融稳定理事会（FSB），其认为金融科技是金融服务中的技术创新，能够催生新的商业模式、应用、流程或产品，对金融服务的提供产生重大影响（FSB，2016）[3]。此后，国内外仍有众多学者对金融科技的定义进行探讨，可以说，金融科技因依托于互联网和以现代信息科技手段为技术支撑而得以不断发展的这一重要特征，得到了学术界的广泛认同。结合我国的金融科技发展，本书将金融科技的内涵总结为以下几方面：

2.1.1.1　以"技术 + 数据"双轮驱动的金融创新形式

信息技术适应了供给端变化的金融创新（弗雷德里克·S. 米什金，2020）[16]，金融科技得名于信息技术驱动的金融创新，是金融创新演进的一部分（Thakor，2020）[17]。信息技术作为根本引擎驱动了金融科技的发展，信息技术的更迭也不断催生了新的金融科技创新形式。因此，科技虽是手段，但已成为金融科技创新之牢固基石，金融科技已由早期的金融与科技的简单融合，逐渐演变为大数据、人工智能和区块链等新一代信息技术深度变革下金融的创新飞跃。

在信息技术这一根本驱动引擎之外，数据也逐渐成为金融科技发展的关键驱动引擎。在全球经济数字化转型的大背景下，互联网和新一代信息技术使经济活动高度数据化，数据逐渐成为关键要素投入和产出形式，我国已在 2019 年 11 月正式将数据列为新的生产要素，并在 2022 年 1 月 12 日印发的《"十四五"数字经济发展规划》中将其列为深化数字经济发展的核心引擎。在金融科技的迅速发展过程中，各类信息终端和平台运营产生海量结构化和非结构化数据，这些数据区别于传统来源渠道的银行借贷、股票交易和上市公司年报等金融数据，具有体量大、流动速度快和种类多等特点（廖理等，2020）[18]。金融科技发展产生的数据可以直接用来交易，也可以通过大数据分析、文本分析和机器学习等算法助力金融分析、预测和决策等。同时，这些数据又会反过来驱动金融科技的进一步发展，数据和金融科技发展之间形成闭环。综合而言，金融科技是以"技术 + 数据"双轮驱动的金融创新形式。

2.1.1.2　底层逻辑仍为金融，对金融服务具有实质影响

学术界普遍认为，金融科技并没有改变交易、支付、投资和信贷等金融核心业务，也没有改变金融资源配置这一金融服务实质，金融科技的底层逻辑仍是金融。金融科技通过科技手段彻底改变金融市场的信用特征（易宪容，2017）[19]，其迅猛发展产生了互联网和移动支付、网络借贷、数字货币等各种新金融形态，对金融服务的广度和深度均产生重大影响。这种影响一方面体现为解决金融服务中的盲点，如扩大金融服务的覆盖面，促进普惠金融发展（周剑，2019）[10]；另一方面体现为解决金融服务中的痛点，如提高投资者的信息获得性和透明度，降低金融交易成本，推动金融体系提质、增效、扩容，更好服务实体经济。从监管实践来看，中国政府正积极引导金融科技向规范的方向发展，注重提升金融科

技服务实体经济效能，同时提升风险定价的精准性，增强风险防控能力（中国人民银行，2018）[20]。

2.1.1.3 科技企业、金融机构和监管机构等各类主体积极参与

回望我国的金融科技发展现实，科技企业、金融机构和监管机构等各类主体均积极参与金融科技（廖岷，2017）[21]。其中，科技类公司在金融科技行业发展的起步期占据了主导地位，主要包括靠技术研发生存的以金融科技为主业的企业和与信息科技具有天然密切联系的互联网科技公司①，凭借天然的创新和开拓基因以及领先的金融科技行业发展基础，如火如荼地扩张各类金融科技业务版图（廖岷，2017）[21]。在科技公司外部竞争、银行自身数字化转型诉求以及政府在金融科技发展规划方面的政策支持指引等的推动下，以商业银行为代表的传统金融机构纷纷发力发展金融科技。除了与科技公司积极开展各类型的合作以外，自2015年以来，已有包括国有商业银行、股份制商业银行和少数城市商业银行在内的10余家商业银行成立了金融科技子公司，以期打造内循环甚至外输出的金融科技发展战略。同时，证券业和保险业等非银行金融机构也成立了金融科技子公司，在金融科技领域谋发展，传统持牌金融机构已逐渐成为金融科技创新的重要主体（刘勇，2020）[22]。另外，为更好地规范迅速发展的金融科技业务，我国监管机构从2019年开始陆续推广监管沙盒②试点，尝试运用监管科技对金融科技领域实施监管。

2.1.1.4 金融科技的运行机制

综上所述，金融科技的内涵发展自始至今逐渐延伸，由一开始的银行金融服务与科技的结合应用，逐步扩展到整个金融服务甚至金融监管中的技术应用层面。这不仅包括银行、证券和保险等传统金融机构的技术应用，平台公司和数据公司等科技公司通过科技手段提供的金融服务，还包括监管机构通过科技手段发展的监管科技。大数据、云计算、区块链、物联网和人工智能等新一代信息技术的深度应用，使金融科技领域产生了多种业务模式，如互联网和移动支付、网络众筹、智能投顾、数字货币、开放银行、大数据征信等。这些业务模式逐渐延伸

---

① 在中国尤其是指 BATJ（百度、阿里巴巴、腾讯和京东）这类大型科技公司（BigTech）。

② 监管沙盒（Regulatory Sandbox）的概念起源于英国金融行为管理局，也有部分文献将其译为监管沙箱，为保持全文一致性，本书统称为监管沙盒，下文不再单独说明。

至存贷款与融资、投资理财、支付清算和市场基础设施等多种应用领域，对经济金融的发展产生了深远的影响。

因此，本书认为金融科技是以现代科技等技术手段和数据为双向引擎驱动的金融创新，其本质仍为金融，是能够通过数字化技术创新不断变革金融业务模式、流程或产品等形式的金融业态。金融科技的运行机制见图2-1。

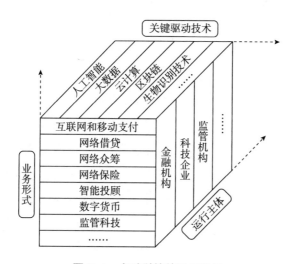

图2-1 金融科技的运行机制

从运行主体来看，这种新业态既包含平台公司、数据公司和互联网科技公司等科技企业开展的金融科技业务，也包括交易所、商业银行和非银行金融机构等传统金融机构运用科技手段发展的金融科技业务，以及科技企业与传统金融机构这两种运行主体之间的金融科技合作业务形式，还包括中央银行和其他金融监管机构通过创新技术发展的以监管科技为代表的金融科技监管模式。从业务形式来看，金融科技业务形态主要包括互联网和移动支付、网络借贷、网络众筹、网络保险、智能投顾、数字货币、监管科技等。从业务实现的技术方式来看，金融科技主要由人工智能、大数据、云计算、区块链和生物识别等关键技术驱动。金融科技经由这些关键技术驱动，通过金融机构、科技企业和监管机构等主体应用于支付、投融资、保险和监管等众多业务领域。

2.1.2 金融科技相关概念辨析

互联网金融、金融科技和数字金融等新金融形式主要以信息技术为底层驱动，扩展了金融服务提供者和金融服务的对象，推动了金融场景的无边界化连接，注入了平台开放共享等发展理念，是对传统金融的重要变革和补充。近年来，金融科技的发展较为火热，逐渐成为我国新金融形态的发展焦点，随着金融业数字化进程的推进，数字金融的使用程度也在逐渐增强。为更好地理解中国金融科技的发展，加深对互联网金融、金融科技和数字金融这类以金融创新为核心的新金融形态的认识，在此对金融科技相关概念进行统一梳理与辨析。

2.1.2.1 从互联网金融到金融科技：关键技术驱动金融的飞跃

我国互联网金融术语最早由谢平等于 2012 年系统性提出[23]，主要是指互联网技术在金融领域中的应用，此后关于互联网金融的研究逐渐涌现。中国人民银行等部门在 2015 年联合发布的《关于促进互联网金融健康发展的指导意见》中将互联网金融界定为新型金融模式，这种新型金融模式由传统金融机构和互联网企业实施，利用互联网和信息通信等技术实现资金融通、支付和信息中介等金融服务。实际上，金融和互联网的融合起源于国外，但国际上主要使用金融科技概念，并无互联网金融这一概念，互联网金融一般仅在我国语境中使用，具有中国特色（陈荣达等，2020）[24]；金融科技为舶来品，经国外传播到国内使用（郝硕博和赵占波，2018）[25]，这一概念在全球的接受度更高，各国也竞相发展金融科技，其更倾向于是一个国际概念（张留禄，2019）[26]。学术界普遍认为互联网金融是金融科技的过渡阶段和组成部分（巴曙松和白海峰，2016[27]；刘鹏，2019[28]；张永亮，2020[29]）。

金融科技的发展与知识基础主要源于互联网金融，二者都以金融为底层逻辑，但并不等同。由于新技术的更替及其对金融业的驱动及变革，互联网金融已无法概括金融科技的所有内涵（罗煜，2019）[30]，大多数文献将金融科技视为互联网金融的升级版（张留禄，2019[26]；全颖和郑策，2019[31]；何平平等，2019[32]）。这种升级具有内生动力，互联网金融业务模式的发展对科技产生更加紧密的融合需求（黄卓等，2017）[33]。从未来发展方向考虑，我国互联网金融将逐步被金融科技这一概念取代（盛天翔和范从来，2020）[34]，与国际通用性更高的金融科技接轨（李文红和蒋则沈，2017）[35]。相比本土化的互联网金融，金融科技的国际使用度更高，更能概括当前技术在金融领域的应用及其影响，其是关键技术驱动金融的飞跃，这种升级飞跃主要体现在以下三个方面：

第一，在驱动技术和业务领域方面，金融科技的驱动技术更加丰富和成熟，涉及的业务领域更多元。具体来看，在互联网金融时期，其发展主要得益于互联网技术应用和移动智能等终端的普及，侧重将金融业务互联网化，成熟业态集中在支付和信贷领域（张留禄，2019）[26]。如今互联网技术发展和移动智能终端普及带来的发展红利已逐渐退去，金融科技的驱动力量逐步从用户流量转变为新一代科技（管同伟，2020）[36]，运用了大数据、人工智能和区块链等多项创新技术更替传统的互联网技术，驱动技术更为进阶化和智能化，发展潜力更大，也更注重科技手段在金融领域中的创新应用。金融科技对金融的改变已经从（移动）互联网等渠道层面升级到更深层次的技术层面（何平平等，2019）[32]，除了在移动支付和网络贷款领域发展领先外，数字征信、保险科技、央行数字货币、智能投顾和数字基础设施等也逐渐成为金融科技创新的重要领域（张留禄，2019[26]；刘勇，2020[22]）。

第二，在对金融业带来的影响和变革方面，金融科技远比互联网金融更加深入和全面。互联网金融主要是指金融的互联网化，主要通过第三方支付和P2P网贷等多种互联网金融模式以及传统金融业务的线上化在提升交易便捷性和融资效率等方面实现对金融业的影响。在发展数字经济的背景下，金融科技行业产生的大量新型生产要素（数据）不仅为传统经济金融理论提供了新素材，而且和技术共同带动金融科技实现新的跨越，通过其颠覆性创新对金融业生产方式带来根本性变革，不仅体现为对金融渠道、金融产品和服务、金融风险的模式等金融业重要发展要素产生更加广泛和深远的影响，还体现为给金融监管、技术风险系统性防范、金融消费者教育和保护、数据确权和数据保护等金融生态体系和金融基础设施均带来了机遇和挑战（郝硕博和赵占波，2018）[25]。

第三，在服务的提供主体和受众方面，金融科技覆盖范围更广。从服务提供主体来看，互联网金融主要由互联网平台公司开展，传统金融业务的互联网化作为补充；金融科技的服务提供主体更加多元化、全面和成熟，不仅涉及互联网等平台公司，还有传统金融机构，甚至货币管理当局和金融监管机构（张留禄，2019）[26]。从服务受众来看，互联网金融主要服务于长尾等低收入人群，金融科技在此基础上还广泛服务于中高收入群体。

总体而言，金融科技的内涵更加丰富，不仅包括互联网金融这一早期模式，还包括以商业银行为代表的传统金融机构的数字化转型，以及大数据、区块链和人工智能等新一代信息技术在金融领域和金融监管（如监管科技中的监管沙盒）中的应用（何平平等，2019）[32]。

在以上关键技术驱动金融的飞跃表现之外，我国互联网金融的业务发展和监管实践也为金融科技的发展提供了经验参考。相对于互联网金融时期的野蛮生长和从监管空白到鼓励发展，以及到明确监管主体但落实缺位，再到以 P2P 网贷为典型代表的互联网金融风险专项整治，我国在金融科技领域的发展和监管上显得更加稳健和游刃有余。从 2017 年金融科技委员会的成立到 2019 年金融科技三年期发展规划的制定和金融科技四年期（2022~2025 年）发展规划的延续，到国家领导干部带头学习区块链等国家顶层关注和发展规划设计，再到监管沙盒这一监管科技形式从 2019 年局部试点到如今在更大范围内实施，金融科技在顶层设计、理论认知和监管规范等方面都具备了更坚实的基础（刘勇，2020）[22]。基于互联网金融的兴衰经验和新时期金融科技的坚实基础，金融科技将迈向高质量发展阶段，更好地发挥金融服务功能，推动经济和金融的数字化转型，助力经济和金融良性发展。

2.1.2.2 数字金融与金融科技：从细微差别到逐渐趋同

在学术关注度的演进方面，互联网金融是金融科技发展在一定阶段的过渡。经 2015 年 e 租宝等风险事件后，中国监管部门开始对互联网金融（尤其是 P2P 网贷）进行专项整治，此后 P2P 网贷逐渐退出历史舞台，加上技术更替的因素，互联网金融的表述逐渐被淡化，金融科技和数字金融的表述开始出现并逐渐兴起，从国内学术研究的角度可以看出这一趋势。图 2-2 整理了2011~2023 年互联网金融、金融科技和数字金融三个关键词在中国知网指数搜索中的结果，纵坐标为篇名含对应关键词的文献数量，反映了该领域的学术关注度。

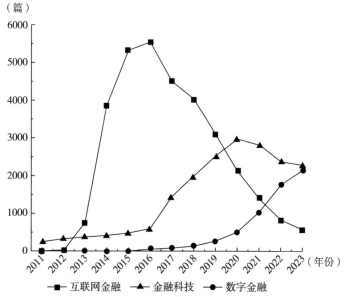

图 2-2 互联网金融、金融科技与数字金融领域的学术关注度演变

资料来源：根据中国知网指数搜索结果整理并绘制。

在 2012 年互联网金融概念被正式提出之后，互联网金融的学术关注度开始迅速攀升，至 2016 年达到顶峰，随着 P2P 网贷行业监管趋严到逐渐被清退，2017~2023 年的学术关注度呈现逐年急剧下降的态势。相对而言，金融科技的学术关注度从 2016 年开始明显上升，可见信息技术更替后的金融科技承袭了互联网金融的学术关注度。同时，数字金融的研究也从 2016 年开始兴起，其学术关注度在此后逐年升高，与金融科技相比仍有一定的差距，直到 2023 年与金融科技的学术关注度逐渐趋同。

从产生背景来看，数字金融基于经济数字化的背景萌生（朱江和王欣，2021）[37]，是数字经济最具代表性的行业（金融科技理论与应用研究小组，2021）[38]，其基本内涵为数字化的金融服务[37]。数字产业化催生了数字经济，推动并深化了我国政府、企业和个人多级层面的信息化需求，随着数字经济的发展，我国信息化需求主体从以政府和企业为主逐步转向了以个人用户为主，在信息基础设施的同步发展下，个人金融的全面数字化服务逐渐兴起，同时，信息科技积极拥抱金融，以金融科技的形式赋能金融服务。朱江和王欣（2021）[37]从数字经济发展的角度理解数字金融，认为数字金融主要是一种促进数字经济发展的新金融活动，其发展方向主要为了满足数字产业化、产业数字化和数字化治理的发展需求。丁晓蔚（2021）[39]认为数字金融体现了数字资产化和资产数字化的双重特征。同时，我国数字金融的发展也被赋予了发展普惠金融的重要期望，当下研究较多的数字普惠金融就是一个最典型的方向。

从现有研究来看，我国数字金融与金融科技的内涵几乎是一致的。Gomber等（2017）[40]将数字金融描述为金融行业的数字化，这在我国数字金融实践中略显狭义化，由于我国金融业长期实行分业监管体制，非金融行业的公司（如蚂蚁金服）提供的数字化金融服务一开始并未受到金融监管，而这显然也属于数字金融的范畴。在这一点上，我国最近几年的研究文献提出的观点更为全面。黄益平和黄卓（2018）[41]认为，数字金融是一种新型金融业务模式，一般由传统金融机构和互联网公司开展，通过数字技术的使用实现支付和投融资等一系列金融服务功能。中国信息通讯研究院在2019年发布的《数字普惠金融发展白皮书》[42]中也有类似的描述，认为数字金融的发展是金融机构和科技企业等运行主体基于智能终端、网络通信和新一代数字化技术提供的第三方支付、互联网理财等一系列金融服务。李东荣（2020）[43]认为数字金融是金融与科技深度融合的产物，没有改变金融的本质和风险属性。可以看出，通过数字化的手段提供的金融服务都是数字金融的范畴，提供数字金融服务的主体主要为金融机构和科技企业，数字金融和金融科技的内涵几乎是一致的，并且二者本质上都是金融。

自中国2012年提出互联网金融概念以来，国外同期文献对应的词汇主要是金融科技（FinTech）和数字金融（Digital Finance）。在我国的应用上，互联网金融是金融科技发展到一定阶段的过渡，是中国金融科技发展的早期阶段。在数字金融和金融科技的关系上，我国大部分文献认为二者非常相似，甚少作区分，一般在文章中混用，统称为数字金融或金融科技。其中，黄益平和黄卓（2018）[41]认为，数字金融的内涵与人民银行定义的互联网金融概念以及FSB定义的金融科技概念基本相似，仅从直观理解上存在细微差别，其文中统称为数字金融。鉴于数字化技术在金融科技中处于基础性地位，部分地区也把金融科技（FinTech）称为数字金融（Digital Finance）（徐义国，2018）[44]。柏亮（2021）[45]认为互联网金融、金融科技和数字金融在概念范畴上几乎一致，只是在历经互联网金融阶段的整顿之后，金融科技创新的核心逐步转向持牌金融机构。

总体而言，数字金融和金融科技的内涵有很大的重叠性，在驱动技术、金融服务类别、运行主体及其对金融业的影响等方面基本一致。二者均是基于智能终端、网络通信和新一代数字化信息技术等驱动发展，包含的移动支付、互联网理财等金融服务的产业结构类别也几乎相同，运行主体都主要为金融机构和科技公司，均有助于提升金融服务质效、助力普惠金融发展，对金融业发展有实质性影响。直观上二者仅存在细微差别，数字金融主要基于数字经济发展产生，侧重金融业务的数字化（谢平和刘海二，2019）[46]，在范畴上更加立足于金融（柏亮，2021）[45]。基于数字技术的助力，其最突出的贡献在于支持普惠金融的发展（黄益平和黄卓，2018）[41]，我国的数字金融发展引领了世界普惠金融实践（《径山报告》课题组，2020）[47]，在这方面，数字普惠金融的发展最为典型。金融科技主要以科技为驱动引擎，强调科技和金融的连接功能[46]，是科技在金融领域中的创新应用，相比数字金融更突出科技属性[41]。金融科技的发展以数字化技术为基础，不依附于传统金融机构和金融体系，并且其发展会促进金融的数字化，带来数字金融内涵的变化（李建军，2021）[48]。

因此，金融科技与数字金融存在较强的重复性和关联性，直观上仅存在细微差别，未来二者的概念很可能会逐渐趋同。一方面，从实际发展来看，数字金融和金融科技都主要是信息技术和金融的融合，信息技术和金融具有共同的"数字"基因属性（万建华，2013）[49]，二者本质都为金融；另一方面，基于中国的发展实际，中国人民银行发布的《金融科技发展规划（2022—2025年）》（以下简称《规划》）为金融科技的高质量发展定调，《规划》中提出"将数字元素注入金融服务全流程，将数字思维贯穿于业务运营全链条"，加强金融创新的科技驱动与数据赋能。可以看出，金融科技被赋予了发展数字经济和推进金融业数字化转型的助力功能，随着数字经济发展和金融业数字化转型的深入推进，未来金融科技和数字金融的概念将会逐渐趋同化，我国金融业将全面迈入数字金融时代。

2.2 金融科技对经济与金融的影响研究

相比互联网金融时期以 P2P 网贷为代表的部分业态发展乱象和监管经验不足，我国对金融科技的关注明显更加谨慎和自如，监管科技也比互联网时期具备了更完备的现实基础。金融科技时代，科技因素更加多元化和智能化，其产生的利弊或许还未明朗，基于金融发展和防风险的双重需要，中国人民银行在金融科技的发展规划中赋予了金融科技在服务实体经济、促进普惠金融等方面一定的政策属性，金融科技是否实现了政策期望的功能，其对经济和金融发展产生了哪些影响，已有研究从多方面进行了探讨，且部分领域的实证研究较为丰富。关于金融科技对经济与金融的影响主要体现在对实体经济发展的影响、助力普惠金融发展、对传统金融机构的影响以及银行金融科技的发展等方面。

2.2.1 金融科技促进实体经济发展

2017 年以来，以贾康为代表的学者积极发文倡导金融科技应落脚到服务和支持实体经济（贾康，2017）[50]，此后，研究金融科技对实体经济影响的文献逐渐增多（黄靖雯和陶士贵，2020）[51]，相关理论和实证研究几乎一致认为金融科技能够促进实体经济发展，主要体现在金融科技有助于提升金融服务实体经济效率、全要素生产率以及企业融资、技术创新能力和投资效率等方面。

金融科技有助于提升金融服务实体经济效率，进而促进经济增长。庄雷和王烨（2019）[52]认为金融科技通过创新金融产品、业务及模式的提供方式、提升便利性和支付效率、减少信息不对称并降低交易成本等途径提升了金融服务实体经济的效率，刺激了消费和投资，进而促进了实体经济的发展，并进一步通过实证研究验证了金融科技创新对实体经济的显著正向影响；田新民和张志强（2020）[53]基于中国 29 省的实证发现，金融科技发展有助于提升资源配置效率，进而促进经济增长，并且这种促进效应要在法治环境和政府治理水平等制度质量高于一定值时才会显著。

金融科技有助于提升全要素生产率，进而促进经济增长。巴曙松等（2020）[54]基于中国 33 省数据的实证分析认为，金融科技能够显著提升企业（尤其是高技术密集型企业）的全要素生产率，进而促进经济增长，并且这一作用存在门槛效应；唐松等（2019）[55]基于中国 31 省数据的实证分析认为，金融科技催生的新金融业态和模式等不仅能够助推本地全要素生产率的提升，而且对周边地区的全要素生产率具有溢出效应；侯层和李北伟（2020）[56]基于中国省级数据的实证也认为金融科技能够显著提升全要素生产率，并进一步对金融科技影响全要素生产率的主要作用机制进行了分析，如提升创新能力与技术溢出效应，促进产业转型升级等；宋敏等（2021）[57]基于上市公司数据实证发现金融科技对企业全要素生产率具有显著正向影响，主要是由于金融科技能够降低银企之间的信息不对称，进而降低企业融资约束，提升信贷的配置效率。

金融科技有助于提升企业融资、技术创新能力以及投资效率，进而促进经济增长。在提升企业融资可得性方面，现有研究基于实证分析证实了金融科技对企业融资约束的缓解效应。魏成龙和郭琲楠（2020）[58]认为金融科技发展有助于降低企业融资约束，并且对民营企业的效应更明显；黄锐等（2020）[59]认为金融科技对企业融资约束具有长期的缓解效应，并且这种缓解效应在民营产权企业、创新性质企业以及东部区域的企业中表现更加显著，2015 年互联网金融监管施行后也更加显著，在传导机制方面，金融科技主要通过优化融资体系、降低融资成本以及增强企业透明度实现降低融资约束的效果。在促进企业技术创新方面，李春涛等（2020）[60]基于中国新三板上市公司数据实证发现，金融科技发展能够通过降低企业融资约束和增强税收返还的渠道促进企业创新，进而促进经济增长；刘长庚等（2022）[61]基于上市公司样本也证实了金融科技对企业创新的促进效应；鲁钊阳和马辉（2021）[62]基于中国省级数据实证认为金融科技能够显著促进区域实体经济增长，主要因为金融科技能够助力企业技术创新，缩小城乡收入差距。在提升企业投资规模与效率以及降低投资波动方面，刘园等（2018）[63]通过实证研究发现，金融科技与实体经济企业投资效率之间呈现先抑制后促进的"U"型关系，并且中国的金融科技发展与实体企业投资效率的关系已越过"U"型曲线的下降阶段，金融科技对实体企业投资效率的促进效应已逐步显现；赵瑞瑞等（2021）[64]基于中国上市公司数据实证发现金融科技发展有助于降低企业融资约束，进而促进企业投资规模扩张；王红建等（2023）[65]基于金融加速器视角证实了金融科技对缓解上市企业投资波动的积极作用。此外，金融科技在金融创新内涵之外还蕴含着科技创新要素，技术在企业流程和管理中的应用也能通过提升企业生产率助力经济增长。田秀娟等（2021）[66]认为金融科技所蕴含的金融创新和科技创新双重内涵均有助于促进经济增长，并且后者的作用更强；人工智能和区块链等技术在企业业务流程和管理中的应用有助于提高企业生产率（郭凯明，2019[67]；巴曙松等，2020[54]）。

2.2.2 金融科技助力普惠金融发展

已有研究大多认为金融科技的发展具有普惠金融效应，能对传统金融服务起到补充作用（董晓林等，2021）[68]。Hua和Huang（2021）[69]更是将中国金融科技行业的最大价值归于对普惠金融的促进上，主要体现为提升了大量中小企业和低收入人群金融服务的获得性。具体而言，金融科技能够创新金融产品和服务的提供方式，拓宽投融资渠道，凭借信息技术优势使信息更加网络化和透明化，缓解交易双方的信息不对称程度，降低交易成本和融资成本，有助于提高中小微企业、农户和贫困户等金融弱势群体的融资可得性和融资效率，降低了金融服务门槛，扩大了金融服务覆盖率，具有成本低、效率高和服务受众广泛等特点，提升了金融的普惠效应，能够助力普惠金融发展（粟勤和魏星，2017[70]；乔海曙和黄荐轩，2019[71]；周光友等，2020[72]）。金融科技平台类公司及其技术应用以及传统金融机构的金融科技发展均有助于实现普惠金融功能，如P2P网贷在运营中使用大数据技术获取借款人的网络社交信息，有助于降低投资者和借款人之间的信息不对称水平（Lin et al.，2013）[73]，规范的P2P网贷运营对弥合"麦克米伦缺口"有益，能够助力小微企业融资（周光友等，2020）[72]；第三方支付和移动支付具备良好的安全性、便捷性和可得性，能够为被排除在银行系统之外的人提供低成本的金融服务，在满足普惠金融的基本诉求上发挥了重要作用，是金融科技创新中推动普惠金融发展的关键业态（Peruta，2018）[74]；区块链等技术的应用有助于缩短资金融通链条，降低交易成本，提升融资效率（谢平等，2015）[75]；银行金融科技的发展也有助于增强金融服务的包容性，促进普惠金融可持续发展（李建军和姜世超，2021）[76]。

部分文献对金融科技如何更好地发挥普惠金融功能进行了探讨。陆岷峰等（2019）[77]进一步研究了在金融科技的技术优势的作用下普惠金融的商业性和政策性这一对基本矛盾的统一路径；李明贤和何友（2019）[78]认为金融科技对普惠金融价值作用的发挥依赖于基础设施和相关制度等，农村地区需要完善相关配套设施才能更好地发挥金融科技对农村普惠金融发展的动力价值。从个人金融服务方面看，金融科技的发展对金融服务方式产生了重大影响，推升了更高标准的透明度，增加了个人的信息可获得性，缩减中间业务环节，降低交易成本，也有助于提升个人金融服务的可得性和便捷性（Zavolokina et al.，2016）[2]，助力普惠金融。另外，金融科技的发展促进了数字技术和普惠金融的结合，催生了数字普惠金融，使以创新手段解决普惠金融推进过程中存在的各种问题成为可能，对普惠金融的可持续发展具有重要意义（黄靖雯和陶士贵，2020）[51]。

2.2.3 金融科技发展对传统金融的影响

金融科技基于人工智能、大数据、云计算和区块链等新一代信息技术应用，在支付、信贷、征信、保险和财富管理等业务领域不断纵深发展，使金融服务的提供主体更加多元化，服务方式更加智能化和个性化，对银行、保险和证券等传统金融业的核心业务产生了重要影响。其中，研究金融科技对银行业影响的文献较多，内容主要集中在两个层面：一是金融科技对银行业带来的冲击和机遇，主要体现在金融科技影响银行行为倾向、风险承担水平、商业模式、银行效率以及盈利能力等方面；二是在此机遇和挑战之下商业银行的战略转型及应对（黄靖雯和陶士贵，2021）[79]。

在金融科技对银行业的冲击方面，由于金融科技发展涉及资金借贷、转账汇款、支付结算、理财和征信等传统金融业务，对以商业银行为代表的传统金融机构产生了颠覆性的影响，对商业银行的经营管理模式也造成冲击。现有文献主要从信贷、负债和风险等多个角度研究了外部金融科技发展对整个银行业及商业银行经营的冲击和影响（邱志刚等，2020[80]；邱晗等，2018[81]；汪可和吴青，2018[82]）。随着金融科技发展的深入推进，商业银行的支付、负债、信贷和财富管理等业务均受到不同程度的冲击（罗煜，2019）[30]，金融科技在各类金融业务上的拓展应用提升了金融服务提供的竞争性，加剧了银行业的竞争（孙旭然等，2020[83]；孟娜娜等，2020[84]），这可能会放大银行的冒险动机，提升其保持适当的资本和流动性缓冲的成本（Schaeck and Cihák，2012）[85]，对传统金融机构具有风险溢出效应（Li et al.，2020）[86]，甚至加剧银行业的系统性风险（汪可等，2017[87]；朱辰和华桂宏，2018[88]）。部分研究认为金融科技带来的冲击会收缩银行业的规模边界（徐斯旸等，2020）[89]，改变银行现有的商业模式，侵蚀现有银行的盈利能力和特许经营价值（Claessens et al.，2018）[90]，也不利于银行绩效的提升（Phan et al.，2019）[91]。但也有研究认为金融科技能够经由金融创新、技术溢出以及竞争推动的战略转型等多种途径明显提高商业银行效率（杨望等，2020）[92]，金融科技虽然对银行业尤其是对城商行及农商行这类小型银行造成了强力的负面冲击，但整体上有助于提高中国银行业的盈利能力（刘孟飞和蒋维, 2020) [93]。

因此, 在金融科技的发展浪潮下, 商业银行能够化冲击为机遇, 现有文献也对此开展了丰富的研究, 认为这种机遇主要体现在贷款规模扩张、降低银行风险和促进数字化转型等多个方面。具体来说, 金融科技能够促进中小银行对中小企业的服务 (尹应凯和艾敏, 2020) [94], 其中, 信贷技术的使用能够扩大商业银行小微贷款规模 (盛天翔和范从来, 2020) [34]。此外, 金融科技能够降低中小银行分支机构扩张带来的银行风险 (孙旭然等, 2021) [95], 在疫情等重大突发事件背景下, 金融科技有助于降低银行风险, 提升内控水平 (肖宇等, 2020) [96], 增强银行应对冲击的能力, 促进银行的数字化转型 (李建军等, 2020) [97]。

总体而言, 金融科技对于商业银行是一把 "双刃剑"。基于金融科技对商业银行带来的机遇和挑战, 大多数文献认为商业银行应积极做出数字化转型和战略调整, 在顶层设计上选择适合自身的金融科技发展战略 (谢治春等, 2018 [98]; 侯世英和宋良荣, 2019 [99]), 如利用金融科技实现业务体系再造、提升风险控制水平 [80]、建设开放银行 (吴朝平, 2020) [100]、与金融科技公司建立合作和投资战略等。综上所述, 金融科技与以银行为代表的传统金融并非非此即彼的简单替代关系, 而是可以在竞争中互补互进融合发展。

2.2.4 银行金融科技的发展

在商业银行积极进行战略和数字化转型, 与金融科技公司开展合作, 以及逐渐深入发展自身金融科技业务的背景下, 现有文献主要研究了商业银行金融科技的发展现状、影响因素、经营和产出效率以及盈利能力等发展效果。

在发展现状方面, 已有文献认为国有银行金融科技发展速度快于其他银行, 在银行金融科技的五个细分领域中, 互联网技术的发展领先于人工智能、区块链、云计算和大数据等技术 (Cheng and Qu, 2020) [101]。

在影响因素方面, 姜世超等 (2020) [102] 以我国某大型国有商业银行的县域分支机构为分析对象, 研究了银行业金融科技发展的内外部影响因素及区域差异, 认为外部因素中区域的受教育和信息化水平以及互联网公司竞争度, 以及内部因素中的高学历员工与党员比例和传统金融发展水平对银行金融科技的发展均发挥了明显的推动作用, 而政府财政投入与银行内部老龄员工占比则具有反效果, 同时, 相邻区域的金融科技发展具有积极的空间溢出作用。

在发展效果方面，现有文献主要涉及降低风险、提升盈利能力、投入产出效率和经营效率等方面。其中，部分实证研究认为商业银行金融科技的运用能够改善银企之间的信息不对称，进而降低商业银行的信贷风险（金洪飞等，2020[103]；鲍星等，2022[104]）；李运达等（2020）[105]分析了2007~2019年29家上市银行的金融科技投入，认为当前我国银行金融科技投入主要经由减少成本收入比的渠道提升其营利能力，但还没有对生产率发挥明显的积极效能；李建军和姜世超（2021）[76]实证分析了我国某大型国有商业银行的县域数据，认为银行发展金融科技有助于提升盈利水平和成长能力；王海军等（2022）[106]对2005~2020年上市银行数据进行实证分析发现，银行金融科技发展能够降低不良贷款风险，进一步提升银行业绩；黄靖雯和陶士贵（2021）[79]使用三阶段DEA方法测度了我国2019年18家A股上市银行的金融科技投入产出效率，认为银行金融科技投入产出效率总体水平有待提高，规模效率上升但仍低于纯技术效率；李琴和裴平（2021）[107]基于对2008~2019年15家上市银行数据的实证分析，发现银行金融科技发展提升了成本效率与收入效率，进一步促进了经营效率的提升。

2.3 金融安全视角下金融科技的风险与监管研究

2.3.1 金融安全视角下金融科技的风险研究

金融风险是金融安全最基础性的影响要素（郑联盛和李俊成，2023）[9]，研究金融安全视角下的金融科技影响有必要阐明金融科技可能带来哪些风险。综合已有研究来看，金融科技是一把"双刃剑"，在通过技术应用提升金融服务效率、促进经济发展以及助力普惠金融等方面发挥积极作用的同时，也因其高开放性、高互通性和高科技性等交易特征（朱太辉和陈璐，2016）[108]，可能带来数字风险、技术风险和监管风险等潜在威胁，加剧传统金融领域的风险，甚至可能引发系统性风险。学术界关于金融科技的风险研究成果较多，主要是从定性角度开展的研究。在中国金融科技的探索发展期，尤其是互联网金融时期的发展打破了从事金融业务需要取得相应的金融牌照的标准（陆磊和杨骏，2016）[109]，大量互联网公司实际在无金融牌照的情况下涉足了投融资以及担保等多类型金融服务，虽然这类乱象在随后的金融科技发展进程中逐步受到了监管规范，但金融科技的金融本质属性及其各类金融创新业务模式决定了其具有金融业务的普遍风险，并且金融科技天然的技术属性潜藏着来自技术应用带来的风险，需要政府监管加以规范。此外，金融和科技皆为风险较高的领域，二者的深度融合会造成风险的叠加（李继尊，2015）[110]。金融科技的风险主要可分为金融业务类风险、科技应用类风险、大科技公司系统重要性与垄断等特有风险等。

2.3.1.1　金融科技的金融业务类风险

从金融科技的金融业务属性看，由于金融科技的本质仍为金融，并未改变和消除金融风险的属性和类型，仍然存在因期限和流动性错配以及高杠杆等导致的传统微观金融风险，如信用风险、流动性风险、市场风险、操作风险、法律与合规风险以及声誉风险等。同时，还可能产生风险扩散和传染、系统重要性风险等宏观金融风险，业务运行主体和业务运行模式也会带来风险。

在信用风险方面，由于金融科技的本质是金融，而金融的运行离不开信用，金融科技可能因交易对手违约产生信用风险。我国人口基数大，央行征信系统收录的自然人征信覆盖率尚存在一定的缺口，与市场的其他征信数据尚待打通。金融科技降低了金融服务的门槛，其服务对象涉及大量长尾客户，客户资质和质量参差不齐，且高风险客户较多（姜增明等，2019）[111]，在我国征信体制不健全和监管不完善的情况下容易因违约成本低而引发信用风险。此外，金融科技平台信用风险评估质量可能不如传统金融的贷款评估，金融科技平台用于信用风险评估的数据质量有效性不足，其尽职调查信息可能不会包含借款人的收入、财富以及未偿还债务总额等信息（CGFS and FSB，2017）[112]。

在流动性风险方面，金融科技也可能产生不能按时偿付的流动性风险，可能来源于产品方面的期限错配、技术方面的网络故障、金融科技公司经营方面的疏漏或不审慎以及投资者的非理性投资等。此外，金融科技加快了金融市场在信息传导和产品交易方面的反馈速度，提升了兑付要求和金融科技平台的流动性风险管理要求。而金融科技的信用风险和流动性风险并不会像商业银行那样可以受到中央银行的最后贷款人的支持（管同伟，2020）[36]。金融科技还无法避免市场风险，即利率、汇率、股价和商品价格波动引发的金融资产价格损失风险。

在操作风险方面，金融科技还存在由于人员操作不当、信息系统缺陷或故障、公司内部程序和管理的不规范、外部事件冲击等引发的操作风险。其中，前两种比较常见，并且初创期的金融科技企业的操作风险相对更大，主要因为其金融科技业务模式尚不成熟，内控体系与培训机制不健全，信息系统也有待进一步研发投入使用，更可能出现系统缺陷，并且这类风险带来的危害性可能比市场风险及信用风险更为严重（管同伟，2020）[36]。

在法律与合规风险方面，金融科技企业可能存在违反法律法规以及业务和资质不合规等现象，进而对自身、传统金融领域等合作伙伴、广大金融消费者的利益造成损失。行业发展对监管套利的寻求也会带来法律风险（刘春航等，2017）[113]。尽管我国金融科技领域的法规制度不断完善，但整体上仍处在分业监管向功能监管的过渡时期，在金融科技混业经营的监管有效性发挥上尚需大量工作。

在声誉风险方面，金融科技可能因运行不善等原因使投资者对其产生不好的市场认知，进而可能产生业务挤兑等声誉风险，不利于行业稳健发展。如今金融科技的发展更加深入，与传统金融的结合性更强，一旦再次发生此类风险事件，可能产生声誉风险的外溢性更广、更强，对传统金融机构也可能带来不利影响。

除了以上微观金融风险，金融科技还可能产生风险扩散和传染、系统重要性风险等宏观金融风险。具体而言，金融科技公司可能同时开展不同的金融业务，内部业务的交叉性较强，一旦产生风险，不仅会在公司内部各业务之间形成风险传染，还可能将风险蔓延至与其有资金和技术等合作关系的传统金融机构以及其他金融科技公司。同时，金融科技领域的负面风险事件会给金融市场主体带来经济与金融不确定的预期，这种消极预期的传播和扩散会进一步加剧风险的传染（李苍舒和沈艳，2019）[114]。金融科技平台还具备媒体属性，能够放大金融风险（李继尊，2015）[110]。另外，具有系统重要性的金融机构和大科技公司可能产生"大而不能倒"风险。

从金融科技的业务运行主体角度看，金融科技的业务运行主体很多是没有金融牌照的技术类公司和电子商务企业，金融风险防控意识不强，不具备金融机构那样的审慎经营理念，并且尚未受到严格的监管，容易引发各类金融风险。一方面，随着传统金融机构与金融科技企业之间关联性的增强，风险的隐蔽性、复杂性和传染性也更强，风险可能在关联企业和关联业务之间进行复杂传播，甚至传染至整个金融行业，引起系统性风险；另一方面，金融科技运行主体业务模式的失败有可能造成整个行业风险集聚，若不加以控制可能形成系统性风险，我国以往 P2P 网贷的兴衰历程就是一类典型。

从金融科技具体的业务模式来看，金融科技各类业务模式的发展进度不一致，受到的监管程度的强弱也不同，这就决定了各类业务风险的异质性。其中，数字支付、互联网基金和互联网保险的总体风险均可控，三者分别由中国人民银行、证监会和改组后的国家金融监督管理局监管，监管主体明确，业务经营受到了较好的规范，参与主体主要为大型支付机构、基金和保险公司，风险管理能力较强，业务类型的风险传染性较低（李苍舒和沈艳，2019）[114]。在数字货币方面，对于不同主体发行的数字货币，其风险具有很大的异质性，私人部门发行的数字货币风险较大，币值容易受到市场波动的影响，并且各国对私人数字货币的容忍度不同，容易形成监管套利或被不法分子利用从事洗钱等犯罪活动，具有较大的信用风险、市场风险以及法律与合规等风险，易形成风险的跨地域传播。相对而言，中央银行发行的数字货币（CBDC）具有国家信用，能够实现可控匿名，并且在推出之前已对数字货币领域进行了深入的研究，风险相对较小。

2.3.1.2 金融科技的科技应用类风险

从底层驱动技术来看，金融科技的发展根本与大数据、云计算、人工智能等信息技术具有密切联系，金融对这些信息技术的使用深度使得技术类操作风险的代价更大，可能引发网络安全风险、技术不完备风险、技术依赖和第三方依赖等科技应用类风险。

金融科技具备金融与科技双重属性，在互联网和一系列新一代信息技术的驱动下，在金融科技业务交易的全流程过程中会收集、处理和使用大量的用户信息和交易信息，这些数据信息在降低信息不对称、提升金融服务效率的同时也可能成为网络攻击等网络犯罪活动的对象，如遭受计算机病毒入侵，面临网络安全风险。

金融科技存在技术不完备风险，如技术不成熟、算法缺陷等均会引发风险。在技术发展和应用的初期，不成熟的技术用于金融行业时可能会产生系统漏洞，容易遭受黑客和病毒攻击，进而产生金融风险；系统设计缺陷也会导致潜在的操作风险，如在人工智能和大数据应用方面，智能模型和算法依靠的机器学习若出现偏差，可能导致金融科技业务大范围出错，其责任归属也难以判定，并且由于金融科技交易的实时性，若来不及纠偏和修复，可能会带来无法挽回的风险及损失。

金融科技存在技术依赖风险和第三方依赖的风险。在技术依赖方面，以往在传统金融机构中，信息技术主要作为后台部门，起辅助作用，难以在金融业务发展上产生直接的生产力，技术依存度处于较低水平。而如今在全球信息技术革命和数字化转型浪潮之下，金融与科技深度融合，金融科技进入数智化发展阶段，已经成为我国推动供给侧结构性改革、促进金融服务实体经济、加快金融机构数字化转型以及增强数字金融竞争力的重要突破领域。可见，信息技术在推动和变革金融业方面表现出了强劲的生产力，成为数字经济时代下金融业发展的重要驱动因素。金融科技的发展使金融交易摆脱了时间和地理空间的限制，金融服务更加便捷、高效和开放，在客户信息获取和存储、业务交易、风险管理等各环节都离不开信息技术的深度使用，提升了金融市场的信息技术依存度（Lee and Shin，2018）[115]，积累了技术依赖风险（Xiao et al.，2017）[116]。随着信息技术在金融领域的进一步深度应用，金融科技可以解决更多的金融业痛点，金融业务的市场反馈速度更快、效率更高，潜移默化地拉高了市场参与者的期望，这又会进一步提高对金融服务的要求，加深对技术的依赖。在第三方依赖方面，传统金融机构尤其是中小银行由于科技实力不强或者科技研发的投入产出效率不高，主要选择与第三方服务商（例如数据服务商和云计算提供商）合作的形式开展金融科技业务，在传统的技术外包领域之外，其经营决策还可能受到第三方提供的数据信息的影响，对第三方科技公司具有较强的技术和数据依赖。除对第三方的技术依赖之外，金融机构还可能在客户引流与风险管理等方面对第三方产生依赖，并且依赖方若为系统重要性金融机构或者大量构成一定资产规模的其他金融机构，此类风险甚至可能发展成系统性风险（李广子，2020）[117]。

2.3.1.3　大科技公司系统重要性与垄断等特有风险

大科技公司的商业模式建立在与大量用户直接互动的基础上，使其能够天然地利用"数据—网络—活动"（Data-Network-Activity）循环，实现从用户数据到网络效应再到进一步用户活动的循环与强化，迅速扩大其产品和服务的可及范围，这种循环模式使其涉足支付、理财、保险和征信等金融服务具有数据和成本优势（BIS，2019）[118]。大科技公司通过控股、参股或与第三方合作等方式将支付、借贷、征信和理财等多项金融业务捆绑组合，提供了强大的范围经济（Navaretti et al.，2017）[13]，其价值链实现了类似传统银行具备的综合金融服务功能，在数据和技术双重优势赋能以及宽松的监管环境下进一步扩张，并逐步发展为超级平台经济，可能会产生系统重要性、垄断等特有风险。

大科技公司已成为系统重要性机构，具备"大而不倒"和"太关联而不倒"特征，并且与传统金融的联系愈加紧密，行业的高市场集中度、金融服务规模以及技术和经营复杂程度均可能滋生风险。在行业市场集中度方面，大型科技公司在金融服务领域迅速扩张，并且在我国的金融科技发展历程中占据了重要的引领地位，在支付、信贷、智能投顾等金融服务领域具有一定的市场规模，尤其在支付领域，大型科技公司已成为重要甚至占主导地位的金融服务提供商（Crisanto et al.，2021）[119]。部分大科技巨头平台可能加剧金融风险集中，甚至可能发展为一个区域的主要基础数字服务设施提供者，具备对金融市场具有潜在重大影响的实力（陈萌，2022）[120]。在金融服务规模方面，大科技公司会加剧现有金融机构的竞争，一方面可能具有"鲶鱼效应"激励金融机构创新，当竞争激励机制支持金融机构的稳定业务模式并影响金融体系和实体经济的整体效率时，这种竞争效应具有积极影响（FSB，2017）[121]；另一方面可能具有破坏效应，增强现有金融机构为保持盈利能力承担风险的潜在激励（FSB，2022）[122]，对金融机构的安全和稳健运营产生威胁（FSB，2020）[123]。在技术和经营复杂程度方面，大科技公司凭借成熟的信息技术和咨询（如云计算和数据分析）优势，作为金融科技技术服务提供商提供的云服务等第三方服务可能使商业银行等传统金融机构产生潜在过度依赖，提升金融体系的脆弱性，大科技公司本身若经营不善或倒闭以及云服务等第三方服务的中断或异常均可能引发金融服务领域的重大风险事件，对金融市场、用户和金融稳定产生不利影响（托比亚斯·阿德里安和周颖哲，2022）[124]；在经营管理方面，大科技公司集团内部业务及其子公司或部门之间具有强关联性，一旦产生风险，可能传导至整个集团甚至蔓延至整个金融行业，产生系统性风险。

从中国大科技金融的发展实践来看，2020年蚂蚁金服和2021年京东数科上市之路的相继失败折射了具有系统重要性的大科技公司一旦进入金融市场可能带来的巨大风险隐患。大科技公司在金融和科技的定位上存在模糊性，侧重规模扩张而忽视风险控制（张晓燕，2023）[125]，不具备与金融业稳健经营所需的内部风险控制和外部金融监管制约，当前大科技公司强调自身数字技术提供商的偏科技定位，但仍使用大数据、人工智能和区块链等科技手段提供金融解决方案，同时也持续扩张各类金融业务布局，系统重要性及可能引发的风险仍需重视。

大科技公司的平台经济模式具备显著的网络效应与规模效应，数据市场容易形成自然垄断（吴晓灵和丁安华，2021）[126]，存在垄断风险。在理论方面，金融科技行业存在互联网领域的"赢者通吃"现象，并且具备"马太效应"，容易通过强者越强形成垄断（李继尊，2015）[110]，引发不正当竞争（Xiao et al.，2017）[116]，进而产生垄断风险。大科技公司凭借网络效应在金融科技领域获取并积累了巨量的用户规模和数据资源，业务和平台的用户黏性较高，"数据—网络—活动"循环不断强化，产生源源不断的数据要素，带来规模效应，经信息技术手段复制、重组等加工应用后产生进一步的经济价值，逐步居于市场领先地位，进一步加剧垄断风险。

2.3.1.4　消费者隐私侵犯与算法歧视等伦理问题

金融科技是数字经济时代下的数据密集型行业，海量的数据信息对金融科技企业的数据信息管理能力提出了更高的要求，如果运维和管理不当，很可能产生数据违规收集、数据窃取和泄露、数据丢失或损坏、账号密码和交易信息泄露等消费者隐私权侵犯问题，使消费者面临网络金融诈骗等经济损失风险以及数据隐私泄露可能带来的安全隐患。金融科技在智能风控和智能投顾等业务环节运用大数据和人工智能等技术，可能存在信息数据过度收集、算法歧视、信息优势滥用甚至信息篡改的情况，跨越行为约束边界，产生违背商业道德伦理的行为，引发安全隐患和不平等问题，造成消费者利益损失。数据安全和隐私保护风险已成为阻碍金融科技企业和金融机构合作的最大因素（中国互联网金融协会和毕马威，2022）[127]，制约金融科技健康发展。

尤其是大科技公司等平台经济模式基于"数据—网络—活动"循环的经营模式以大量非特定自然人的身份、行为和交易等数据为生产要素，在数据处理中广泛使用技术算法，存在用户隐私和数据安全保护、算法歧视和算法权力滥用等伦理问题。大科技公司以用户各类数据信息为生产资料，在数据收集、处理、使用和共享等环节存在数据未经授权、过度收集、暴露、使用甚至买卖以及信息泄露等风险，引发个人隐私权和数据安全保护问题。大科技公司在客户画像和风险评估等业务流程中广泛使用大数据和机器学习等算法技术，程序代码可能被设计和开发者人为根据用户的种族、性别、年龄、宗教、职业、财务状况和社会关系等数据信息预设并嵌入系统性偏见，带来算法歧视（Carstens et al.，2021）[128]。同时，技术算法呈现的业务操作等界面又会进一步引导甚至操纵用户的需求与决策

（吴晓灵和丁安华，2021）[126]，造成算法权力滥用。

2.3.1.5 金融科技领域涉及的国际制裁等国家安全风险

金融科技涵盖经济和金融政策、监管、科技、数据、网络、金融基础设施等诸多领域，其本质是科技对金融业的变革及创新，凭借金融与科技两大要素的融合，在行业发展中产生了海量数据，在全球数字化转型以及各国竞相发展数字经济和金融科技的背景下，数据要素的重要性逐渐凸显。我国金融科技第二版顶层设计规划提出充分释放数据要素的作用，党的二十大报告将科技作为我国全面建设社会主义现代化国家的基础性和战略性支撑，科技和数据已经成为金融科技得以高质量健康持续发展的重要突破方向。

而实际上，我国科技创新能力还不强，科技和金融都尚未真正实现高水平自立自强，国内金融机构对国外技术使用具有很强的依赖性，其中，计算机芯片、操作系统、数据库和编程语言等传统核心底层技术仍采用的国外技术应用，极易因国际关系的变化受到断供甚至被攻击。同时，交易数据和用户数据暴露在外方技术环境下，金融行业敏感数据和海量的用户隐私数据可能被外方获取和利用，在科技和数据方面潜藏很大的国家安全风险。

在金融科技数智化发展阶段，商业银行数字化转型的进程引领整个金融业，数字银行和科技银行建设深入推进，大型银行主要致力于开发自己的科技应用系统，中小型银行多采用技术外包的方式发展金融科技。尽管我国金融科技领域的数字技术服务业务发展迅速，但硬件和软件等科技实力仍与国外发达国家存在较大差距，尤其是高质量、自主研发并应用的芯片、算法框架等核心技术有限，大数据、云计算、区块链和人工智能等关键底层技术发展仍与发达国家之间存在较大差距，在这些底层技术的核心技术要素方面的实力和市场应用较弱，如政府、高校和企业各层面开放数据集等数据资源建设水平、算法框架、大数据处理框架以及大数据芯片和 AI 芯片等算力方面，而这些核心要素是新一代信息技术发展的关键。在金融科技数智化发展阶段，仍未摆脱对国外的技术依赖，计算机芯片等基础核心硬件、AI 芯片等关键算力技术、开源算法框架等仍被我国金融机构和互联网等科技公司广泛使用。

现阶段，中国正加紧研发新一代信息技术及其关键核心技术及其应用，加强核心技术攻坚，尽管这为降低国外技术依赖和可能产生的国家安全风险提供了可能，但也面临较强的国际制裁风险。例如，美国频频采用国际制裁手段干涉和打压目标国，我国重点行业领头公司如中兴和华为等高科技公司曾接连受到美国的严厉制裁（陶士贵，2020）[129]。从全球视角来看，作为技术驱动的金融创新，金融科技已成为世界金融领域竞争与合作以及金融资源布局的关键手段（中国互联网金融协会和毕马威，2021）[4]。我国将金融科技作为金融数字化转型、发展数字经济的重要抓手，金融科技能够更好地助力金融机构服务实体经济，在深化金融供给侧结构性改革，促进普惠金融、绿色金融、供应链金融、养老金融以及乡村振兴等方面具有积极效应，有助于提升国家金融竞争力。党的二十大报告提出我国要建设网络强国、科技强国和数字中国，金融科技的高质量发展将带来国家数字金融和科技网络实力的强盛以及在国际金融与科技参与度和竞争力的提升。

在实体经营层面，我国大科技金融的全球化和银行金融科技国际竞争力的提升均有可能招致发达国家的国际制裁。从我国金融科技"走出去"的发展现实来看，已有部分大科技公司的海外业务受到了影响，部分科技公司在海外经营过程中不断受到当地政府和监管机构出于数据安全、网络安全和国家安全等考虑施加的经营限制，以抖音海外版 TikTok 为代表。

2.3.2　金融安全视角下金融科技的监管研究

金融监管是金融稳定和金融安全的制度保障，对金融安全的影响具有决定性作用。金融科技领域监管的缺位或不足很可能威胁金融安全，因此出于金融安全考虑，有必要进一步梳理金融科技领域的相关监管研究。综合已有研究来看，金融科技也对金融监管带来了挑战与变革，挑战主要在于金融科技的监管滞后及其业务特征带来的监管风险以及监管金融科技的实施难点，变革主要体现在对监管理念和监管手段的重塑和升级方面，以监管科技中的监管沙盒为代表。

2.3.2.1　金融科技对金融监管带来的挑战

从一般性出发，监管部门的信息处理与研判以及应对速度落后于密切接触一线市场的创新主体，金融监管等金融治理体系滞后于金融科技等金融创新形式具有客观必然性（陆磊和杨骏，2016）[109]。回望我国金融科技部分业态的实际发展和监管情况，支付宝于 2004 年上线运营，但直到 2011 年才获得正式牌照；第一家 P2P 网贷平台拍拍贷于 2007 年上线，监管机构直到 2016 年才制定监管标准（Hua and Huang，2021）[69]，且实际落地实施效果并不尽如人意。

从金融科技的业务角度出发，金融科技的发展天然具有混业经营的便利优势，具有跨地域、跨行业、跨市场等跨界特征，易产生风险扩散和传染，金融科技的上述跨界经营特征逐渐模糊了金融业务的边界，增强机构和业务之间的关联性和渗透性（杨东，2018）[130]，一旦发生风险，可能产生地区、行业、市场和不同业务之间的连锁反应，加快金融风险的传播速度，进一步可能造成系统性风险，大大提升了金融监管和维护金融稳定的难度。

从金融科技的技术角度出发，在全球经济数字化转型的背景下，技术已经和金融应用和发展融为一体，前文提及的数据安全和网络安全风险、技术不完备风险、技术依赖和第三方依赖风险等一系列新型技术风险均需要监管机构做出应对。并且，如今技术的发展已经颠覆了金融行业，超越了监管问题，严格的监管似乎不足以保证金融业的安全和健康（Zeranski and Sancak，2021）[131]，如何科学设计技术应用规范，有效监督市场主体，在促进金融科技发展的同时保障金融安全是一项前所未有的挑战。

从监管机构的角度出发，监管金融科技相关活动具有一系列挑战性。首先，监管制度的缺失、不及时以及不完备等监管漏洞可能助长金融科技企业实施监管套利行为，跨越业务边界，实施自身业务范围以外的金融业务，滋生金融风险，对其监管具有紧迫性和必要性。其次，金融科技的业务发展较快，业务种类多元化，需要监管人员及时学习、熟悉和更新金融科技领域的多种业态知识并分析其可能的风险点，监督、规范和收集大量金融科技企业的信息，在充分了解金融科技企业及其业务的基础上及时、完备地制定监管制度和政策并有效传达给金融科技机构。一方面指导其建立内部自我约束机制和风险防控制度，另一方面建立相应的外部约束机制和良好的规则环境。再次，金融科技业务发展背后的科技驱动因素更新迭代较快、渗透性较强，而监管制度、手段和技术则相对滞后，对监管规则、理念、方法和手段带来了挑战。最后，金融科技业务能够跨地区和跨境经营，尤其在跨境经营方面受到的监管标准不同，如比特币仅在部分国家和区域被禁止，投资者可能转而寻求可交易的地域，存在地域监管套利现象。为降低金融科技风险在不同区域的扩散效应，需要进行区域间和国际间的监管协调，及时更新本地区的金融监管框架与国际先进做法接轨，这些都对金融监管提出了新的挑战。

2.3.2.2　金融科技对金融监管的变革

鉴于金融科技发展对金融监管带来的一系列监管挑战，为平衡金融科技创新发展与风险防范，有效应对监管滞后，提升监管效率和有效性，监管部门需积极转变监管理念，突破传统的被动监管思路，增加科技驱动型监管的运用（杨东，2018）[130]，开发对创新业务适应性更强的金融科技监管流程和工具，即大多数学者倡导的监管科技。

监管科技的内涵在金融科技持续发展环境下逐渐延伸，早期的研究大多将其视为金融科技的一个类别，主要表现为监管方通过信息技术应用以提升监管效能的监管科技。随着金融科技对金融业和金融监管体系的深入变革，其内涵逐渐延伸为金融与科技紧密融合情境下的整个金融体系在监管方以及在金融机构合规方的变革，增加了金融机构通过信息技术应用提升合规经营效率的合规科技内涵（巴曙松和朱元倩，2021）[132]。监管科技主要是指通过新技术的应用更有效地解决监管以及合规要求，引领了未来金融科技监管的必然趋势，其代表性的监管方式为监管沙盒。众多学者对监管科技的运用和发展持肯定态度，早期的研究在监管沙盒在中国实施的必要性和可行性、与我国金融科技创新的适配性、制度设计和实施特点、运行模式和意义、理论和实践评判、发展趋势和本土化应用等方面进行了丰富的分析（黄靖雯和陶士贵，2020）[51]。近期的研究在监管沙盒体系改革、监管沙盒对于金融消费者保护的作用以及如何促进能增加社会福利的金融科技创新等方面进行了探讨（杨涛，2022[133]；胡滨，2022[134]；王频和陈云良，2023[135]），开始挖掘监管沙盒体系改革方向，使其在规范金融科技创新发展的同时，更好地发挥数据安全维护与社会福利提升等方面的积极作用。

从金融科技的监管实践来看，自英国率先推出监管沙盒以来，越来越多的国家也开始效仿使用，金融科技的潜在风险及其对金融监管的挑战促进了监管科技的发展，中国也逐渐变革监管方式，从被动监管逐渐向主动监管过渡。同时，在创新金融科技监管工具之外，随着金融科技技术应用逐渐深入，参与主体及各种业态层出不穷，数据作为新型生产要素流通，金融科技监管涉及的范围已超越金融领域，向数据安全、网络安全、信息保护与消费者保护等数据治理层面延伸。

2.4 金融稳定的内涵与影响因素研究

2.4.1 金融稳定的内涵

从学术研究的角度，安全主要源于国际关系领域，《中华人民共和国国家安全法》将国家安全定义为一种无危险和不受内外威胁的状态，国家金融安全是国家安全的重要组成部分，也是一国主权意义上的金融安全。早期的金融安全概念主要从安全的反面，即金融不安全的角度进行定义，将金融不安全近似等同于金融风险或金融危机（郑联盛和李俊成，2023[9]；魏浩，2022[136]）。由于金融风险是预期收益与实际收益产生不一致性的可能性，属于金融活动中的运行常态，因此，尽管金融风险可能会对金融安全产生威胁，但一般只有金融风险的积累和爆发才会对金融安全造成损害（陈晓静，2023）[137]，尤其是系统性金融风险，已成为金融稳定与金融安全的首要冲击因素。同时，金融风险的长期积累也会造成金融危机。从以上内容来看，金融安全的维护在很大程度上是防范系统性金融风险和避免金融危机的发生。为此，现有文献在分析金融安全问题时更多地使用金融稳定、金融危机和金融主权等相关概念，较少使用金融安全表述（郑联盛和李俊成，2023）[9]。另外，金融安全从空间维度上可分为国家总体金融安全、区域金融安全和省份金融安全等（魏浩，2022）[136]。鉴于本书以中国为研究对象，且我国较少发生金融危机，金融主权一般是以国别为单位的研究，因此，本书在以金融安全视角分析中国金融科技发展的影响时主要围绕金融科技对金融稳定的影响展开。

明晰金融稳定的内涵是分析金融安全视角下金融科技对金融稳定影响的起点，也是搭建金融稳定评估框架与测算金融稳定水平的基础。金融稳定监管职能主要由各国中央银行实施，国际货币基金组织等国际机构、各国中央银行和学者们对金融稳定的定义角度主要分两种：一种是直接定义金融稳定，即金融稳定是什么；另一种是从反面界定，即金融不稳定是什么。

部分文献从金融部门稳定、风险管理和危机是否发生等特定角度将金融稳定直接定义为金融机构稳定、金融市场稳定、资产价格稳定，能够评估和管理金融风险、不发生金融危机或银行危机等。大部分文献持系统论观点，金融稳定指的是金融机构、金融市场、支付结算和清算系统等金融系统各组成部分的平稳运行（Oosterloo and Haan，2004）[138]，有效履行其职能（Azarenkova et al.，2018）[139]，能够应对各类冲击，尤其是系统性风险的冲击（封思贤等，2014）[140]，强调金融体系的弹性是稳定的关键，即系统在受到内外因素的负面影响后具有恢复原状的能力。

部分文献从反面角度定义，将金融不稳定近似等同于资产价格波动，或将金融不稳定界定为严重的金融市场混乱与功能受损。如 Mishkin（1999）[141] 认为金融不稳定是金融系统受到外部冲击后的一连串不稳定反应，如市场信息流动不顺畅、金融市场被扰乱、金融系统无法发挥将储蓄转化为投资的功能。Allen 等（2006）[142] 认为定义金融稳定的最好方法是定义金融不稳定事件的特征，当金融不稳定事件不太可能发生时即为金融稳定状态。

尽管现有文献对金融稳定尚无统一定义，但综合已有文献的观点可以看出，金融稳定并非单一要素所能囊括的，而是一个宏观系统概念。因此，本书持系统论观点，并且认为金融稳定的定义还需要结合国家或地区的监管理念考虑。不同的监管目标可能对金融稳定定义产生倾向，如金融稳定从消极方面可视为避免发生危机，在积极方面则要确保金融体系的适当运作（Buckley et al.，2020）[143]。中国人民银行将金融稳定定义为"金融体系处于能够有效发挥其关键功能的状态"，表现为宏观经济健康运行，货币和财政政策稳健有效，金融生态环境持续改善，金融机构、金融市场和金融基础设施能够发挥各类关键功能，而且在受到内外部因素冲击时，金融体系整体上仍然能够平稳运行（中国人民银行金融稳定分析小组，2005）[144]。由于本书以中国样本研究金融科技对金融稳定的影响，考虑到我国金融稳定监管主要由中央银行实施的具体国情以及概念的适用性与权威性，下文的金融稳定评估主要基于中国人民银行的定义展开研究。可以看出，我国金融监管目标是从积极方面来保障金融稳定的。

2.4.2　金融稳定的影响因素研究

从金融稳定领域现有文献的研究内容来看，金融稳定很少被单独作为研究对象，主要聚焦在金融稳定的影响因素方面，分析特定因素对金融稳定的作用路径或影响效果（黄靖雯和陶士贵，2023）[145]。通过梳理已有文献，金融稳定的影响因素主要可以概括为宏观经济运行、国际金融因素、金融治理体系、非经济制度、金融机构运行、金融基础设施与生态环境以及公司治理七类。

2.4.2.1 宏观经济运行对金融稳定的影响

宏观经济运行对金融稳定具有天然的影响,是影响金融稳定的先行因素,宏观经济运行不稳很难使金融维持在稳健状态。具体而言,物价水平、资产价格波动和金融杠杆等都可能会对金融稳定产生影响。

在物价水平方面,大多数研究认为稳物价有利于金融稳定。物价稳定能够降低金融不稳定发生的可能性及严重程度,物价水平不稳往往会导致金融体系波动(Schwartz,1987)[146],如通胀会导致金融不稳定,主要是因为通胀会鼓励房地产投资以对冲通胀的资产贬值,从而推动不可持续的资产价格上涨,引发资产价格泡沫破裂风险。也有研究持相反观点,认为物价稳定并不必然导致金融体系稳定,并且货币政策调控将币值稳定设为基准时,可能增加金融业潜在风险,滋生金融不稳定因素(Blot et al.,2015)[147]。

在资产价格波动方面,文献几乎一致认为对金融稳定具有不利影响。20世纪中期以来,资产价格泡沫是导致金融危机的主要原因(陆磊和杨骏,2016)[109]。在我国,尤其是股票价格和房地产销售价格的剧烈波动是导致金融不稳定的重要因素(王劲松等,2016)[148],同时,我国房地产调控和房产税改革的相关政策也会通过影响房地产的价格以及房地产的再分配对金融稳定产生影响(周闯和潘敏,2021)[149]。根据现有研究,房价波动主要通过债务和信贷渠道影响金融稳定,债务方面主要体现为房价持续上涨对居民债务的螺旋式推升,进而挤出消费及投资,产生经济波动,不利于金融稳定(孟宪春和张屹山,2021)[150];信贷渠道在房价下跌时主要体现为影响银行业信贷(Goodhart and Hofmann,2008)[151],在房价上涨时主要体现为由此形成的非理性预期及这种预期对信贷投向和证券市场的影响(谭政勋和王聪,2011)[152]以及房价泡沫破裂风险。此外,房价波动还会导致区域性金融风险,并对相邻地区具有空间溢出效应(王劲松和戴大淳,2022)[153]。

在金融杠杆方面,适度的杠杆率有助于经济增长,文献几乎一致认为过度杠杆化会对经济产生反效果,易滋生风险甚至引发金融危机,对金融稳定具有不利影响,但也不应盲目过快去杠杆,因为金融杠杆率波动也会损害金融稳定。如债务杠杆上升会增加国民经济各部门风险,使金融部门风险集聚,进一步提升系统性金融风险(苟文均等,2016)[154];金融杠杆与房价泡沫之间能够彼此促进,金融杠杆率升高会导致金融稳定性下降(沈悦等,2020)[155]。针对过度杠杆化而去杠杆的操作会引起金融杠杆波动，也可能引发金融不稳定。金融机构通常在长期经济繁荣时期持乐观预期，倾向于提升杠杆率，并将其投资组合转向平均风险更高，但预期回报更高的项目，若之后出现严重冲击和萧条，将导致违约率升高，而后的去杠杆操作及金融杠杆率波动将对金融稳定产生严重影响。马勇等（2016）[156]基于91国的样本数据从金融杠杆波动的角度展开研究，验证了金融杠杆的波动对金融稳定具有负向影响，金融体系既不能过度杠杆化，也不能急速去杠杆。

2.4.2.2　国际金融因素对金融稳定的影响

资本账户开放、跨境资本流动以及美国等国际上主要国家的货币政策等国际金融因素也会对金融稳定产生影响。其中关于资本账户开放的研究较多，多数研究认为资本账户开放可能会冲击金融稳定，资本流动与金融稳定相关主要体现在增加银行体系脆弱性、金融市场波动性以及金融市场与国外市场的关联性等方面。部分研究基于中国数据验证了资本账户开放对金融稳定的冲击作用。李力等（2016）[157]以中国1994~2015年数据进行实证分析，认为在资本账户开放的环境下，金融稳定受跨境短期资本流动的冲击作用会逐渐增强；彭红枫和朱怡哲（2019）[158]以中国2007~2016年数据为分析对象，认为资本账户开放主要冲击中短期的金融稳定，在金融市场改革政策陆续出台后，长期金融稳定受到的冲击程度明显降低。少数研究认为资本账户开放能够在一定程度上促进金融发展，如资本账户开放可以引进国外领先的技术及管理，通过溢出效应提升国内金融市场效率及系统操作技能（庄起善和张广婷，2013）[159]，促进金融市场扩容，完善产品线，丰富市场参与者（鄂志寰，2000）[160]，有助于分散投资风险，增加投资回报率。部分研究认为资本账户开放对金融稳定的影响可能并非单向的，赵先立（2021）[161]基于47国2000~2018年的数据分析认为，资本账户开放可能因国内外经济金融环境的影响对金融稳定具有双向作用，主要体现在短期冲击金融稳定，长期可能强化金融稳定。另外，国际上主要国家的货币政策也会对我国金融稳定产生影响，主要是因为影响了国际贸易与资本流动（谷慎等，2019）[162]。

2.4.2.3　金融治理体系对金融稳定的影响

金融治理体系作为国家治理体系的主要构成部分，涵盖国家、行业和机构等多主体层面的金融治理政策、制度和规则（李宏瑾等，2016）[163]，旨在通过宏观经济政策和调控、金融监管政策和框架体系、金融市场规则、金融法律法规和行业约定等多维度的金融治理措施推动金融机构、金融市场和实体经济的健康持续发展，防范和化解金融风险，是维护金融稳定的重要制度保障。董小君和宋玉茹（2021）[164]测度了2008~2020年我国的金融治理水平，发现其与金融市场稳定程度总体上呈波动上升趋势。从金融治理体系的分项内容来看，研究宏观经济金融政策和调控以及金融监管框架对金融稳定影响的文献较多，主要包括财政政策、货币政策、宏观审慎政策、国家审计、监管质量以及中央银行的金融稳定沟通、透明度及独立性等内容。

（1）财政政策

财政政策是政府调控经济的重要手段，但也可能带来货币金融不稳定的风险，周小川（2012）[165]曾将财政风险持续视为危害金融稳定的关键因素，这并非要否定财政政策的效果，而是从其实施过程中分析可能对金融稳定产生的影响。已有研究关于其影响金融稳定的角度主要体现为财政赤字、政府债务以及财政可持续性方面。财政支出政策难以避免短视情况，政策扩张易引发财政赤字和政府债务的集聚，其中，财政赤字过高会降低财政和货币政策的公信力，引起通货膨胀，带来货币金融的不稳定（Ješić，2013）[166]。部分文献对地方政府债务引起的金融稳定消极溢出效应进行了分析，如政府债券价格的波动以及规模扩张增加的主权债务风险均会影响金融机构持有债券的资产价值，使风险向金融机构聚集，进而导致金融体系产生波动（吴盼文等，2013）[167]，还会加剧通货膨胀风险（李佩珈和梁婧，2015）[168]，甚至通过传染效应蔓延至其他地方政府，引发系统性金融风险（王雅君和陈松威，2018）[169]。此外，财政可持续性对金融系统的稳健性具有重要作用，一方面，财政政策扩张有利于金融发展，但可能会带来影子银行风险和政府债务风险（封北麟，2022）[170]；另一方面，财政状况恶化会传导至金融部门，影响其资产负债情况，对金融稳定不利（Borio et al.，2016）[171]。

（2）货币政策

货币政策能够发挥部分金融稳定的功能，如信贷过度扩张是导致金融不稳定的重要原因（Schularick and Taylor，2012）[172]，而货币政策主要通过调控信贷维护物价稳定。但金融危机之后，以Mishkin（2009）[173]为代表的大量研究普遍认为价格稳定并不能等同于金融稳定，前者仅为后者的必要条件，货币稳定能够促进金融稳定，而货币不稳定会引起金融波动，不利于金融稳定（邓创和谢敬轩，2021）[174]。另外，货币政策主要关注短期的金融稳定，缺乏长期视角（郭红兵和杜金岷，2014）[175]。

货币政策和金融稳定之间也存在平衡和冲突，一个独立的中央银行一般不可能同时实现低通胀和金融稳定，在价格稳定和金融脆弱性之间存在权衡（Cao and Chollete，2017）[176]。当调控工具唯一可用时（如利率），货币政策将面临宏观经济和金融稳定之间的权衡，因为二者需要在同一工具上以相反的方向进行干预，不过政策制定者可以使用其他工具来追求金融稳定（Cesa-Bianchi and Rebucci，2017）[177]。同时，货币政策会作用于宏观经济环境，影响金融机构的风险承担倾向及经营行为，进而有可能损害金融稳定。货币政策带来的宏观经济稳定有可能引发某种形式的道德风险，商业银行和其他金融机构可能会对稳定的宏观经济环境做出反应，采取比与金融稳定相一致的更高风险的贷款和存款组合（Driffill et al.，2006）[178]。货币政策会带来银行风险（Angeloni et al.，2015）[179]，经由银行风险承担渠道作用于金融稳定，如有可能驱动银行的冒险动机，产生通过期限转换承担过度流动性风险的冒险行为，进而对金融稳定产生不利影响（Cao and Chollete，2017）[176]。反之，在金融不稳定的环境下也很难保持价格稳定，这也是致力于维护金融稳定的宏观审慎政策如今被广泛和货币政策协同使用的原因。

（3）宏观审慎政策

宏观审慎政策旨在补充微观审慎监管和传统宏观经济管理工具（特别是货币政策和财政政策），以减少和遏制系统性金融风险，维护更大程度上的金融稳定，成为许多新兴经济体和部分发达国家政策工具的一部分（Claessens et al.，2013）[180]。宏观审慎政策的良好实施通常对金融稳定具有积极作用，宏观审慎政策工具通过对经济的影响进而对金融稳定的支持效果，主要体现在降低银行体系脆弱性[180]、降低信贷的顺周期性（Lim et al.，2011）[181]以及控制房地产过度繁荣（Crowe et al.，2013）[182]等方面。部分文献基于微观数据进行了案例研究，如 Jiménez 等（2017）[183]发现西班牙的反周期宏观审慎政策（如动态拨备）有助于缓解衰退期间的低迷，保持稳固的信贷可获得性。同时，已有研究证实各国在采用宏观审慎政策方面存在很大差异，新兴市场国家和封闭资本账户国家采用这些政策的次数相对多于发达国家和开放资本账户国家，而且宏观审慎政策不一定会减少整体系统性风险或减少金融周期（Claessens et al.，2013）[180]。在同一政策目标如抑制信贷增长上，基于家庭借款人和金融机构类不同主体的宏观审慎政策的有效性在新兴市场和发达市场中的作用程度不同（樊明太和叶思晖，2020）[184]。因此，宏观审慎政策的设计初衷虽是维护金融稳定，但还需要根据国家发达水平、金融开放程度、经济周期、汇率制度以及金融体系特征等异质性合理实施不同的政策工具以更好地发挥效果。

此外，货币政策与宏观审慎政策存在互补性和叠加干扰性。如宽松的货币政策会刺激冒险动机和杠杆的积累，这可能需要更严格的宏观审慎工具，宏观审慎政策可能具有影响资源配置，进而影响经济活动和增长的政策成本（Crowe et al.，2013）[182]，但也有助于强化货币政策调控效果（杨源源和高洁超，2021）[12]。最好的选择是将总量调节性的货币政策与有针对性的宏观审慎政策一并纳入调控框架，二者联合使用可以更好地稳金融、促经济，如在金融冲击的应对（马勇和付莉，2020）[185]以及缓解金融风险的顺周期性（马勇和黄辉煌，2021）[186]上具有明显的金融稳定效果。

（4）政府审计

政府审计作为国家治理的重要组成部分，具有揭示、预防和抵御等"免疫系统"功能（杨书怀，2016）[187]，主要用来规范地方金融机构经营，监督违法违规行为，防范金融风险，维护国家金融安全（许莉，2010）[188]。现有实证研究以我国 2009~2017 年 30 省为样本验证了国家审计的对象范围及其揭示、预防和抵御功能对金融稳定都具有正向影响（张曾莲和岳菲菲，2021）[189]。

（5）监管质量

在监管质量方面，监管水平的提升有助于促进资本账户开放政策对金融稳定的正向影响（Kose et al.，2009）[190]。严格的监管质量（如对资本监管的加强）有助于营造良好的市场监管环境，提升金融交易的透明度与银行效率，助力金融稳定（González，2009）[191]。在欠发达地区，严格的监督和管理在降低银行风险作用上的发挥还受银行所在国的国家治理质量决定（Klomp and Haan，2014）[192]。同时，金融监管对银行、证券、保险等不同市场主体的监管力度不均衡，而金融风险具有跨部门、跨市场的传播性，应提高监管制度建设，协调各市场之间的相互作用以促进金融稳定（刘诺和余道先，2016）[193]。

（6）中央银行的金融稳定沟通、透明度及独立性

许多国家的中央银行不仅负责实施货币政策，而且越来越频繁地负责维护金融稳定，货币稳定和金融稳定已成为中央银行的两个核心职能。多国以发布金

融稳定报告（FSR）、演讲、访谈以及在网页单列金融稳定板块等形式保持着金融稳定沟通，但并未在其中央银行法案中提及法定的金融稳定义务（Horváth and Vaško，2016）[194]。一般而言，中央银行有明确的金融监管职责的国家，其金融不稳定程度较低（Klomp and De Haan，2009）[195]。我国中央银行是经济调控、金融监管和维护金融稳定的重要机构，《中国人民银行法》中也对金融稳定义务进行了规定，而后设立了宏观审慎管理局（2019 年）和中央金融委员会（2023年），从顶层设计上强化了金融稳定目标，以健全宏观审慎管理和货币政策双支柱的调控框架。可见，中央银行货币政策和金融稳定等职能的发挥与经济金融的稳健运行关系密切。

现有文献表明，中央银行的金融稳定沟通和透明度对降低金融市场信息不对称这一本质特征，进而降低金融稳定的潜在风险方面具有至关重要的作用。理论上中央银行发布含金融稳定指标的 FSR，可以监控金融稳定程度，并适时向有关经济主体发出早期预警，从而避免金融稳定恶化，是有效引导市场的一种手段，能够降低金融市场的不确定性，从而减少波动（Born et al.，2012）[196]，还可以提高金融稳定职能的透明度和问责性，促进金融稳定，加强参与维护金融稳定的各部门之间的合作（Oosterloo et al.，2007）[197]。Born 等（2014）[198] 基于 37 家中央银行 1996~2009 年发布的 1000 多份 FSRs 和中央银行行长的讲话和采访资料，采用文本分析和事件研究方法从金融市场角度证实了中央银行沟通对金融稳定发挥的重要作用，并且不同的金融稳定的沟通形式可能产生不同的效果，定期发布的金融稳定报告能够对股票市场收益产生重大且可能持久的影响，并且倾向于降低市场波动。相比之下，与金融稳定相关的演讲和访谈对市场回报几乎没有影响，在平静时期不会降低市场波动，但在 2007~2009 年的金融危机期间产生了重大影响。同时，沟通也会带来风险，可能会扰乱市场，因此，应区分金融稳定沟通工具、内容及其使用环境审慎使用，如在金融市场波动加剧时期更多使用演讲和访谈这种相对灵活的沟通工具，以便更好地维护金融稳定。在中央银行金融稳定职能的透明度方面，Horváth 和 Vaško（2016）[194] 构建了中央银行金融稳定政策框架的透明度指数，认为该指数的提升有助于降低金融压力和不良贷款，但金融稳定透明度指数并非越高越好，而是存在最优的透明度水平，过多的透明度可能会损害稳定性，如在高度金融危机期间，过于透明的金融稳定沟通实际上可能会使危机升级。也有研究认为，FSR 传达的金融稳定透明度与银行系统的稳健状况不具有相关关系（Oosterloo et al., 2007）[197]。

此外，监管机构的独立性是有效监管的必要条件，辅以适当的问责制对促进金融稳定至关重要。现有文献认为，中央银行的独立性对金融稳定一般具有积极作用，具有明确政策要求，良好的沟通策略以及熟悉市场的独立的中央银行，可以降低经济成本等，可能有助于价格稳定（Crowe and Meade, 2007）[199]。部分文献对中央银行独立性与金融稳定的直接关系进行了研究，其中 Herrero 和 Del Río（2003）[200] 认为中央银行的独立性与金融稳定正相关，Klomp 和 De Haan（2009）[195] 从金融不稳定角度构建指数进行分析，认为中央银行的独立性与金融不稳定显著负相关，在这一点上，Alesina 和 Drazen（1989）[201] 的研究给出了佐证。

2.4.2.4 政府治理中的非经济制度对金融稳定的影响

在政府治理中的非经济制度方面，国内外文献主要涉及政治稳定、政府效率、腐败治理、法治以及言论自由与问责制等因素，这些非经济制度的完善能够促进经济良性发展，对金融系统的稳定一般具有正向影响（何国华和童晶，2018）[202]。反之，政府制度设置若不具备科学性及合理性，可能产生制度化风险。

政治稳定是一个国家和地区安全的根本，宏观上，稳定的政治环境有助于规范政府行为，减少腐败发生，助力金融稳定（Roe and Siegel, 2011）[203]；微观上，一个国家的政治稳定有助于提高银行的效率和稳定性（Chan et al., 2015）[204]。

在政府效率方面，政府支出效率的提升一般对金融稳定具有积极意义（谭德凯等，2020）[205]。对于不同发达水平的国家，政府制度效率对金融稳定的影响具有异质性，发达国家的政府效率相对较高，资本账户自由化等制度带来的冲击更可能被降低（Quinn and Toyoda, 2008）[206]，更有利于提升经济实力和金融稳定性水平。

在腐败对金融稳定的影响方面，大多数研究认为是负向的。腐败会降低银行配置稀缺资本的效率（Barth et al., 2009）[207]，不利于金融发展和经济增长，尤其对于腐败程度较高的国家（Ahmad and Ali, 2010）[208]。对腐败的有效约束和治理有助于降低腐败程度，提升法律制度实施的有效性和公信力，增强国内外投资者的信心，促进金融稳定（汪锋等，2018）[209]，其中发展中国家以及转型国家更需要法律法规和监管等手段控制腐败以提升银行稳定性（Barth et al., 2009）[207]。

法治对金融稳定一般具有正向影响，主要表现为对私人财产权、合同执行及投资者权益的支持，这些法治方面制度的完善有助于增加投资者对金融市场的融资，形成高效的资本市场，对金融发展和金融稳定具有积极影响（Alesina and Giuliano，2015）[210]。此外，在国家治理体系建设中完善法律体系对国家的金融稳定也具有正向作用（Cole et al.，2008）[211]。

关于言论自由与问责制对金融稳定影响的研究较少，几乎一致认为对金融稳定具有正向影响，主要表现为对股票市场发展具有显著正向影响（Jordaan et al.，2016）[212]，能够降低某些负面因素对金融稳定的反向作用（Mo，2001）[213]。

2.4.2.5　金融机构运行对金融稳定的影响

各类金融机构是金融体系的主要组成部分，尤其是商业银行等存款类金融机构的稳健运行必然是金融稳定的重要考量因素，现有文献主要集中在银行业市场结构、银行经营行为、保险业经营及保险投资、关联金融机构及综合金融集团等对金融稳定的影响上。

（1）银行业市场结构

银行业市场结构对金融稳定具有重要影响，学术界主要持两种相反的观点，即"集中—稳定"观点和"集中—不稳定"观点。"集中—稳定"观点认为由少数大银行为主构成的银行体系，其市场结构比由数量庞大的小银行为主构成的银行体系具备更高水平的市场集中度，能够避免因过度竞争引致的高风险，对金融稳定具有积极影响。现有文献对其影响机制的研究主要包括：高集中度的银行体系的市场参与主体主要是少量的大型银行，在监管方面更加便捷和高效（Beck et al.，2006）[214]；在经营方式方面，其业务综合性强，经营方式更加多元化，有助于分散风险，实现稳健经营；在收益方面，低竞争的环境有助于形成更高的盈利能力，更可能获取高额稳定的利润以及更高的特许权价值，增加银行审慎经营的动机（Uhde and Heimeshoff，2009）[215]。

"集中—不稳定"观点认为银行集中度升高会增强银行体系的脆弱性。现有文献对其影响机制的研究主要包括：高集中度的银行市场虽主要由少数的大型银行构成，但这些大银行的内部组织和产品业务相对复杂，透明度较低，存在较大程度的信息不对称，不利于有效监管和金融稳定；在经营方式方面并未有助于多样化，大型银行一般会压缩监管支出，倾向于放贷至特定行业领域或部分贷款者以促进规模经济，降低了贷款受众的多样性，使可能爆发的风险或冲击更加集中（Berger et al.，2008）[216]；风险可能超过收益，集中度高的市场参与银行一般具有更高的市场势力，能够向贷款者收取更高的利率，增加贷款客户的偿还难度，并加剧了借款人转向风险更高项目的道德风险激励，考虑到逆向选择，较高的利率也可能吸引风险更高的借款人，增加银行破产风险（Boyd and De Nicoló，2005）[217]。另外，对于集中度较高的市场可能产生的"大而不能倒"隐患，政府倾向于对大银行破产给予隐性及显性担保，这反过来给了大银行风险承担激励，进而可能提升银行业系统性风险（Mishkin，1999）[218]。

对于以上两种主要观点在我国银行业的适用情况，文献也存在分歧。朱孟楠和蔡丛露（2007）[219]认为"集中—稳定"观点适用于我国的银行业实际情况。此外，行业集中度逐渐下降可能导致金融不稳定，也从侧面印证了"集中—稳定"观点。陈卫东和熊启跃（2021）[220]测度了2008~2018年中国银行业的H指数和Lerner指数，发现我国银行业市场结构发生变化，表现为行业竞争逐渐加剧，行业集中度逐渐下降，与非银金融机构的合作存在监管套利，并使资金多层嵌套，不利于金融稳定。也有部分文献持"集中—不稳定"观点，其中，杨天宇和钟宇平（2013）[221]以中国125家银行为实证样本，研究发现银行集中度对银行风险具有正向影响；曲昭光和范磊（2016）[222]以我国省级层面的银行业数据为分析对象，认为银行业集中度上升不利于金融稳定。

在以上两种主要观点之外，也有研究相对辩证地看待这一问题，高度垄断和过度竞争都应避免，银行市场结构并非越集中越好，竞争也并非一定会对金融稳定产生不利影响。更高程度的市场集中度并不一定意味着更低程度的竞争，尽管不受约束的竞争可能导致金融脆弱性，但竞争本身并不会对银行稳定不利，与更具竞争力的金融体系相关的政策也被发现与更高的稳定性有关，如更少的活动限制、更低的进入壁垒以及对外资银行准入的开放，因此改善竞争的制度环境比单纯地限制竞争对金融稳定更有利（Beck，2008）[223]。良好的竞争环境和政策有助于不同产权结构的银行主动降低利率，进而减少融资成本和企业风险，增强银行的稳定性（徐璐等，2019）[224]。陈卫东和熊启跃（2021）[220]对美国、加拿大和韩国等多国的银行体系进行了案例分析，认为通常集中度较高的银行体系更有助于维护金融稳定，但也受当地监管制度等因素的约束，并非越高越好，同时集中度快速下跌容易引起危机，适度的集中度加上良好的金融监管以及内部治理结构是金融稳定的基石。

（2）银行业经营

从银行经营行为方面看，银行的持续稳健经营无疑是稳定金融的重要基础，银行业务经营指标异常、不当行为积累都可能对金融稳定产生不利影响。银行的资本充足性、资产质量、盈利能力及资产流动性等重要指标出现异常均可能潜藏风险。银行主动和被动实施的不当行为可能会产生一系列负外部性，进而可能对金融稳定造成负面影响。如挫伤消费者信心，进而产生信任危机，加大金融体系脆弱性；操纵市场价格（如基准利率）等行为可能损害行业信用，扭曲实体经济；不当行为也会引发公众负面预期，降低银行信誉和市场估值，损害银行长期价值；全球系统重要性银行所受的监管处罚可能会对母国的金融稳定产生不良影响（冯乾和高洋，2017）[225]。

另外，由于银行的传统业务在资本充足、资产质量以及流动性等多方面受到严格的监管，并且在贷款投放和规模方面受到政策性调控，管制相对宽松的银行间市场业务和同业业务逐渐成为商业银行拓展业务的方向，但这些业务可能会弱化监管和宏观调控的效果。银行间市场是金融市场体系的核心，在同业流动性拆借方面具有双面效应，若运用得当能够分担风险有助于金融稳定，但也有风险传染的可能。在以我国银行为样本的实证文献中，刘冲和盘宇章（2013）[226]在构建理论模型的基础上选取 1935 年上海"白银风潮"事件进行实证，结果发现银行间市场能够发挥风险分担功能，使银行无须清算长期资产，缓解了资产价格下跌程度，有助于维护金融稳定。吴军和黄丹（2015）[227]以 15 家银行为样本分析认为同业业务的期限错配程度较高，并且加强了金融机构间的关联度，容易造成流动性紧张，进而可能引发系统性风险，对金融稳定不利。

（3）保险业经营及保险投资

保险业天然具有分散风险的特点，并且资金来源较为稳定（杨霞，2010）[228]，行业内市场不像银行间市场那样联系紧密容易形成挤兑等流动性危机，即使出现行业冲击，支付系统所受影响也非常小（Harrington，2009）[229]，并且保险资产的 GDP 占比与银行相比较低，从这些方面来看，保险业可能不会成为威胁金融稳定的核心。但随着保险业务实践的深入推进，保险逐渐成为威胁金融稳定的一个潜在因素，尤其在 2008 年国际金融危机以后，保险业也可能引发系统性风险的担忧逐渐兴起。

现有文献对保险业可能对金融稳定影响的分析主要体现在充当风险传播媒

介、资产和负债的流动性期限错配以及保险投资等方面。保险业在金融市场风险传染中起到连接银行与证券市场的桥梁作用（王耀东等，2021）[230]。保险业流动性错配可能冲击金融市场，催生系统性金融风险（Weiß et al., 2015）[231]，王桂虎和郭金龙（2018）[232]以 35 个 OECD 国家为实证样本，证实了流动性错配对金融稳定的负向影响。在保险投资方面，现有文献多以欧洲国家为分析对象，Eisenbeis 和 Kaufman（2006）[233]认为在欧洲国家的保险投资额的组成部分中，信贷机构存款或许会威胁金融稳定。郭金龙等（2018）[234]基于欧洲 28 国2000~2015 年数据的实证分析发现，保险投资额与金融稳定之间呈现出明显的倒"U"型关系。即在一定的保险投资额内，保险投资增加会加大发生金融危机的可能性，主要因为这期间保险投资构成中具备顺周期特点的股票和基金等资产易被市场情绪和金融冲击左右，进而增强了金融不稳定因素；在超过一定的投资额之后，保险投资扩张反而会降低发生金融危机的可能性，这可能与保险机构的投资倾向相对证券和基金等投资机构较为保守有关。在保险业整体发展方面，李小林等（2021）[235]实证发现金砖五国保险业发展与金融稳定之间呈现明显的倒"U"型关系，中国的保险资产的 GDP 占比逐渐上升，虽尚未达到测度的临界区间，但也应防范潜在的金融稳定风险。

（4）关联金融机构及综合金融集团

关联的金融机构之间以及业务综合的大型金融集团也可能威胁金融稳定，相互联系太紧密而不能倒闭的金融机构可能对金融稳定构成重大风险（Gofman, 2017）[236]。银行、保险和证券作为重要的金融体系构成，其业务能够互补协调和渗透，发挥不同的金融功能，通过有序竞争均衡发展能够分散风险，增强金融体系的多元化和效率，但在业务交叉和股权渗透中也可能形成跨部门的风险传染效应，尤其是银行和保险、证券等业务组成的大型金融集团可能对金融稳定产生更大的潜在冲击（杨霞，2010）[228]，表现为集团内部各子金融系统实体及业务高度关联，降低风险传染的阻力，放大风险扩散范围，进而可能引发系统性风险。

2.4.2.6 金融基础设施与生态环境对金融稳定的影响

金融基础设施的完善和金融生态环境的优化对金融稳定具有积极影响，但鲜有相关量化研究，现有文献多是从定性角度的分析。金融市场基础设施为金融机构之间的大多数交易（如货币、证券、外汇和衍生品等交易）的达成提供了渠道，其有效运作对金融市场和金融稳定至关重要（Berndsen et al., 2018）[237]。金融基础设施运作不当可能会带来系统性风险，Manning 等（2009）[238] 认为与金融基础设施相关的系统性风险的关键来源是结算风险，即结算未能发生的风险，主要包括信用风险、流动性风险、操作风险和业务风险，大多数金融基础设施只会面临后两种风险，如技术故障、人为错误等操作类风险以及破产风险等业务类风险。其中，金融基础设施由于偿付能力不足或操作中断而导致的失败几乎肯定会导致系统不稳定。除了本身的风险，金融基础设施还可能充当其他风险冲击的传导渠道（Berndsen et al., 2018）[237]，加剧金融不稳定性。此外，信用环境、法治环境、政府行政管理以及中介服务体系等金融生态环境建设对金融稳定也具有积极意义。

2.4.2.7　公司治理因素对金融稳定的影响

我国实体企业的融资需求主要来自金融机构，实体企业的公司治理缺陷可能导致违约和金融风险，进而对金融稳定产生负面影响，尤其是大型实体企业的公司决策及制衡机制存在漏洞、会计核算不健全以及缺乏内审机制等治理问题可能引起公司高杠杆融资和虚假资本金现象，易滋生金融风险，不利于金融稳定（周小川，2020）[239]。除了实体企业，金融机构的公司治理缺陷更会对金融稳定产生不利影响，即使不属于控股金融集团，单个金融机构之间也可能因公司治理不完善滋生金融风险进而产生交叉性的风险传染。此外，部分大型企业还通过控股金融公司的方式实现融资规模的快速扩张，可能滋生风险至控股的金融机构，再通过市场关联性传染至其他金融机构，金融机构的上层控股公司的内部治理出现问题也会给金融机构带来风险。

2.5　金融科技对金融稳定的影响研究

上文从金融科技角度梳理了金融科技对经济与金融的影响，以及金融安全视角下金融科技领域的风险与监管研究，从金融稳定角度梳理了影响金融稳定的各类因素。鉴于金融稳定在金融安全中的基础性地位，本节将金融科技与金融稳定直接联系起来，继续梳理金融科技对金融稳定影响的相关研究，以便在前人研究的基础上深入探究二者之间的内在联系。从文献发表的时间历程来看，金融科技是学者们注意到的影响金融稳定的新因素，引起学术界关注金融科技对金融稳定影响的研究主要始于 FSB 在 2017 年相继发布的《金融科技信贷的市场结构、业务模式及对金融稳定影响研究》[112]和《各国监管机构应关注来自金融科技的金融稳定风险》[121]报告。此后，国内外学者关于金融科技对金融稳定的影响研究逐渐兴起，其中《中国工业经济》杂志社在 2019 年 11 月的征稿启事中曾公开征集过"金融科技创新与金融稳定"这一主题的文章。但由于金融科技对金融稳定的影响机制复杂且不明朗，金融科技数据的可用性有限，关于金融科技对金融稳定影响的研究相对较少（Daud et al.，2022）[240]，早期多数为定性研究。

2.5.1 定性研究

现有文献认为金融科技发展对金融稳定存在正反两方面影响。邱兆祥和刘永元（2019）[241]认为金融科技对维护金融稳定的积极作用体现在有助于提升金融资源配置效率和金融交易的透明度、推动金融脱媒和降低金融冲击的影响、增强金融决策的科学性以及防范金融风险的能力等方面；潜在的负面影响体现在流动性风险及合规风险等微观金融风险以及金融市场过度波动等宏观金融风险等方面。部分文献认为尚无法确定正向和负向影响孰占主导地位，如 Minto 等（2017）[1]从金融稳定角度建立了一个理论分析框架，以帮助监管者、政策制定者和立法者管理风险并利用由技术支持的金融创新带来的机会，认为金融科技一方面有助于防止脆弱性积聚和防范相关金融稳定风险，另一方面可能会导致金融市场更容易受到金融传染和系统性风险的影响，并进一步提出金融科技对金融稳定的实际影响究竟是正向的还是负向的还不能确定。

部分文献主要基于金融科技发展可能引发的风险认为金融科技对金融稳定具有消极影响。金融科技改变了消费者的期望和偏好，同时增加了希望在手机等电子设备上获得快速、便捷服务的用户数量，新技术为扩大金融服务提供了空间，但在微观金融和宏观金融风险方面给金融体系带来了额外的风险（Vucinic，2020）[242]，技术创新还会增加金融领域的顺周期性，加剧集中化风险。虽然数字金融有助于加快普惠金融发展进程，但容易获得信贷会增加不良贷款风险（Ozili，2018）[243]。金融科技还可能会通过系统性风险促进金融部门的不稳定（Risman et al.，2021）[244]，总体会增加金融稳定风险（单建军，2019）[245]。

部分学者提出金融科技和金融稳定的关系需要监管机构来平衡。如 Arner 等（2017）[246]认为监管机构应平衡金融科技创新、金融稳定和消费者保护的关系。孙天琦（2020）[247]认为，金融科技能够增强金融体系透明度，提升金融资源配置效率，加速金融市场竞争，促进普惠金融，为监管赋能，从长期来看有助于提升金融稳定。

2.5.2 经验研究

近年来，国内外学者逐渐开始使用经验研究方法验证金融科技对金融稳定的影响，为更清晰、全面地展现该主题目前的研究历程，表 2-1 列出了金融科技对金融稳定影响的主要经验研究概览。

表 2-1　金融科技对金融稳定影响的主要经验研究概览

影响	文献	样本数据与模型	研究内容与思路	主要观点
总影响（中国样本，期刊论文）	韩谷源和朱辰（2019）	省级，2011~2015 年，OLS 与 GLS（未控制个体与时间效应）	基于城乡收入失衡中介视角研究数字普惠金融对金融稳定的影响	数字普惠金融对金融稳定具有显著的先消极后积极的"U"型影响，并能够通过缩小城乡收入失衡对金融稳定产生积极影响
	陈宇峰等（2024）	2007~2023 年，中国金融市场面板数据，OLS	金融科技对系统性金融风险的影响	金融科技的发展显著增加了系统性金融风险，宏观审慎政策能够削弱二者的关系
总影响（中国样本，硕士学位论文）	夏琦（2021）	省级，2011~2018 年，双向固定效应	金融科技对金融体系稳定性的影响	金融科技对金融稳定具有显著负向影响，存在基于金融科技与 GDP 增长率的门槛效应
	林雅（2022）	省级，2011~2019 年，个体固定效应	数字金融对我国区域金融稳定的影响	数字金融对金融稳定具有显著正向影响，但对邻近省份具有负向冲击，能够通过部门杠杆影响金融稳定
	张亚彤（2022）	省级，2011~2020 年，个体固定效应	数字普惠金融对金融稳定的影响	数字普惠金融对金融稳定具有正向影响，通过促进科技创新与资本转移促进金融稳定
总影响（国外与跨国样本）	Syed 等（2021）	南非 3 国，2004~2018 年，CUP-BC 估计方法	金融科技对南亚新兴国家影子经济增长和金融稳定的影响	新兴国家过度使用移动货币交易和自动取款机，增加了不良贷款比例和银行存贷比，增加了金融部门的不稳定

影响	文献	样本数据与模型	研究内容与思路	主要观点
总影响（国外与跨国样本）	Daud 等（2022）	63 个国家，2006~2017 年，系统 GMM	金融科技与金融稳定：威胁还是机遇？	金融科技与金融稳定存在显著正相关关系，市场集中度能够加强金融科技对金融稳定的影响
	Nguyen 和 Dang（2022）	越南 37 家银行，2010~2020 年，未控制时间固定效应	金融科技发展对新兴市场金融稳定的影响：市场纪律的作用	金融科技的发展降低了新兴市场的金融稳定性，市场纪律可以减轻这种负面影响
	Cevik（2023）	198 个国家，2012~2020 年，双向固定效应	金融科技总业务及数字借贷与众筹子业务对金融稳定的影响	金融科技总业务及数字借贷业务对金融稳定的影响尚不显著，数字众筹对金融稳定具有显著正向影响。分发达和发展中国家的回归结果均不显著
金融科技子业态（监管沙盒、互联网支付）	Fung 等（2020）	84 国的 1375 家上市银行，2010~2017 年，双向固定效应	金融科技创新中监管沙盒的引入对金融稳定性的影响	监管沙盒对金融稳定的影响不显著，但在特定市场显著，在金融包容性低的市场对金融稳定具有正向影响；反之为负向影响。监管沙盒的引入通过银行盈利渠道作用于金融稳定
	Stankevičienė 和 Kabulova（2022）	37 国的 4346 家银行，2015~2019 年，双向固定效应	金融科技创新中监管沙盒的引入对金融机构稳定性的影响	监管沙盒对金融机构稳定性的影响不显著，在发达国家样本中显著为正，监管沙盒的引入通过银行盈利渠道作用于金融机构稳定
	吴心弘和裴平（2021）	中国，2014~2019 年的季度时间序列数据，OLS 和 GMM 等	基于支付经济学视角研究互联网支付发展对金融风险的影响	互联网支付系统、商业银行互联网支付、第三方互联网支付和私人数字货币（比特币）等互联网支付的发展对金融风险水平均具有显著正向影响，不利于金融稳定
金融稳定特定角度（金融市场、货币需求和银行稳定性）	吴非等（2020）	中国上市公司，2007~2017 年，双向固定效应	基于股价崩盘风险的视角研究数字金融对金融市场稳定的影响	数字金融能够有效平抑股价崩盘风险
	许月丽等（2020）	中国、家庭部门和企业部门，2000~2018 年	数字金融对货币需求函数的稳定性的影响	数字金融会引发货币需求函数的不稳定性

续表

影响	文献	样本数据与模型	研究内容与思路	主要观点
金融稳定特定角度（金融市场、货币需求和银行稳定性）	Banna 和 Alam（2021）	东盟 4 国 253 家银行，2011~2019 年，OLS 和 GMM	数字普惠金融对银行稳定性的影响	数字普惠金融有助于降低银行的违约风险，提升银行稳定性
	Safiullah 和 Paramati（2022）	马来西亚，26 家银行，2003~2018 年，OLS 和 GMM	金融科技公司对银行稳定性的影响	金融科技发展显著增强了银行稳定性
	Cuadros-Solas 等（2024）	70 国的 6225 家银行，2013~2019 年，双向固定效应	金融科技信贷业务对银行稳定性的影响	金融科技信贷业务显著降低了银行稳定性

资料来源：笔者整理。

部分研究着眼于金融科技对金融稳定的总影响，研究结论未达成一致。其中，在研究中国金融科技发展对金融稳定影响的文献中，韩谷源和朱辰（2019）[248]首先对此进行了探索性研究，基于中国省级层面 2011~2015 年数据，认为数字普惠金融对金融稳定具有先消极后积极的"U"型影响，并能够通过缩小城乡收入失衡对金融稳定产生积极影响。3 篇学术性硕士学位论文也对此问题进行了研究，其中 2 篇论文认为金融科技对金融稳定具有正向影响（林雅，2022[249]；张亚彤，2022[250]），1 篇论文认为金融科技对金融稳定具有负向影响（夏琦，2021）[251]。较新的一项研究基于中国金融市场的面板数据以系统性金融风险表征金融稳定，认为金融科技的发展显著增加了系统性金融风险，并且宏观审慎政策能够削弱影响效应（陈宇峰等，2024）[252]。

在使用国外样本与跨国数据研究金融科技对金融稳定影响的文献中，Syed等（2021）[253]基于南非 3 国 2004~2018 年的样本数据，使用 CUP-BC 估计方法分析后发现南亚新兴国家过度使用移动货币交易和自动取款机，增加了银行不良贷款率和银行存贷比，增加了金融部门的不稳定；Daud 等（2022）[240]以银行 Z 值表征金融稳定，基于 63 个国家 2006~2017 年的样本数据，使用系统广义矩估计方法（GMM）进行实证分析后发现，金融科技与金融稳定存在显著正相关关系，并且银行市场集中度能够显著加强金融科技对金融稳定的影响；Nguyen和 Dang（2022）[254]基于越南 37 家银行 2010~2020 年的样本数据实证发现，金融科技显著降低了新兴市场的金融稳定水平，市场纪律可以减轻这种负面影响；

Cevik（2023）[255]以银行 Z 值的对数值表征金融稳定，研究金融科技总业务及数字借贷与数字众筹子业务对金融稳定的影响，使用双向固定效应模型对 198 个国家 2012~2020 年的样本进行分析后发现，金融科技总业务及数字借贷业务对金融稳定的影响尚不显著，数字众筹对金融稳定具有显著正向影响，按发达和发展中国家分组回归结果显示，金融科技总业务及数字借贷与数字众筹子业务对金融稳定的影响均不显著。

部分文献研究了监管沙盒和互联网支付等金融科技子业态对金融稳定的影响。Fung 等（2020）[256]以银行 Z 值表征金融稳定，使用 2010~2017 年 84 个国家的 1375 家上市银行为样本，借助准自然实验开创性地研究了金融科技创新中监管沙盒的引入对银行稳定性的影响，结果发现监管沙盒对金融稳定影响的净效应不显著，但在特定市场具有显著影响，表现为在金融包容性低的市场对金融稳定具有正向影响，反之为负向影响，机制分析表明监管沙盒的引入通过银行盈利渠道作用于金融稳定（银行风险）。Stankevičienė 和 Kabulova（2022）[257]基于 2015~2019 年 37 国的 4346 家银行数据进行了类似研究，得出了几乎一致的结论，即监管沙盒对金融机构稳定性的影响不显著，但在发达国家样本中影响显著为正，监管沙盒的引入能够通过银行盈利渠道作用于金融机构稳定。吴心弘和裴平（2021）[258]基于中国数据样本研究了互联网支付对金融风险的影响，发现互联网支付系统、商业银行互联网支付、第三方互联网支付和私人数字货币（比特币）等互联网支付的发展对金融风险水平均具有显著正向影响，即不利于金融稳定。

部分实证研究从金融科技影响金融稳定的某一角度切入，如金融市场、货币需求和银行稳定性等，在影响方向上也未达成一致。其中，吴非等（2020）[259]使用上市公司层面 2007~2017 年数据基于股价崩盘视角验证了数字金融对金融市场稳定的正向影响；许月丽等（2020）[260]使用 2000~2018 年数据从全国、家庭部门和企业部门总分角度进行分析，认为数字金融会引发货币需求函数的不稳定性；Banna 和 Alam（2021）[261]以银行 Z 值表征金融稳定，基于印度尼西亚、马来西亚、菲律宾和泰国东盟 4 国银行的数据实证，认为数字普惠金融的发展有助于降低银行的违约风险，提升银行稳定性；Safiullah 和 Paramati（2022）[262]以马来西亚的银行为样本，也证实了金融科技发展对银行稳定性的积极作用；Cuadros-Solas 等（2024）[263]基于 70 国的 6225 家银行数据实证，发现金融科技信贷业务显著降低了银行稳定性。

2.6　文献述评

现有文献对金融科技的研究内容主要集中在金融科技从各方面对实体经济增长、普惠金融与传统金融的影响，以及金融科技的风险与监管等方面，对金融稳定的研究内容主要集中在金融稳定的影响因素研究上。综合上述文献内容可以看出，金融科技发展带来的经济金融各方面影响、与传统金融机构的竞合、发展中的各类风险以及对金融监管的挑战与变革等方面均具有影响金融稳定的潜力。研究金融科技对金融稳定的影响具有重要的理论与现实必要性，这一议题从 2017 年开始逐渐在学术界受到关注，相关文献进行了探索性研究，早期主要为定性分析。2019 年以来，部分期刊文献尝试使用经验研究法进行分析，至今该议题的相关研究文献逐渐增多，为继续探索这一研究议题提供了可借鉴的基础。基于对以往研究的归纳与理解，同时结合表 2-1 具体说明如下：

第一，在研究主题方面，关于金融科技对金融稳定影响的期刊文献逐渐兴起，主要分为金融科技对金融稳定的总影响、金融科技子业态（如监管沙盒与互联网支付）对金融稳定的影响以及金融科技对金融稳定特定角度（如金融市场、货币需求和银行稳定性）的影响。

第二，在研究内容方面，金融科技对金融稳定的影响还有待深入分析与分解。首先，金融科技对经济与金融的影响以及潜藏的风险属性是多方面的，因此金融科技可能经由多种路径影响金融稳定，对金融科技影响金融稳定的作用渠道分析需要持续性研究；其次，金融科技对金融稳定的影响程度可能受到多种外部因素的影响，现有文献对可能的调节机制鲜少研究；再次，金融科技在覆盖广度、使用深度、数字化程度等发展维度以及支付、保险、信贷和信用等子业态的发展不均衡，对金融稳定的影响很可能存在结构效应，同时，在不同金融科技发展水平、不同地区、不同征信体系发展水平等情境下，金融科技对金融稳定的影响可能存在异质性，现有文献对这些内容的讨论均有待完善；最后，在研究视角方面，部分文献基于支付经济学、股价崩盘和城乡收入失衡等单一视角研究，金融科技影响金融稳定的相关理论视角还有待进一步挖掘。

第三，在研究样本数据的选择方面，相比以国外和跨国数据为样本的研究，基于中国样本数据的研究较少。部分研究使用的数据期限较早（2011~2015 年），缺乏长期充分的数据检验，可能不足以完整反映金融科技发展对金融稳定的影响。尽管部分硕士学位论文也探讨了金融科技对金融稳定的影响这一议题，对门槛效应、空间效应以及部门杠杆、科技创新等个别中介渠道进行了分析，但在研究内容的全面性与研究深度上均有待提升，对金融科技影响金融稳定的相关理论思考有待完善，对金融科技影响金融稳定的作用渠道和可能的调节机制讨论不足。因此，基于中国样本数据研究金融科技对金融稳定的影响尚需系统性分析。

第四，在研究结论方面，现有文献存在很大分歧。关于金融科技对金融稳定影响的实证研究结论主要体现在以下四个方面：一是金融科技对金融稳定的影响不显著，现有文献对此分析可能的原因是金融科技对金融稳定的正反两方面效应相互抵消；二是金融科技对金融稳定具有显著积极影响；三是金融科技对金融稳定具有显著消极影响；四是金融科技对金融稳定的影响是非线性的，表现为先消极后积极的"U"型影响，但相关文献仅计算了曲线拐点值，未报告主要变量的描述性统计结果，无法判断拐点是否落在样本期内核心解释变量的取值区间内，且未进一步报告曲线左右端点的斜率值正负及其显著性，若拐点值超区间或过于接近曲线端点，"U"型关系可能不一定真实存在，在"U"型关系确立的准确度与完备性上有待提升。

第五，在研究方法与计量模型方面，现有相关经验研究的规范性和结论稳健性有待提升，并且在基于面板数据使用固定效应模型估计方法的文献中，不少文献未同时控制个体效应与时间效应，而未控制时间效应时，金融科技创新的整体增长趋势对回归结果的干扰性较强，直接影响了模型估计结果的可信度，研究结论可能并不能真实地反映现实情况。如表2-1所示，在3篇硕士学位论文之间因模型是否控制时间固定效应的差别，产生了截然相反的估计结论。同时，3篇学位论文的稳健性检验均不足，大多数仅使用了北京大学数字普惠金融指数的覆盖广度、使用深度等个别发展维度的指标替换金融科技总指数，另外，金融稳定测度指标的选取可能具有主观性，未替换金融稳定水平进行稳健性检验，实证结果的稳健性有待进一步检验。

综上所述，金融科技对金融稳定的影响这一研究议题还需系统性分析，在理论机理、影响机制框架以及实证分析方法与规范性等层面均有待进一步探讨与完善。基于此，本书在现有文献体现的理论基础与实证思路的基础上加以拓展和改进，以中国数据为研究样本，基于金融安全视角，围绕"金融科技对金融稳定的影响"这一核心议题尝试进行更加系统性的探索性研究，贡献更多地体现为在整合分析金融科技影响金融稳定的理论机制的基础上，尽可能系统地探讨中国金融科技发展对金融稳定的总影响效应、作用渠道以及可能的外部调节机制，并采用相对规范化的实证分析思路与较为丰富的稳健性检验方法，综合理论分析与实证研究，增强对金融科技与金融稳定之间内在联系的理解，推动金融科技对金融稳定影响领域的研究。同时，基于对中国金融科技发展、金融科技监管框架与监管制度演进以及金融稳定监管等特征事实的分析，通过理论联系实际，综合分析后提出在促进金融科技助力经济金融高质量发展的同时，更多地发挥对金融稳定积极影响的建议，为监管部门及时调整金融科技监管制度，防范系统性金融风险底线，提升地区金融稳定水平提供参考。

第3章 理论基础与影响机制

本章的主要目的是从理论上分析金融科技对金融稳定的影响,综合分析后提炼研究假设,为下文的假设检验奠定了理论基础。首先从金融创新理论、金融中介理论、金融监管理论和金融发展理论等理论角度阐述金融科技影响金融稳定的理论基础,其次讨论金融科技对金融稳定的正向、负向和非线性影响效应,进一步从作用渠道和调节机制两个角度探讨了金融科技对金融稳定的影响机制。一方面,金融科技能够通过哪些渠道影响金融稳定,基于银行体系风险、影子金融风险、金融与经济包容性发展以及环境风险等视角,具体分析了金融科技可能影响金融稳定的作用渠道;另一方面,金融科技与金融稳定的关系可能存在其他因素的外部影响效应,从政府治理、金融监管、市场化制度、数字基础设施等视角分析了金融科技影响金融稳定的调节机制。

3.1 金融科技影响金融稳定的理论基础

3.1.1 金融创新理论

3.1.1.1 熊彼特的经济创新理论

熊彼特(Schumpeter)在1912年出版的《经济发展理论》中提出的创新学说为创新在金融领域的运用奠定了基础,成为众多学者研究金融创新的重要理论依据。Schumpeter(1912)[264]将创新解释为一种经济行为,认为创新的动力主要来自企业家精神,通过建立一种"新的生产函数",将从未出现过的生产要素与生产关系的新组合引入生产体系,具有破坏性破坏(Creative Destruction)效果,主要包括产品创新、生产方法创新、市场创新、原材料创新与组织形式创新五种类型。按照熊彼特的经济创新理论，技术创新能够作为经济创新的基石，是构成经济增长的重要条件，进一步引起产业变更与经济发展的周期性波动，为解决经济创新（含金融创新）问题提供了理论指导（侯建强和王喜梅，2016）[265]。

3.1.1.2　探讨金融创新形式与动因的多维金融创新理论

金融创新相关理论主要研究了金融创新的形式与动因等，关于金融创新形式的研究分类角度主要包括金融创新的行为主体、功能与特征等，本质上可分为制度创新和技术创新两种，分别由制度和技术推动，在程度上可分为表面创新、真实创新和基础创新。可以说，现代的金融创新是在金融领域内建立的一种"新的生产函数"（何德旭和王卉彤，2008）[266]，将金融产品、交易方式、金融市场与金融组织等生产要素与生产关系的组合重新优化，重新配置金融资源。关于金融创新动因的研究主要从顺应需求、顺应供给、规避管制以及制度改革等角度分析（莫易娴，2012）[267]。其中，顺应需求的动因理论主要分为财富增长理论和货币促成理论，前者主要满足因经济增长和居民收入水平提高而增长的金融服务需求，因信息不对称对金融创新能够降低道德风险与逆向选择的需求，以及对金融创新抵御利率与通货膨胀风险的需求；后者认为金融创新主要是由国际货币体系的特征及影响促使的。顺应供给的动因理论主要分为约束诱导理论和交易成本理论，前者从金融机构内外部双重约束角度分析，认为追求企业内部经营的利润最大化与减轻外部约束的机会成本是金融创新的动因；后者认为金融创新主要是由金融机构通过主动利用新技术、转变经营模式或管理理念以降低成本的目的促使的。规避管制理论认为规避政府管制是金融创新的主要动因，金融创新与政府管制存在循环往复的动态博弈。制度改革理论从更广泛的制度范围考虑金融创新，认为创新与一系列制度环境相互制约发展，如金融管制、税收与金融法制等，当企业受限于现存的制度安排可能无法实现理想收益时，经济主体会产生重组制度安排的动机，进而刺激和推动金融创新。

3.1.1.3　金融科技与金融创新

根据前文对金融科技内涵的分析，金融科技是以"技术＋数据"双轮驱动的金融创新形式，是金融创新演进过程的一部分。金融科技并非金融业务互联网化的简单形式，本质上是一种破坏性创新或颠覆性创新（许多奇，2018）[268]，能够创造新的市场和价值网络，最终破坏现有的市场和价值网络（Chiu and Iris，

2017）[269]，重塑金融服务行业。金融科技对数字金融服务网络的沟通互联性的推动以及真正多用途的金融业人工智能等应用，突破了交易的信息不完全、不对称与信任障碍，解决了人脑信息处理能力的限制等问题，在经济金融领域引发革命性变化，具备熊彼特认为的技术创新应用产生的创造性破坏效果（徐义国，2018）[44]。金融服务行业主要以金融需求与科技深化这两条创新发展路径为延续（程雪军和尹振涛，2023）[270]，金融科技显然二者兼备。金融科技这一技术驱动的金融创新形式在中国金融创新中占据了重要地位。

在具体的创新表现形式上，金融科技是多维度与深层次的金融创新。金融创新从创新性质上可以分为金融制度创新与金融产品、服务、工具和商业模式等非制度性创新，从程度上可以分为表面创新、真实创新和基础创新。传统金融领域中的电话银行和网上银行等为表面创新，未改变产品本质，只是改变了金融交易特性（黄旭平和张协奎，2018）[271]，或者在现有产品属性的基础上添加了新功能。金融科技贡献了更深层次的真实创新，如P2P网贷实现了个人对个人（或企业）的点对点借贷、股权众筹实现了直接面向零售用户的股权投资，私人部门发行的数字货币实现了在无政府信用或可信第三方条件下的支付交易，都是金融创新中的真实创新。此外，金融科技还带来了基础设施层面的创新，这种基础性创新对整个金融体系产生转型的影响潜力更大。如区块链技术中的分布式账本作为一种安全的数据存储方式，能够实现防篡改和陌生参与者的背书功能，是一项基础创新，可催生其他创新产品或服务，如数字货币等，进一步破解金融交易中的信息甄别以及由信息不对称引发的交易信任等难题。智能合约是一种计算机程序，能够自动执行满足条件的合同，避免主观因素的干扰，使金融交易更加客观和自动化，降低金融交易成本，提升效率，也是一种基础创新。

3.1.1.4　金融创新与金融稳定

金融创新可体现在制度、技术、产品和服务等多个维度上，于金融稳定而言具有双面性。一方面具有正面效应，是金融推动实体经济发展的重要驱动力，有助于促进金融市场发展，提升资源配置效率和金融体系稳定性；另一方面可能潜藏风险，相应的风险管理、信息披露以及监管等体系不完善可能加剧金融体系的脆弱性，容易因部分金融机构或投资者的风险传染引发系统性风险，是产生金融不稳定因素的重要来源。

从历史进程看，金融产品创新和服务创新是金融创新的核心（郑联盛，

2014）[272]。其不稳定因素主要表现在：金融创新的产品和服务形式多样，参与机构和投资者众多，风险传染的网络结构更加复杂化，尤其是过度的金融创新增强了金融风险发生概率，部分金融创新业务和产品可能未及时受到规范完备的监管，风险未能被及时预警和管控，加之信息不对称、透明度低，投资者可能无法识别其中的风险，一旦违约产生，极易引发风险扩散，在监管未能及时响应的情况下造成进一步的系统性危机。其中，金融衍生品和资产证券化是常见的金融创新产品和服务形式，其价格波动风险可能引发系统脆弱性。历史实践证明，在产品风险较高并且监管不完善的情况下会引发金融危机，而相对稳健的金融创新产品设计加上有效的监管则可以避免危机。此外，金融制度层面的创新也曾引起金融危机，如布雷顿森林体系的瓦解和欧债危机（郑联盛，2014）[272]。

从理论上来说，一个国家的金融体系长期面临金融系统稳定、金融创新以及零道德风险之间的"不可能三角"（陆磊和杨骏，2016）[109]。在我国信息技术引领的金融创新潮流的现实发展趋势下，对于金融创新引致的风险，若要实施救助以维护金融稳定，将使货币政策无法独立于金融监管，难以避免道德风险，因此，加强金融创新的风险管理、信息披露机制以及监管体系建设对于防风险、促发展和维稳定至关重要。

3.1.1.5 从金融稳定性角度关注金融科技创新的发展与风险

从以上分析可以看出，许多金融科技创新领域都属于深度创新，并且一种创新模式会引发另一种创新模式，可能产生"创新螺旋"，因此金融科技拥有更大的潜力来改变金融服务，进而可能影响金融稳定。金融科技创新从产品、服务甚至制度等多层面推动了金融创新，金融科技领域存在很多影响金融稳定的潜在因素。

3.1.2 金融中介理论

3.1.2.1 古典金融中介理论与现代金融中介理论

金融中介理论的核心在于解释金融机构存在的价值，理论发展路径从古典金融中介理论逐渐演变为现代金融中介理论。古典金融中介理论将金融中介看作是被动的资产组合管理者，提供金融服务的主要功能是将储蓄转化为投资（Chant，1992）[273]，主要基于宏观视角研究银行类金融中介；现代金融中介理论将研究范围扩展至非银行类金融中介，主要从微观角度阐述金融中介存在的价值以及金融服务的优化过程。随着金融在实践中的不断发展，金融交易中技术的进步以及金融中介职能的扩展，金融中介理论对金融机构存在价值的解释逐渐从范围经济、交易成本与信息不对称扩展到不确定性与风险管理等方面。在金融中介理论中存在两类基本的分析视角，金融中介机构观立足于研究机构的生存和发展；金融中介功能观立足于功能，机构形式随着功能变化，探索能够发挥金融功能的最佳组织结构，认为金融功能要比金融机构稳定，也便于金融管制，以默顿（Merton）和博迪（Bodie）的观点为代表。尽管在金融中介的理论发展过程中，交易成本和信息不对称在金融中介机构存在性的解释力度逐渐弱化，但仍是金融中介存在与发展的重要基础。只要存在信息不对称与交易成本，金融中介就有存在的价值。

3.1.2.2 金融科技对金融中介体系的重构与金融稳定影响

金融科技能够通过去中介化和再中介化重构金融中介体系，对金融稳定具有潜在影响。金融科技具备金融中介的金融功能属性，打破了传统的金融联系与服务网络，以更高效的组织体系运行，加快了金融活动的去中介化与金融脱媒，其中，金融脱媒并非意味着金融中介不需要存在，而是金融业务的提供能够脱离金融中介。金融科技发展提供了多样化、低门槛以及获得性更高的金融服务，更多的互联网平台承担金融中介的功能，使部分传统金融机构或服务被边缘化，在多种业务提供方式上均有所体现。科技平台提供的支付、理财等服务逐渐取代传统商业银行网点的服务功能，尤其是大科技金融的发展加剧了金融脱媒（陈萌，2022）[120]；众筹平台通过互联网平台去中心化实现交易双方的直接匹配，将储蓄转化为贷款和投资（Navaretti et al.，2017）[13]；第三方支付改变了支付的中介方式（Minto et al.，2017）[1]；数字货币直接面向个体的结算体系，无须通过金融中介即可完成支付交易（Vives，2017[274]；董柞壮，2022[275]）。从技术角度分析金融科技去中介化的动因，金融科技能够通过技术溢出增加金融普惠性，雇用技术能力更强的员工，促进金融脱媒（Syed et al.，2021）[253]。金融科技在去中介化的同时，也增加了提供金融服务的非金融中介，即金融服务可以不通过金融中介提供。此外，金融科技在支付和财富管理等金融业务领域能够担任银行与客户的中间商，增加非金融中介渠道（Boot et al.，2021）[276]。金融科技还具有再中介化效应。金融科技能够分拆金融服务的价值链，在规模经济、范围经济和网络经济的驱动下，分拆后可能会伴随着重新组合，继续担任金融服务中介的功能（Wójcik，2021）[277]。

金融科技对金融中介体系的重构可能对金融稳定产生积极与消极的双重影响。在积极影响方面，金融科技促进了金融活动的去中介化，同样承担着金融中介的功能，在技术模型应用与数据足迹获取上的天然优势有助于降低信息不对称和道德风险，减少金融摩擦，促进普惠金融。去中介化带来的竞争效应有助于倒逼传统金融机构数字化转型（陈萌，2022）[120]，提升传统金融的数字金融服务能力，可能促进金融稳定性。在消极影响方面，金融中介承担着金融资源配置的重要功能，金融科技的去中介化对传统金融机构产生了替代效应，削减了传统金融中介的金融服务市场地位，弱化银行信用中介职能（顾海峰和朱慧萍，2022）[278]，进而可能对实体经济产生潜在负面影响（刘春航等，2017）[113]，也可能增加银行系统性风险（顾海峰和卞雨晨，2022）[279]，对小银行产生更大程度的冲击（Navaretti et al.，2017）[13]，而小银行风险极可能引发系统性风险（张杰，2019）[280]。在监管方面，金融科技作为金融服务中介以及中间商角色都可能面临监管不足，产生金融稳定风险。

3.1.3　金融监管理论

3.1.3.1　金融发展与金融风险引发的多维金融监管理论

20 世纪 80 年代以来，金融自由化在促进金融体系高速发展的同时引发了金融脆弱性甚至金融危机，金融监管逐渐得到重视，相关理论主要研究政府为什么监管以及如何监管。随着金融市场的不断发展逐渐形成了公共利益监管理论、监管俘获理论以及监管辩证理论等金融监管理论体系（Beck et al.，2003[281]；李华民，2021[282]）。公共利益监管理论从福利经济学视角出发，认为政府监管的目标主要体现为纠正市场失灵，防止市场损害公共利益（Stigler，1971[283]；Becker and Stigler，1974[284]）。此后，监管俘获理论对政府监管政策失灵的原因进行了分析，认为监管者会被被监管者如某些利益俘获，使监管政策的内容向被监管者的利益倾斜，引发不公平竞争，主要强调了监管者被俘获的特征，对政府监管存在的原因解释不足。这两种理论均是基于静态视角考虑政府监管，Kane（1983）[285]在此基础上加入了动态辩证视角，考虑了金融监管中的博弈行为，形成了监管辩证理论。该理论认为监管者与被监管者能够相互作用，一方面，由于监管目标不协调、监管执行存在突发情况以及被监管者无法遵守监管规定等原因，监管者可能无法实现对被监管者的监管；另一方面，被监管者会对监管制度及市场等其他外部条件的变化做出反应，迫使监管者重新考虑监管规则。总体来说，被监管者存在主动规避监管的动机与行为，与监管者形成动态博弈，存在再监管与再规避的循环往复过程。该理论适用于金融创新与金融监管的关系，金融创新会主动规避监管，与金融监管形成循环往复的动态博弈。

3.1.3.2 在金融科技与金融稳定分析范式中纳入金融监管的必要性

金融科技创新、金融监管和金融稳定之间存在平衡，有必要将金融监管纳入金融科技与金融稳定分析范式。金融监管需要综合考虑金融发展、金融稳定、金融效率、金融包容性、金融消费者保护、金融诚信等目标（叶永刚和张培，2009[286]；Buckley et al.，2020[143]）。因此，要在鼓励金融创新发展、促进金融包容性和维护金融市场诚信以避免各类不稳定风险之间取得平衡，并通过简单而明确的规则来实现这一点，本质上是困难的。金融科技发展本质上模糊了金融部门的边界，加剧了金融监管的多重困境（Wójcik，2021）[277]，使金融监管与金融科技发展难以适配。一方面，金融监管滞后于金融科技创新无法避免；另一方面，结合对金融中介理论的分析，金融科技能够发挥金融中介的金融功能属性，加之技术因素的叠加，存在金融、技术与数据多重风险，传统以金融机构为主体的监管模式以及在技术规范和数据保护等配套监管制度的不足均可能带来监管套利，不利于维护金融稳定。此外，金融科技理论上能够带来的经济金融发展收益取决于监管框架的影响。在发展中国家，监管的重要目标之一是提高金融普惠性，尽管金融科技能够提升金融体系效率与竞争力，将金融服务扩展到大量传统金融服务不足的人群，然而金融科技在提高金融包容性等方面的潜在收益取决于适当的监管框架。因此，监管部门需要积极制定、评估监管框架的充分性，提升金融监管与金融科技发展的适配性，使金融科技创新发展在带来收益的同时能够降低金融稳定风险。综上所述，金融监管能够调节金融科技与金融稳定的关系，将金融监管因素纳入分析存在理论层面的完备性以及实践层面的可解释性。

3.1.4 金融发展理论

3.1.4.1 金融结构理论

金融发展理论主要基于研究金融在经济中的作用产生，随着对金融与经济发展之间关系研究的深入，逐渐从金融结构理论演变至金融抑制理论、金融深化理论以及金融约束理论等。Goldsmith（1969）[287]在其著作《金融结构与金融发展》中正式提出金融结构理论，奠定了金融发展理论的基础。Goldsmith 认为金融结构的变化体现了金融发展的过程，在对 30 多个国家进行分析的基础上系统提出了金融结构对金融发展的不同衡量方式，如金融相关比率反映了经济的金融化程度，不同金融部门之间的资产总额分布体现了对相应金融资产的偏好，金融机构与金融工具发行额的比例反映了金融上层结构的机构化程度，金融中介持有的行业金融资产占比反映了金融机构在经济中的重要性，不同类别的金融工具和金融资产类别反映了不同金融工具的交易情况，不同机构间的资金交易与总资产占比反映了金融机构之间的关联程度，金融部门与非金融部门的内外部融资相对规模等为后续的金融结构与经济发展关系的研究提供了重要的方法论指导与研究思路。

3.1.4.2　金融抑制与金融深化理论

1973 年起，自麦金龙（McKinnon）和肖（Shaw）分别出版了《经济发展中的货币与资本》[288]与《经济发展中的金融深化》[289]研究发展中国家的金融发展问题后，金融抑制与金融深化理论逐步形成与发展，金融发展理论正式建立。金融抑制理论认为发展中国家经济落后的主要原因是存在过多的利率管制等金融抑制现象，扭曲了市场供求机制，导致储蓄与投资不足，信贷配额降低金融市场的资金配置效率，进而制约经济增长。金融深化理论认为金融与经济发展是相互推动与制约的关系，一方面，金融深化表现为金融规模、金融工具与金融机构、金融市场机制三个层次的逐步深入发展与融合，形成比较健全的金融体制，有助于促进储蓄，形成对生产性投资的支持，进而促进经济增长；另一方面，经济发展能够提高经济主体对金融服务的需求，进一步增加储蓄，促进金融业发展。金融抑制与金融深化理论从不同角度解释了发展中国家的金融与经济发展关系，组成了互相促进的理论体系。二者都强调金融对经济发展的积极作用，提倡解除金融抑制，深化金融发展，发挥金融市场的自我调节功能，促进金融自由化，形成金融与经济发展的良性互动。

3.1.4.3　金融约束理论

金融抑制与金融深化理论逐渐成为不少发展中国家指导金融改革，促进金融自由化的主要依据，然而该理论并非放之四海而皆准，发展中国家在推行过程中并未取得预期效果，反而引发了金融脆弱性与金融风险，对金融市场产生了消极作用。20 世纪 90 年代以来，新凯恩斯学派代表学者斯蒂格利茨（Stiglitz）分析了金融市场失败的原因，认为金融发展需要政府在金融市场监管上建立间接管理机制，遵循一定的原则明确监管范围与监管标准。此后，与赫尔曼（Hellman）和穆尔多克（Murdock）在《金融约束：一个新的分析框架》[290]中基于不完全信息市场角度正式提出了金融约束理论分析框架。金融约束理论认为新兴经济体缺乏相应的经济基础条件以及适当的财税、市场制度和监管政策保障，存在信息不对称与激励不足等市场失灵问题，不应该完全放任金融自由化发展，政府应制定政策间接约束金融市场，创造有效的激励机制，调动经济部门生产、投资与储蓄的积极性，降低金融市场的逆向选择与道德风险，发挥政府的积极作用。金融约束理论为新兴经济体推行渐近性金融改革提供了思路，逐渐成为发展"有为政府"与"有效市场"的主要理论基础。

3.1.4.4　对金融科技与金融稳定的关系的启示

从金融发展理论的演化历程可以看出，金融与经济发展相互促进，金融约束理论在金融抑制与金融深化理论之间提供了一种渐近性的理论视角，政府通过合理干预，制定适当的金融体系政策，建立完善的市场制度，能够在一定程度上调节金融与经济发展之间的关系，防范在缺乏制度环境下推行金融完全自由化带来的金融体系波动，促进金融服务实体经济与经济发展，这对于研究金融科技与金融稳定的关系带来了一些启示。金融深化理论认为，金融市场抑制因素在发展中国家普遍存在，主要表现为对货币利率的严格监管，而金融科技恰恰是放弃金融抑制因素的产物（Buera and Shin，2013）[291]。金融科技作为技术驱动的金融创新，发展带来的多重影响能够优化金融结构、促进金融深化，如提升金融工具多样性、促进金融机构数字化转型与组织体系优化、完善金融市场机制、促进金融各项业务的融合等。不同的金融结构构成情况反映了不同的金融功能与效率，进而能够对金融稳定产生影响，同时，金融结构的运行还需要与社会文化背景等社会基础环境、社会制度环境以及经济发展基础相适应（董晓时，1999）[292]。金融科技的健康可持续发展受到金融、技术、数据、市场竞争、社会发展等一系列领域的政策环境影响。因此，如何既要防范金融抑制扼杀金融科技创新，又要防范金融科技发展带来的金融深化在缺乏制度环境下可能进一步导致的风险与金融不稳定影响，通过政府治理与市场规范等金融约束政策调整市场激励，对金融科技与金融稳定的影响关系至关重要。

3.2　金融科技对金融稳定的影响效应

3.2.1　金融科技对金融稳定的正向影响效应

金融科技基于技术与数据等要素的广泛使用，有助于增加交易透明度，降低交易对手方之间的信息不对称水平，促进风险评估与风险定价，缓解融资约束，提升融资可得性，促进金融包容性发展。现有研究广泛验证了金融科技在缓解企业融资约束，降低中小企业在银行信贷供给上的地理排斥（张兵和孙若涵，2023）[293]等方面的作用。金融科技对企业融资约束缓解的积极作用增强了金融服务实体经济能力，助力民营经济发展，促进了金融包容性，对金融稳定具有积极影响。金融科技的发展促进了金融产品和金融服务的创新，降低了交易成本，促进金融产品的供给曲线右移，与无差异曲线共同决定的金融资源配置效率水平更高，金融资源配置效率的提升有利于促进金融稳定（邱兆祥和刘永元，2019）[241]。另外，金融科技使大量在传统金融体系服务之外的长尾人群享受到了金融服务，从根本上促进了金融包容性发展，可能对金融稳定产生积极作用。

金融科技能够与传统金融优势互补，完善金融体系，促进金融业竞争，提升金融服务效率。金融科技发展带来了金融服务提供方式的变革，加快了金融脱媒，打破了金融服务由金融中介机构提供的方式，即提供金融服务的不一定是金融机构，在各类金融业务上能够与传统金融优势互补。一方面对传统金融形成替代效应，促进金融业竞争，激励传统金融机构变革业务流程与组织模式，加快数字化转型发展，提升金融服务效率；另一方面对传统金融形成互补效应，通过与传统金融的技术与业务合作，以及主要目标市场的差异化竞争，有助于完善金融体系。金融科技发展对传统金融机构的竞争激励效应总体上有助于金融机构运行稳定的商业模式，进而促进金融体系整体效率提升与实体经济发展（刘春航等，2017）[113]，对金融稳定具有积极影响。

金融科技的高质量发展能够加速金融与科技产业融合，增强科技创新与国家金融竞争力，降低国际制裁的不稳定风险。我国金融机构加入华为鸿蒙生态就是金融与科技产业融合的典型，商业银行等金融机构对接的华为鸿蒙系统，不仅是提升数字金融服务便捷性与效率的技术平台，而且能对建立在系统平台上的金融安全产生重要影响。手机银行等一系列金融服务场景基于国内自产系统，一方面能为我国金融机构数字化转型提供数据安全保障；另一方面能够从根本上避免金融业务在国外系统平台使用可能带来的技术断供、网络攻击和数据安全等国际制裁风险，提升了金融安全，对维护金融稳定具有变革性意义。此外，金融科技能够在产业结构调整中发挥对绿色产业的金融支持作用，促进经济绿色低碳转型发展，降低环境风险，进而可能对金融稳定产生积极影响。

3.2.2 金融科技对金融稳定的负向影响效应

金融科技具有金融与技术双重属性，一方面可能引发各类风险，导致金融不稳定。在金融科技的金融业务属性方面，由于金融科技的本质仍为金融，并未改变和消除金融风险的属性和类型，仍然存在因期限和流动性错配以及高杠杆等导致的传统微观金融风险，如信用风险、流动性风险、市场风险、操作风险、法律与合规风险以及声誉风险等。同时，还可能产生风险扩散和传染、顺周期性以及系统重要性风险等宏观金融风险，业务运行主体和业务运行模式也会带来风险。在金融科技的技术属性方面，金融科技的发展根本与大数据、云计算、人工智能等信息技术具有密切联系，金融领域对信息技术的使用深度使技术类操作风险的代价更大，可能引发网络安全风险、技术不完备风险、技术依赖和第三方依赖等科技应用类风险。另一方面金融科技以技术为根本驱动，在通过新一代信息技术手段优化金融服务流程，提升资源配置效率的同时，也可能加深数字鸿沟，增强对农村等不发达地区的低数字素养人群中的金融排斥效应，加深经济不平等程度，可能使城乡收入失衡进一步扩大，不利于经济社会稳定。

金融监管与金融科技发展不匹配，可能干扰金融体系秩序，增加社会不稳定因素。相对于金融科技创新发展，金融监管存在滞后与不匹配问题。金融科技部分领域存在监管缺位与不足，众多市场主体无金融牌照而实际却经营了存款、贷款与理财等金融业务。

3.2.3 金融科技对金融稳定的非线性影响效应

金融科技理论上对金融稳定存在正负影响的双重效应。一方面，金融科技发展理论上有助于增加透明度，降低信息不对称，缓解融资约束，促进金融普惠发展，能够与传统金融优势互补，完善金融体系，增强金融服务实体经济能力，促进金融与科技产业融合发展，对金融稳定具有积极影响。另一方面，金融科技与金融监管存在不匹配问题，对技术应用程度的提升可能会加深数字鸿沟，金融科技领域可能产生的一系列风险对金融稳定存在消极影响。那么金融科技总体上是促进还是抑制了金融稳定水平呢？进一步结合中国金融科技发展过程中受到的监管规范历程进行分析认为，金融科技对金融稳定的影响可能并非单纯的线性影响，而是呈现先抑制后促进的"U"型特征。

中国金融科技在实践发展中曾暴露出较大的安全风险，使金融科技创新和金融安全出现了失衡。金融科技相关政策经历了从宽松到收紧再到逐步规范的演进历程。其中，2015 年发布的《关于促进互联网金融健康发展的指导意见》鼓励和推动了整个行业的发展。2016~2018 年，P2P 网贷领域的监管政策逐步收紧，在备案登记、资金存管、反洗钱及合规检查等方面进行整治，平台逐渐转型或退出市场。2019 年 8 月，《金融科技（FinTech）发展规划（2019—2021 年）》从顶层设计方面首次对金融科技发展提出纲领性指导，引导金融机构合规健康发展金融科技，标志着我国金融科技开始迈入规范化发展阶段。此后，我国实施了金融科技创新监管工具（监管沙盒），推出中央银行数字货币试点，发布了《金融科技发展规划（2022—2025 年）》，金融科技治理体系逐步建立，助力金融科技高质量发展。因此，在金融科技发展的早期阶段，监管滞后，风险频发，对金融稳定更多地产生消极影响；在金融科技发展逐渐受到规范后，各项监管制度环境有助于引导和促进金融科技良性健康发展，释放对经济与金融领域的正向影响效应，进而对金融稳定更多地发挥积极影响。

综合以上分析，提出如下假设，并在第 5 章对该假设进行检验。

H1：金融科技对金融稳定的影响是非线性的，对金融稳定具有先负后正的"U"型影响。

3.3 金融科技影响金融稳定的作用渠道

在分析金融科技对金融稳定的影响效应之后，进一步分析金融科技能够通过何种渠道影响金融稳定。金融科技发展理论上能够优化金融结构，促进金融业竞争，缓解金融抑制，助力金融与经济包容性发展，加速金融与科技产业融合，促进经济绿色转型发展，可能进一步影响金融稳定。我国的金融体系结构以银行为主导，长尾市场融资不足，得益于金融科技天然的技术属性特征对长尾市场的覆盖，我国将金融科技作为促进金融服务实体经济、提升金融与经济包容性以及经济绿色低碳转型发展的重要引擎，金融科技可能通过经济金融发展产生的一系列影响进而对金融稳定发挥作用。具体来说，金融科技发展可能作用于银行体系风险、影子金融风险、普惠金融、城乡收入失衡以及环境风险等渠道，进而对金融稳定产生影响。图 3-1 归纳了金融科技影响金融稳定的作用渠道框架，下文对各个作用渠道进行具体分析。

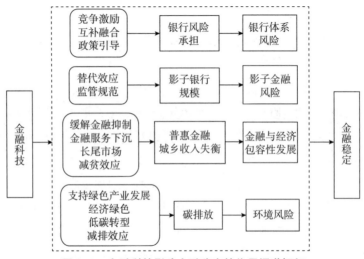

图 3-1　金融科技影响金融稳定的作用渠道框架

3.3.1　银行风险承担渠道分析

对金融创新理论与金融中介理论的分析表明，金融科技是多维度与深层次的金融创新，能够通过去中介化和再中介化重构金融中介体系。结合前文综述部分关于金融科技对传统金融的影响以及银行金融科技的发展等内容的分析，金融科技发展对商业银行具有替代激励与互补融合双重效应。在替代激励效应上，金融科技能够发挥"鲶鱼效应"，在资金借贷、转账汇款、支付结算与理财等传统金融领域的发展上逐渐深入，迫使商业银行积极主动进行数字化转型，加速银行业竞争，可能会侵占商业银行利润空间，提升银行业风险承担水平；在互补融合效应上，商业银行能够与金融科技公司建立联合合作关系，或收购金融科技公司，或购买或向金融科技公司出售服务，实现互补融合发展。

金融科技发展对商业银行经营产生的替代激励与互补融合的双重效应叠加可能先提升再降低商业银行风险承担水平，并且主要体现为降低银行风险的作用。尽管金融科技对商业银行存在竞争效应，但这种外部竞争在金融科技发展早期阶段带来的主要是差异化竞争和有限的竞争。我国大量长尾人群与中小微企业在传统金融机构的融资可得性较低，金融科技的发展在前期主要服务于长尾市场，与传统金融机构多为差异化竞争。商业银行对金融科技公司的投资或与金融科技公司之间的技术研发等联合合作反映了二者之间的竞争是有限的。从监管方面看，金融科技公司从事金融业务的部分领域存在监管不足，商业银行作为受到严格监管的传统金融机构，金融科技公司的创新发展可能不足以使商业银行长期罔顾或放松风险管理措施而从事冒进或违规经营等行为。自 2019 年后中国人民银行在金融科技发展规划文件中鼓励传统金融机构发展金融科技以来，商业银行逐步转变经营理念，优化组织模式，加快数字化转型与管理变革，加大信息科技投入，积极发展数字金融业务，与科技公司开展的金融科技业务实现互补融合发展。因此，总体而言，金融科技发展在早期侵占了银行市场，可能在短期内提升银行风险承担水平，但后期有助于商业银行变革经营理念与组织形式，提升银行在风险管理与业务流程中的金融科技应用，长期有助于降低银行风险承担水平。

银行风险承担水平的降低有助于金融机构的稳健经营，促进地区金融的稳定发展。我国金融体系以间接融资为主，商业银行在金融体系中占据主导地位，部分研究用衡量银行破产风险的银行 Z 值或衡量资产质量的不良贷款率等代表银行稳定的指标来表征金融稳定，因此，银行风险的降低有助于提升金融稳定性。

综合以上分析，提出如下假设：

H2-1：金融科技能够作用于银行风险承担渠道，进而对金融稳定产生影响。

3.3.2　影子银行渠道分析

3.3.2.1　金融科技与影子银行

影子银行也被称为影子金融或非银行金融，FSB 曾将影子银行体系界定为游离于传统银行体系之外且存在监管套利易引发系统性风险的信用中介活动。随着研究的推进，银行体系中未受到正常监管的特殊业务也逐渐被学者划分为影子银行的范畴。相对于监管较严的传统银行业务，我国影子银行主要存在于不受监管或受低标准监管的信贷领域，主要包括非银行机构开展的信托等跨期信用类业务以及理财产品等银行表外业务等（封思贤等，2014）[140]，还包括小贷公司、融资担保、典当行等非银行业融资。

一方面，金融科技的发展可能扩张影子银行规模。金融科技发展前期，部分被冠以互联网金融标签的服务确实是前所未有的，但很多是披着网络外衣的影子银行产品（Knaack and Gruin，2021）[294]，如 P2P 网贷。金融科技发展对传统金融机构产生的竞争效应与转型压力迫使商业银行增加创新型金融产品，扩张了影子银行规模（林曦和王仁曾，2023）[295]。

另一方面，金融科技的发展有助于缩小影子银行规模。随着金融科技发展逐步受到监管规范，P2P 网贷逐渐退出市场，监管套利逐渐得到缓解。无法获得银行服务是影子经济的主要决定因素（Syed et al.，2021）[253]，金融科技的运用能够促进商业银行发展普惠金融（李志辉等，2024）[296]，增强传统信贷业务的盈利水平，对影子银行等高风险途径的融资存在挤出效应。另外，金融科技发展对小贷、融资担保和典当等特定非金融行业的业务也具有替代效应，均可能缩小影子银行规模。

3.3.2.2 影子银行与金融稳定

已有文献几乎一致认为影子银行的发展虽繁荣了金融市场，但易引发金融风险，对金融稳定具有消极影响。尽管影子银行能够在一定程度上提升社会投融资规模，有助于增强金融包容性，但影子银行框架的负面内涵及其与监管不足和金融风险的关联从来都是无可争议的（Knaack and Gruin，2021）[294]。影子银行的业务发展模式及其存在的监管套利空间对宏观层面的经济运行与微观层面的企业发展均带来了挑战，进而可能对金融稳定产生负面影响。

从宏观层面来看，影子银行运行中的高杠杆率、期限错配、不完善的信息披露以及对市场信息的高敏感性等特征可能引致整个金融体系的易变性和不稳定性（何德旭和郑联盛，2009）[297]，其业务的特殊关联性引发的系统性风险逐渐上升，不利于实体经济发展和金融稳定（李建军和薛莹，2014）[298]。影子银行的发展使资金运转绕开了银行，对货币政策的制定和实施均具有负向作用（李向前等，2013）[299]，影子银行影响货币政策中介指标，不利于货币政策传导的畅通，降低货币政策调控的有效性（李文喆，2020）[300]，同时其规模的扩张对货币乘数具有负向影响，对社会信贷总规模以及社会流动性水平均具有反向作用，可能会加剧金融系统的脆弱性（何平等，2018）[301]。

从微观层面来看，影子银行的发展对商业银行和实体企业发展带来了挑战和风险。影子银行体系的信用创造功能对商业银行的业务运行产生了一定的替代效应（周莉萍，2011）[302]，其恐慌情绪也会对银行业产生外部溢出效应。对企业而言，影子银行虽部分实现了补充银行信贷的功能，能够拓展短期融资渠道，进而提升企业的融资可得性，有助于提升企业的风险承担水平，但也增加了企业的长期投资机会，助推了企业"短贷长投"的财务决策倾向，短贷和长投形成的期限错配降低了企业的价值（程小可等，2016）[303]，增加了企业的财务风险。同时，影子银行的发展使企业对长期金融资产的配置显著增加，在资本逐利动机的推动下，企业有可能减弱主业的资产配置，以致形成企业"空心化"（吴娜等，2020）[304]。影子银行体系的上述宏微观影响及监管套利空间弱化了我国宏观审慎监管和微观审慎监管，容易引发风险的积累。

综合以上分析，提出如下假设：

H2-2：金融科技能够作用于影子银行规模渠道，进而对金融稳定产生影响。

3.3.3 普惠金融渠道分析

3.3.3.1 金融科技与普惠金融

金融科技的发展具有普惠金融效应。金融科技在互联网支付、互联网贷款、互联网保险、互联网银行等多种业务与商业模式的应用与发展上，与传统金融形成优势互补，使大量在金融服务体系之外的长尾人群享受到了金融服务，从根本上促进了普惠金融。部分文献甚至认为，我国金融科技行业以人类历史上从未有过的规模提升了金融服务的可获得性，将大量中小企业与低收入人群纳入金融服务范围，其最大价值（最显著的特征）就在于促进普惠金融（Hua and Huang，2021[69]；Zhang and Chen，2019[305]）。我国中央银行在金融科技发展规划中明确将金融科技发展作为促进普惠金融发展的新机遇，事实上，很多发展中国家诉诸于利用金融科技革命和数字金融来增加普惠金融（Syed et al.，2021）[253]，源于金融科技天然具有发展普惠金融的优势。

首先，金融科技基于技术属性的驱动发展模式促进了互联网与信息通信技术在金融领域的应用，Evans（2018）[306]基于非洲数据的经验研究表明，互联网与手机移动终端的普及能够显著促进普惠金融。其次，金融科技降低了金融服务的门槛，吸引了大量的长尾用户群，如余额宝等货币基金的出现实现了 1 元买基金，降低了投资理财的门槛，智能投顾也降低了投资的准入门槛。互联网银行为中小企业和低收入家庭等未被商业银行服务过的客户发放包容性贷款（Hua and Huang，2021）[69]。再次，金融科技提升了金融服务的广度和深度，增强了中小微企业和低收入长尾用户群获得金融服务的可得性和便利性。联系现实，我国也发布了政策文件鼓励金融科技促进普惠金融的路径，如基于大数据的无抵押信贷在一定程度上为中小企业提供了更多的融资渠道。综合来看，金融科技基于数据和技术的风险评估程序和对交易成本的降低使中小企业和个人的金融服务需求可得性得到了提高，使更多金融需求者享受到金融服务的好处，体现了其金融包容的潜力。最后，除了金融科技自身发展带来的普惠金融效应以外，金融科技的发展也能够助推商业银行增强普惠金融服务能力。如通过与商业银行的技术合作助力传统金融机构降低服务门槛与成本，或通过竞争效应促进商业银行开发自己的金融科技系统，通过技术进步提升技术效率促进金融普惠服务能力。李志辉等（2024）[296]通过实证分析方法验证了金融科技在商业银行对小微企业等普惠领域信贷投放方面的显著促进作用。因此，金融科技为低收入和弱势群体获得低成本金融服务奠定了基础，是实现低成本、广覆盖和更可持续的普惠金融的重要来源。

3.3.3.2　普惠金融与金融稳定

金融科技的发展不仅使普惠金融成为一个可实现的目标，而且对金融和宏观经济稳定也有重要影响（Huang，2020）[307]。普惠金融正在被越来越多的国家倡导作为提升金融包容性和改善收入不平等的重要手段，有助于对传统的货币和金融稳定等监管目标形成补充。从理论上来说，普惠金融发展有助于降低收入不平等，促进社会与政治稳定，但同时普惠金融服务对象多为低收入与欠发达地区等长尾人群，信用风险与贷款违约率较高（周全和韩贺洋，2020）[308]，也可能不利于金融稳定。相关经验研究成果显示，尽管在研究结论上普惠金融发展是促进还是抑制金融稳定性仍然未达成一致，但普惠金融对金融稳定的影响效应已被文献广泛证实。

大多数文献认为普惠金融对国家的金融稳定具有积极影响，其相关经验研究较为丰富。如白当伟等（2018）[309]基于构建的 2011 年和 2014 年 90 个国家和地区的金融稳定指数分析，认为普惠金融与金融稳定相辅相成，普惠金融在个人层面改善了低收入人群的财务状况，提升其风险承受能力，在行业层面扩展了金融业客户群，有助于分散行业风险，在宏观层面有助于促进社会的平等和稳定，这些都对金融稳定具有积极作用；Siddik 和 Kabiraj（2018）[310]以 2001~2013 年 217 个国家为样本实证发现，扩大中小企业的融资渠道有助于降低金融机构的违约概率，提高金融体系的弹性，进而提升金融稳定；Neaime 和 Gaysset（2018）[311]以中东北非 8 个国家 2002~2015 年的数据为实证样本，认为普惠金融降低了收入不平等，促进了社会和政治稳定，进而有助于金融稳定。

少数文献认为普惠金融对国家的金融稳定具有负向影响，如 Barik 和 Pradhan（2021）[312]基于对 2005~2015 年金砖五国的数据分析，认为普惠金融发展扩张了私人部门信贷，侵蚀了银行信贷，增加了不良贷款和违约率，不利于金融稳定水平的提高。Fung 等（2020）[256]证实了金融稳定性与金融机构的可进入性之间存在负相关关系，认为更容易进入金融机构的市场提升了银行的风险。

综合以上分析，提出如下假设：

H2-3：金融科技能够作用于普惠金融渠道，进而对金融稳定产生影响。

3.3.4　城乡收入失衡渠道分析

3.3.4.1　金融科技与城乡收入失衡

一方面，金融科技发展有助于缩小城乡收入失衡。郭峰等（2020）[313]研究发现，我国金融科技发展与传统金融类似，均存在地区差异性，但金融科技的地区差异低于传统金融的地区差异，省级金融科技发展水平的地区差异随着时间的推移进一步缩小，具有明显的收敛趋势，说明金融科技在缓解我国不平衡与不充分的发展上可能起到积极作用，这或许对进一步缩小城乡收入失衡能够起到积极作用。金融科技发展有助于降低信息不对称与交易成本，服务对象涉及广泛的长尾用户人群，拓宽了金融服务的门槛与服务对象边界，有助于提高低收入人群的收入水平，缩小城乡收入失衡。同时，金融科技促进了传统金融领域的竞争，有助于提高金融服务效率，调整金融结构，缩小收入失衡（梁晓琴，2020）[314]。大多数文献已证实金融科技发展对缩小城乡收入失衡有着积极作用（宋晓玲，2017[315]；王小华和胡大成，2022[316]）。

另一方面，金融科技发展可能会扩大城乡收入失衡。金融科技的发展使金融业加深了对互联网等信息技术的应用，提升了数字技术的使用要求以及对数据算法的应用与偏爱。部分低收入人群在金融服务领域处于边缘或孤立状态，如低数字化甚至无数字化能力、金融知识缺乏的老年群体可能遭到金融排斥，随着社会老龄化程度的加深，这一排斥效应可能更强，不利于弥合数字鸿沟。金融科技领域对数据和算法的依赖与深度应用可能导致对其他低收入、贫困人群等弱势群体的算法歧视（Tok and Heng，2022）[317]，可能进一步扩大城乡收入失衡。金融科技在数字化程度层面的发展更多地为城镇居民提供了金融服务便利，远远超过农村地区的数字技术使用频率，可能会扩大城乡收入失衡。李牧辰等（2020）[318]的研究证实了金融科技数字化程度的发展显著扩大了城乡收入失衡；张乐柱和高士然（2023）[319]的研究证实金融科技对城乡收入失衡的影响存在门槛效应，在城镇化水平低于一定值时，金融科技会扩大城乡收入失衡。

3.3.4.2 城乡收入失衡与金融稳定

城乡收入失衡的缩小有助于促进金融稳定。城乡收入失衡的缩小提高了低收入人群的风险耐受力，从宏观方面增加了金融体量，有助于分散金融风险，增强金融稳定。低收入人群文化水平相对局限（Hannig and Jansen，2010）[320]，倾向于保持稳定的金融行为，其经济状况的改善使银行即使在系统性的危机时期仍会获得来自低收入客户持续的存款资金，获得相对稳定信贷投放等运营机会。同时，城乡收入失衡的缩小有助于社会和政治稳定，进而促进金融稳定（Neaime and Gaysset，2018）[311]。

综合以上分析，提出如下假设：

H2-4：金融科技能够作用于城乡收入失衡渠道，进而对金融稳定产生影响。

3.3.5 环境风险渠道分析

3.3.5.1 金融科技与环境风险

金融科技发展有助于降低环境污染，推动经济绿色低碳转型，实现经济绿色高质量发展。现有文献认为金融科技能够支持节能环保等与环境改善有关的经济活动，具有减排效应，有助于减少工业气体和温室气体排放（Muganyi et al.，2021[321]；Tao et al.，2022[322]），提升城市创新能力，尤其是绿色技术创新水平，从技术源头降低城市环境污染（房宏琳和杨思莹，2021）[323]。同时，金融科技能够促进技术密集型制造业发展，有效降低实体经济单位的 GDP 能耗（段永琴等，2021）[324]，实现低碳减排。中国人民银行在《金融科技发展规划（2022—2025 年）》中明确强调要加强金融科技与绿色金融的深度融合，助力实体经济绿色低碳转型发展。金融科技通过绿色信贷和绿色投资等绿色金融融资方式支持绿色产业发展，理论上有助于降低环境风险。

3.3.5.2　环境风险与金融稳定

气候变化已成为金融体系的一个新的风险来源，环境和气候等非金融外部因素也会对金融稳定产生影响，基于环境风险的宏观、微观影响，现有文献大多认为环境风险不利于金融稳定。

在对微观层面的金融机构和企业的影响方面，气候变化可能使与金融机构业务相关资产的价值发生变化，形成不稳定的市场预期，增加金融机构的经营风险、信用风险、市场风险、法律风险和声誉风险等，对其经营产生重大不良影响（郭新明，2020）[325]，还可以通过恶化公司的流动性以及降低公司债券价格和信贷供应影响金融稳定（Dafermos et al.，2018）[326]。

从宏观层面看，气候变化带来的环境风险主要分为环境物理风险和环境转型风险，这两类风险均可能转变为金融风险，进而对金融稳定产生不利影响。环境物理风险主要是指由气候变化或环境破坏引发的一系列风险，主要包括短期极端天气和自然灾害事件（干旱、洪水等）影响以及长期气候变化（温室效应、海平面上升等）影响（G20 Green Finance Study Group，2017）[327]。除自然因素引起的气候变化之外，其他人为造成的环境退化如生物多样性的下降和丧失也会对金融稳定产生威胁（陶娅娜和袁佳，2022）[328]。环境物理风险不仅能够通过现期损失或未来预期影响对实体经济造成冲击，还能够通过承保风险、信用风险、操作风险、市场风险、流动性风险和声誉风险等传统金融风险传导渠道引发金融系统的不稳定（马正宇和秦放鸣，2021）[329]。为应对环境恶化引致的伤害以及未来可能的长期气候变化影响，各国陆续推出低碳经济转型，快速低碳转型可能导致不确定的金融影响（Svartzman et al.，2021）[330]，这就产生了新的环境转型风险，主要包括气候和能源政策的实施（如碳减排政策推出无序、不及时和不平稳等）、绿色低碳技术的发展（如技术革新），以及市场偏好和社会规范的变化等。在低碳经济转型的持续推进中会使业务和收入依赖于化石燃料生产或利用的公司遭受损失，形成大量"搁浅资产"，并且可能使大量资产需要重新进行价值评估，容易引发较大的财务损失（郭新明，2020）[325]，尤其是对碳密集型经济活动（Roncoroni et al.，2021）[331]。环境转型风险还可能对资产管理公司、机构投资者和银行的投资组合带来金融冲击（Battiston et al.，2021）[332]。

总之，气候领域的相关风险对一系列经济部门具有根本影响，不仅对单个机构的金融稳定具有潜在的不良影响，由于影响的相关性以及机构和经济的相互关联性，气候风险还与国家和全球层面的金融稳定息息相关（Battiston et al.，2021）[332]。如一国的气候和环境风险可能给持有该国资产的境外国家带来风险，低碳转型风险也可以经由国际贸易途径传导至其他国家（中国人民银行研究局课题组，2020）[333]。Chabot 和 Bertrand（2023）[334]以温室气体排放量衡量环境转型风险，验证了环境风险对金融机构与金融系统的稳定性均具有显著负向影响。

综合以上分析，提出如下假设：

H2-5：金融科技能够作用于环境风险渠道，进而对金融稳定产生影响。

上述作用渠道相关假设将在第 6 章进行检验。

3.4 金融科技影响金融稳定的调节机制

金融科技对金融稳定的影响程度还可能受到其他外部因素的调节效应，结合金融科技影响金融稳定的理论分析以及金融科技发展环境，从政府治理、金融监管、市场化程度与各项市场制度因素以及数字基础设施等方面进一步考察金融科技影响金融稳定的调节机制。其中，政府治理从顶层设计层面能够引领金融科技发展；金融监管从金融治理层面规范和约束金融科技创新活动，平衡金融创新发展与金融安全；市场化程度与各项市场制度因素从营商环境层面为金融科技经营主体提供市场化的发展环境与激励政策，更好地发挥市场在资源配置中的决定性作用；数字基础设施从科技支撑层面提供数字化技术保障，均可能改变金融科技对金融稳定的影响程度。图 3-2 归纳了金融科技影响金融稳定的调节机制框架，下文对各个调节机制进行具体分析。

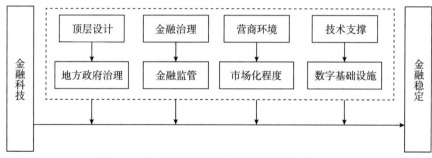

图 3-2　金融科技影响金融稳定的调节机制框架

3.4.1　地方政府治理的影响效应

3.4.1.1　政府数字关注度的影响效应

当前，中国正处于全社会数字化转型发展过程，地方政府对数字技术的关注度直接反映了政府对经济、社会和政府治理等多方面的数字化转型态度与行为，体现为数字技术发展、数字应用、智慧政务等各方面的数字化转型建设。总体来说，地方政府的数字化转型行为有助于从顶层设计角度对当地数字化技术的纵深发展、数字化服务的深度应用以及数字政府建设发挥引领作用。首先，政府在大数据、云计算、区块链、人工智能和物联网等方面的数字技术投入有助于直接推动当地数字化转型发展，为各领域的数字化应用夯实基础；其次，数字政府和智慧政务平台建设和应用有助于优化公共服务流程，提升政府行政服务效率，推动政府治理能力现代化，助力服务和改善民生；最后，政府数字化转型有助于加强智慧农业、工业互联网、电子商务和智能金融服务等方面的数字应用建设，促进产业数字化发展。部分研究已证实，地方政府治理的数字化转型能够在交易成本降低、技术创新能力提升以及吸引人才集聚等方面发挥积极作用，进而能够显著提升地区创业的活跃度，激发市场的主体活力（贺晓宇和储德银，2023）[335]。综上所述，政府数字化转型行为在理论上有助于促进地区创新发展，提升经济发展质量，优化社会治理流程，为金融科技的发展提供良好的数字化技术条件和数字应用发展环境。因此，政府数字关注度有助于强化金融科技对金融稳定的影响。

3.4.1.2　政府财政透明度的影响效应

财政透明作为一种重要的国家治理机制，地方政府的财政透明度的提升不仅有助于直接约束政府行为，也能减少机会主义行为，加强金融机构等市场主体的自律约束（张曾莲和岳菲菲，2021）[189]，有助于强化金融科技对金融稳定的影响。

综合以上分析，提出如下假设：

H3-1a：政府数字关注度能够显著加强金融科技对金融稳定的影响，使金融科技与金融稳定之间的"U"型曲线关系更加陡峭。

H3-1b：政府财政透明度能够显著加强金融科技对金融稳定的影响，使金融科技与金融稳定之间的"U"型曲线关系更加陡峭。

3.4.2　金融监管的影响效应

金融监管作为一种行政强制性的外部监督约束机制，能够在平衡金融创新与金融安全方面发挥重要作用，其重要目标之一就是维护地区的金融安全与稳定。金融科技的发展可能产生一系列宏观和微观金融风险、技术风险以及国际金融制裁等风险，对金融监管带来了挑战，地区金融监管水平的高低可能会对金融科技对金融稳定的影响具有调节作用。我国金融科技发展过程中曾暴露出较大的安全风险，使金融科技创新与金融安全出现了失衡。金融科技发展经历了从宽松到收紧再到逐步规范的监管演进历程，金融监管在金融科技发展的不同阶段能够起引领或矫正作用，并且更多地发挥了矫正作用。

一方面，金融监管对金融科技领域的发展具有引领作用。其中，2015年《关于促进互联网金融健康发展的指导意见》的发布鼓励和推动了整个行业的发展。但当时我国监管部门对金融科技的风险重视度不足，金融科技相关领域的监管制度与监管措施缺位，金融监管未能有效发挥引领作用，以促进金融科技规范化发展。

另一方面，金融监管对金融科技领域的发展具有矫正作用。其一，主要体现在对金融科技历史的遗留问题，即P2P网贷行业乱象的治理方面。由于初期监管缺失、后期监管主体明确但监管措施落实不足等原因，P2P网贷行业发展过程中平台数量和交易额的急速扩张在监管不足的环境下滋生了自融等各类行业乱象以及提现困难等流动性兑付危机。自2016年以来，P2P网贷领域的监管政策逐步收紧，在备案登记、资金存管、反洗钱及合规检查等方面进行整治，至2020年平台逐渐转型或退出市场，实现P2P网贷全部清退。其二，主要体现在对金融科技未来发展导向，即矫正金融科技发展路径，促进金融科技持续健康发展方面。

其中，2019 年 8 月，《金融科技（FinTech）发展规划（2019—2021 年）》从顶层设计方面首次对金融科技发展提出纲领性指导，引导金融机构合规健康发展金融科技，标志着我国金融科技开始迈入规范化发展阶段。此后，我国实施了金融科技创新监管工具（监管沙盒），推出中国人民银行数字货币试点，发布了《金融科技发展规划（2022—2025 年）》，促进金融科技在安全监管的规范下更好地承担服务实体经济、促进普惠金融、助力经济高质量发展等职能。

因此，结合我国金融科技发展历程中的金融监管演变，金融监管作为一种监督约束机制，对我国金融科技领域的发展更多地发挥矫正作用，有助于削弱金融科技对金融稳定的影响，使金融科技对金融稳定的影响更加平缓。同时，金融监管水平的提升理论上有助于规范金融科技市场主体行为，引导金融科技促进经济金融良性发展，降低各类风险，使金融科技更易发挥对金融稳定的积极作用。

综合以上分析，提出如下假设：

H3-2：金融监管总体上有助于修正金融科技发展带来的金融稳定影响，可能显著削弱金融科技对金融稳定的影响，使"U"型关系更加平坦，或使金融科技更易发挥对金融稳定的积极作用。

3.4.3 市场化程度与市场制度因素的影响效应

在一个地区的经济体系中，市场化进程的推进以及各类市场制度因素的完善有助于营造良好的市场化发展条件，优化营商环境，维持市场秩序，激活市场主体活力，提升资源配置效率。金融科技领域的经营主体包括科技公司和传统金融机构等多主体的市场参与者，市场化制度的完善无疑有助于金融科技的发展，进而可能增强对金融稳定的影响效应。

一方面，如何建立"有为政府"与"有效市场"是平衡政府与市场关系的永久课题，政府与市场的关系是我国市场经济改革中密切关注的重要方面，反映了市场在资源配置中的作用以及政府干预情况。在政府干预适度的情况下，让市场在资源配置中起决定性作用，平衡好政府与市场的关系，有利于各类金融科技市场主体的经营发展。

另一方面，金融科技的良性发展还与市场中介组织的发育与法治环境以及要素市场的完善息息相关，可能会对金融科技与金融稳定之间的关系产生影响。市场中介组织的发育和法治环境建设有助于从社会治理角度规范市场体系，是政府服务的重要补充，包含法律、财务审计等中介组织的发育，以及对生产者合法权益、知识产权以及消费者权益保护等方面。要素市场的完善有助于金融业市场化建设，促进金融业市场竞争，推动技术成果市场化。

因此，金融科技在市场化程度高以及各类市场制度因素比较完善的市场环境中更容易发挥对金融稳定的影响。

综合以上分析，提出如下假设：

H3-3a：市场化程度能够显著加强金融科技对金融稳定的影响，使金融科技与金融稳定之间的"U"型曲线关系更加陡峭。

H3-3b：政府与市场的关系能够显著加强金融科技对金融稳定的影响，使金融科技与金融稳定之间的"U"型曲线关系更加陡峭。

H3-3c：市场中介组织的发育和法治环境能够显著加强金融科技对金融稳定的影响，使金融科技与金融稳定之间的"U"型曲线关系更加陡峭。

H3-3d：要素市场的发育能够显著加强金融科技对金融稳定的影响，使金融科技与金融稳定之间的"U"型曲线关系更加陡峭。

3.4.4 数字基础设施的影响效应

金融科技是技术驱动的金融创新，信息技术发展水平是金融科技发展的内生供给动力之一（乔海曙和黄荐轩，2019）[71]。金融科技的深入发展密切依托于新兴数字技术环境，完善的数字基础设施是金融科技得以快速发展的硬件环境保障。数字基础设施环境的完善有助于通过互联网等技术途径增强金融服务的连通性与便捷性，能够直接提升金融科技发展的覆盖广度与使用深度，进而有助于提升金融科技发展的数字化程度。

因此，技术对金融科技发展的推动有助于金融科技发挥对金融稳定的影响，可能会加强金融科技对金融稳定的影响。互联网是数字基础设施的主要组成部分，互联网发展水平的提高能够降低交易成本，使金融科技服务范围更广、效率更高，对金融稳定产生的影响可能更为深远。

综合以上分析，提出如下假设：

H3-4：互联网发展能够显著加强金融科技对金融稳定的影响，使金融科技与金融稳定之间的"U"型曲线关系更加陡峭。

上述调节机制相关假设在第 6 章进行检验。

3.5　本章小结

本章首先从金融创新理论、金融中介理论、金融监管理论和金融发展理论角度分析了金融科技影响金融稳定的理论基础，其次讨论了金融科技对金融稳定的正向、负向和非线性影响效应，进一步从作用渠道和调节机制两个角度探讨了金融科技与金融稳定之间可能的内在联系。一方面，金融科技能够通过哪些渠道影响金融稳定，基于银行体系风险、影子金融风险、金融与经济包容性发展以及环境风险等视角，具体分析了金融科技可能影响金融稳定的作用渠道；另一方面，金融科技与金融稳定的关系可能存在其他因素的调节效应，从政府治理、金融监管、市场化制度、数字基础设施等视角进行了分析。金融科技影响金融稳定的研究假设框架如图 3-3 所示。

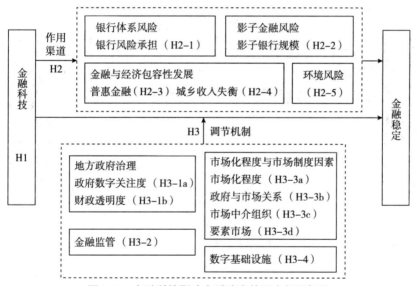

图 3-3　金融科技影响金融稳定的研究假设框架

本章基于多理论角度分析了金融科技对金融稳定的影响效应、作用渠道与调节机制，共提出 14 个假设，包括 1 个主效应假设、5 个作用渠道假设、8 个调节效应假设。金融科技影响金融稳定的研究假设汇总如表 3-1 所示。

表 3-1 金融科技影响金融稳定的研究假设汇总

影响	假设		假设内容
主效应	H1		金融科技对金融稳定的影响是非线性的，对金融稳定具有先负后正的"U"型影响
影响机制	作用渠道	H2-1	金融科技能够作用于银行风险承担渠道，进而对金融稳定产生影响
		H2-2	金融科技能够作用于影子银行规模渠道，进而对金融稳定产生影响
		H2-3	金融科技能够作用于普惠金融渠道，进而对金融稳定产生影响
		H2-4	金融科技能够作用于城乡收入失衡渠道，进而对金融稳定产生影响
		H2-5	金融科技能够作用于环境风险渠道，进而对金融稳定产生影响
	调节机制	H3-1a	政府数字关注度能够显著加强金融科技对金融稳定的影响，使金融科技与金融稳定之间的"U"型曲线关系更加陡峭
		H3-1b	政府财政透明度能够显著加强金融科技对金融稳定的影响，使金融科技与金融稳定之间的"U"型曲线关系更加陡峭
		H3-2	金融监管总体上有助于修正金融科技发展带来的金融稳定影响，可能显著削弱金融科技对金融稳定的影响，使"U"型关系更加平坦，或使金融科技更易发挥对金融稳定的积极作用
		H3-3a	市场化程度能够显著加强金融科技对金融稳定的影响，使金融科技与金融稳定之间的"U"型曲线关系更加陡峭
		H3-3b	政府与市场的关系能够显著加强金融科技对金融稳定的影响，使金融科技与金融稳定之间的"U"型曲线关系更加陡峭
		H3-3c	市场中介组织的发育和法治环境能够显著加强金融科技对金融稳定的影响，使金融科技与金融稳定之间的"U"型曲线关系更加陡峭
		H3-3d	要素市场的发育能够显著加强金融科技对金融稳定的影响，使金融科技与金融稳定之间的"U"型曲线关系更加陡峭
		H3-4	互联网发展能够显著加强金融科技对金融稳定的影响，使金融科技与金融稳定之间的"U"型曲线关系更加陡峭

资料来源：笔者整理。

第4章 金融科技与金融稳定的
特征事实与定量评估

本章对金融科技与金融稳定的特征事实进行分析，梳理了我国金融科技发展历程、发展特征、金融科技的监管演变以及金融稳定的监管事实，有助于理解我国国情下金融科技对金融稳定的影响。进一步评估金融科技发展水平与金融稳定水平，为下文的实证研究提供核心的数据基础。

4.1 金融科技的特征事实

4.1.1 我国金融科技发展的演进历程

金融科技由经济发展需求、金融创新、技术应用和监管的多重因素驱动发展而来（Zavolokina et al., 2016）[2]。由于我国金融体系正规金融市场服务不足，金融供需不匹配，政府政策支持和宽松的监管环境，以及各类信息技术的推动等多重因素的共同作用（Hua and Huang, 2021[69]；朱太辉，2018[336]），金融科技的发展日新月异，目前已跨越互联网金融兴衰时期，朝着多业态、交叉性和爆发式的方向加速发展（廖理等，2020）[18]。为清晰地展现我国金融科技的发展历程，表4-1对我国金融科技的演进历程进行了归纳。现有文献对金融科技发展阶段的划分主要有以下三种方式：第一种是采用金融科技 1.0–3.0 ① 这种迭代

---

① 也有文献将金融科技发展阶段划分为金融科技 1.0–3.5 或 1.0–4.0 时代，未来随着金融科技的继续演进，这一数字可能还会发生变化，由于划分节点不统一，无对错之分，在此不作区分。

思路归纳；第二种是按照金融科技发展进程中对金融业的影响分类；第三种是从技术变革金融业的角度分类，能够直观明晰发展阶段和特点的内容总结。为更好地把握金融科技这一技术推动金融创新的本质，观察金融科技演进过程中的变化特点以及与互联网金融和数字金融等的关系，本书采用第三种分类方法。从科技在金融领域中的应用和变革出发，将我国金融科技的演进历程主要分为以下三个阶段①。

表 4-1　我国金融科技发展的演进历程

发展阶段	萌芽起步期 （1987~2003 年）	探索发展期 （2004~2016 年）	全面渗透期 （2017 年至今）
核心要素	金融 + 数字	金融 + 互联网	金融 + 新一代信息技术 + 数据
科技和金融系统的关系	科技没有独立出金融系统	科技公司开始独立开展金融业务	新一代信息技术更替互联网成为主要驱动力
金融业务特征	金融电子化和信息化	金融互联网化和移动化	金融数字化和智能化（数智化）
标志性事件 / 政策	金融机构内部设立 IT 部门 1987 年，中国人民银行第一台 ATM 机在珠海启用	2012 年，互联网金融概念正式被提出 2013 年，互联网金融元年 2014 年，《政府工作报告》提出"促进互联网金融健康发展" 2016 年，开展互联网金融风险专项整治，金融科技开始在我国受到广泛关注	2017 年，中国人民银行数字货币研究所和金融科技委员会成立 2019 年 9 月，金融科技三年期发展规划出台 2019 年 12 月，监管沙盒开始局部陆续试点 2021 年 12 月，金融科技四年期发展规划发布 2023 年 10 月，国家数据局成立
代表产品 / 业务	ATM 机、POS 机、网联清算、中国银联等	支付宝、拍拍贷、点名时间、余额宝和众安在线等	金融机构的金融科技子公司、智能投顾、央行数字货币、监管沙盒等
主要参与者	传统金融机构	科技公司、传统金融机构	科技公司、传统金融机构、监管机构

资料来源：在黄靖雯和陶士贵（2022）[8] 的基础上，结合相关部门的公开资料整理所得。

第一阶段为金融科技的萌芽起步期（1987~2003 年），金融业务呈现电子化和

---

① 在金融电子化时代之前，科技和金融虽然尚未开始融合，但科技的进步使金融业务突破了国界限制，推动了以银行业务为代表的金融业务的全球化（张留禄，2019）[26]，为后来的金融科技萌芽阶段奠定了基础。此处对金融科技发展阶段的划分主要依据科技在金融领域中的应用和变革，因此，暂不将此过程纳入金融科技发展阶段。

信息化特征。计算机的发展开启了"金融 + 数字"要素的融合，使金融业迈向电子化和信息化时代。金融科技的发展主要表现为金融机构在内部设立独立于金融业务的 IT 部门，一般用于改进业务处理流程和压缩运营成本，通过信息技术的软硬件设备应用提升金融业务部门的便利性和服务效率，将金融业务推向了电子化。其中，ATM 机和 POS 机的兴起，以及中国银联的成立逐渐加速了金融业务的信息化。这一阶段的金融科技参与者主要为以商业银行为代表的传统金融机构。

第二阶段为金融科技的探索发展期（2004~2016 年），金融业务呈现互联网化和移动化特征，以互联网金融模式为典型，生动体现了我国互联网金融的兴衰历程。在这一阶段，随着（移动）互联网技术的发展，科技公司开始独立开展金融业务。第三方支付（支付宝，2004 年）、P2P 网贷（拍拍贷，2007 年）、众筹融资（点名时间，2011 年）、互联网基金（余额宝，2013 年）、互联网保险（众安在线，2013 年）[1] 等业态纷纷在我国兴起。其中，第三方支付和网贷领域发展最为火热。2012 年互联网金融概念被正式提出，余额宝的出现造就了 2013 年的互联网金融元年，但 P2P 网贷的不规范运行，让整个行业逐渐进入监管整顿期，互联网金融的使用逐渐开始被弱化。在 2015 年金融科技于全球受到广泛关注之后，我国金融科技在资金、技术和产品发展等方面均取得了实质性进步（余丰慧，2018）[337]，其学术搜索热度从 2016 年开始逐渐增强，多数文献将 2016 年称为我国金融科技元年（余丰慧，2018[337]；赵永新，2021[338]）。这一阶段的金融科技参与者主要为科技公司和传统金融机构。

第三阶段为金融科技的全面渗透期（2017 年至今），金融业务呈现数字化与智能化特征。经过以互联网金融模式为主的探索发展期，金融科技逐步进入全面渗透阶段。在这一阶段，大数据、人工智能和区块链等新一代信息技术更替互联网技术成为金融科技发展的主要技术手段，向支付、信贷、投资、保险、监管等领域全面渗透发展，同时，数据成为新的生产要素，更加注重发挥数据要素的潜能。这一阶段的金融科技参与者更加多元，包括科技公司、传统金融机构、监管机构等。其中，我国金融科技发展前期主要由大科技公司（BigTech）主导，自2015 年底商业银行开始纷纷建立金融科技子公司开始，证券和保险业也逐渐加入，制定金融科技发展战略，加上政府的政策支持和金融机构自身的数字化转型

---

① 括号内为中国第三方支付、网络借贷和众筹等互联网金融业态最早出现的代表性平台（或产品）及其年份。

需求，传统金融机构逐渐成为金融科技的重要参与者，金融科技的发展核心逐渐转向持牌金融机构。继金融科技三年期发展规划之后，我国监管机构更新了对金融科技的四年期发展规划，在数据成为新的生产要素的背景下，成立国家数据局统筹数据发展规划、制度建设与应用治理，对充分发挥数据要素与数字技术的潜能，深化数字化转型发展以赋能实体经济提出了更高的目标，金融科技逐步迈向数智化与高质量发展阶段。

4.1.2　我国金融科技数智化阶段发展特征

历经以互联网金融模式为主的探索发展期和监管规范期，在数字化转型的加速推动下，我国金融科技于 2017 年逐步迈入全面渗透发展阶段，呈现数字化与智能化特性。

4.1.2.1　参与主体更加多元，细分市场持续拓展，数字支付和监管科技取得突破进展

数智化阶段的金融科技参与主体的类型更加多元，不仅包括科技公司和传统金融机构等市场主体，还包括监管机构。其中，大型科技公司和传统金融机构引领数智化阶段的金融科技发展，监管机构主要推动监管科技进程。在技术层面，人工智能、云计算、区块链和大数据等新一代信息技术应用持续深入，更替互联网技术成为数智化阶段金融科技发展的核心技术力量。另外，元宇宙等新兴概念逐渐兴起，开放银行等前沿金融科技应用建设以及嵌入式金融发展进程加快，金融科技业务向支付、信贷、投资、保险以及监管等领域全面渗透发展，形成覆盖数字金融发展和监管的各类金融科技细分市场主体。其一，为金融业务和技术服务类综合市场，主要包括拥有多类金融业务布局和技术输出优势的综合金融科技企业，数字化转型的传统金融机构及其金融科技子公司等经营实体；其二，为金融业务服务类市场，主要包括支付科技、互联网银行、保险科技、信用科技和财富科技（如证券、基金和资管）等创新型持牌机构；其三，为技术服务类市场，主要包括仅向金融机构提供数字技术服务不开展金融业务的数字服务提供商；其四，为监管科技服务类市场，主要包括促进金融数字化监管和金融机构合规科技的金融科技企业。

我国在数字支付和监管科技细分领域取得突破性进展。在数字支付领域，一方面，移动支付规模已居全球领先地位（王浦劬，2020）[339]，在国内市场，支付宝和微信支付共占据 94% 的市场份额（卡斯滕斯等，2021）[340]。另一方面，在国际社会高度关注的中国人民银行数字货币研发领域，中国历经数年研究和开发测试，于 2019 年底在深圳、成都、苏州和雄安新区 4 个地区推出数字人民币试点，将法定数字货币从理论构建推入实践应用层面，此后逐步将试点范围扩大到 15 个省市的 23 个地区，数字人民币从批发零售、餐饮文旅和教育医疗等个人消费场景向更广泛的保险、产业和公共服务等场景拓展。在国际层面，积极开展与 FSB、BIS、IMF 和 WB 等国际组织的多边交流，参与以法定数字货币为基础的数字货币跨境支付国际合作机制，目前，数字人民币的跨境支付与国际合作仍处于探索阶段。在监管科技领域，为更好地平衡金融科技创新与风险，我国借鉴国际做法，于 2019 年 1 月起推出中国版监管沙盒填补了我国在监管科技领域的空白。目前金融科技创新监管试点正在稳步推进中，部分地区经试点测试出箱后推出了金融科技创新监管试点创新应用，如深圳"百行征信信用普惠服务"。

4.1.2.2　大科技公司强化科技定位，在扩张金融科技业务布局的同时加强科技输出，拓展全球化业务

我国金融科技的兴起与快速发展主要由蚂蚁科技、腾讯、百度和京东科技等少数大科技公司推动和主导（Hua and Huang，2021）[69]。2017 年以来，大科技公司凭借数据和用户优势开始全面扩张金融科技业务布局，实际经营支付、信贷、保险、信用评级和财富管理等金融业务。表 4-2 梳理了我国主要大科技公司的金融业务布局，其中，蚂蚁科技集团旗下拥有支付宝、花呗、借呗、芝麻信用、余额宝、蚂蚁财富和网商银行等实体和业务。

表 4-2　我国主要大科技公司的金融业务布局

科技公司	支付	信贷	保险	货币基金	信用评级	财富管理	互联网银行
蚂蚁科技	支付宝	花呗借呗	蚂蚁宝	余额宝	芝麻信用	蚂蚁财富	网商银行
腾讯金融科技	微信支付QQ 钱包	微粒贷	腾讯微保	零钱通	微信支付分	理财通	微众银行
度小满	度小满钱包	有钱花	度小满保险	余额盈	度小满征信	度小满理财	百信银行
京东科技	京东支付	白条金条	京东金融保险平台	小金库	小白守约	京东金融	—

资料来源：根据相关科技公司官网等公开资料整理。

2020 年 11 月以来，中国监管部门与蚂蚁金服等行业内重点企业多次谈话，逐渐开始规范大科技金融业务，尝试将其纳入监管。近几年的金融科技监管试点逐步淡化了科技公司直接提供金融服务的形式，在金融科技创新监管中秉持监管持牌经营原则，规定科技公司"涉及的金融服务创新和金融应用场景需由持牌金融机构提供"（中国人民银行金融科技委员会，2020）[341]。科技公司主要定位为着力解决金融科技创新的技术需求，提升金融机构提供的金融科技产品应用场景的科技适配性、安全性和稳定性[341]。大科技公司纷纷转型为数字技术服务提供商，强化其科技定位，在以金融控股公司和第三方合作等形式扩张金融科技业务版图的同时，不断增加科技研发投入，强化技术输出，提供数字金融解决方案。

大科技公司在深耕国内金融科技业务，持续扩张各类金融业务布局的同时，也在通过前沿的技术手段不断拓展全球化业务，蚂蚁科技、京东数科和度小满金融等大科技平台已经成长为全球估值前列的金融科技企业。其中，蚂蚁科技使用前沿的技术手段不断与世界合作伙伴共建开放共赢的全球数字普惠生态。目前，其全球化业务主要包括三大板块①：一是跨境数字支付方案 Alipay+，能够广泛连接全球商家与消费者；二是 WorldFirst（万里汇），为服务全球跨境中小企业的一站式数字支付和金融服务平台，能够赋能跨境卖家及外贸企业"走出去"，业务已覆盖全球 70 多个国家和地区，服务全球商户数约 100 万，累计交易 2000 多亿美元；三是 ANEXT Bank（星熠数字银行），主要为新加坡以及东南亚地区的中小企业提供便捷的金融服务。腾讯金融科技提供跨境收付兑（智汇收、智汇付和智汇兑）服务，业务覆盖全球 60 多个国家和地区②。大科技金融的全球化扩张有助于全球化转型升级，促进我国金融科技"走出去"，对其他金融科技服务提供商具有示范效应，有助于提升国家金融科技竞争力。

4.1.2.3　传统金融数字化转型加快，银行金融科技国际竞争力领先

在金融科技数智化阶段，以商业银行为主的传统金融机构不断深入发展金融科技，加快数字化转型。商业银行从主要与金融科技公司签订战略合作协议、共建实验室等早期合作业务形式逐步过渡到以自建金融科技子公司的形式发展金融科技，利用大数据、区块链和人工智能等新一代信息技术推进金融科技创新应用，构建内循环甚至外输出的金融科技生态（黄靖雯和陶士贵，2021）[79]，在满

---

① 资料来源于蚂蚁集团官网，https://www.antgroup.com/business-development?tab=globalization。
② 资料来源于腾讯金融科技官网，https://global.tenpay.com/?start_from=official_pc。

足自身数字化转型建设的同时能够凭借技术输出助力整个金融行业协同发展。商业银行不断增加信息科技资金投入①和科技人员力量，积极建设数据中心和金融科技创新中心，提升技术对金融的赋能，加速数字化转型，提升金融服务质效。表 4-3 梳理了我国银行系金融科技子公司的成立情况。自 2015 年 11 月兴业银行设立兴业数金以来，已有 19 家商业银行设立了金融科技子公司，其中国有大型商业银行 5 家、股份制商业银行 7 家、城市商业银行 4 家、农村金融机构 3 家。银行系金融科技子公司主要集中在上海（5 家）、北京（5 家）和深圳（3 家）等金融业较为发达的一线城市，有利于利用当地的资源禀赋优势，通过金融科技发展水平的提高促进区域金融创新中心建设，进而提升国家数字金融服务实力。

表 4-3　我国银行系金融科技子公司概览

银行性质	所属银行	金融科技公司	成立时间	注册资本（亿元）	注册地
国有大型商业银行	建设银行	建信金科	2018 年 4 月	16	上海
	工商银行	工银科技	2019 年 3 月	6	雄安
	中国银行	中银金科	2019 年 6 月	6	上海
	农业银行	农银金科	2020 年 7 月	6	北京
	交通银行	交银金科	2020 年 8 月	6	上海
股份制商业银行	兴业银行	兴业数金	2015 年 11 月	3.5	上海
	平安银行	金融壹账通	2015 年 12 月	12	上海
	招商银行	招银云创	2016 年 2 月	2.49	深圳
	光大银行	光大科技	2016 年 12 月	2	北京
	民生银行	民生科技	2018 年 4 月	2	北京
	华夏银行	龙盈智达	2018 年 5 月	0.21	北京
	浙商银行	易企银科技	2020 年 2 月	0.2	杭州
城市商业银行	北京银行	北银金科	2019 年 5 月	0.5	北京
	厦门国际银行	集友科技	2020 年 9 月	0.1	深圳
	廊坊银行	廊坊易达科技	2020 年 11 月	0.02	廊坊
	盛京银行	盛银数科	2021 年 7 月	0.1	沈阳

---

①　根据银保监会数据，银行业 2020 年的信息科技资金总投入达 2078 亿元，同比增长 20%。

续表

银行性质	所属银行	金融科技子公司	成立时间	注册资本（亿元）	注册地
农村金融机构	深圳农商行	前海金信	2016 年 5 月	0.21	深圳
	广西农信	广西桂盛金科	2020 年 12 月	0.12	南宁
	浙江农信	浙江农商数科	2020 年 12 月	1	杭州

资料来源：根据德勤 2022 年 4 月 27 日发布的《踔厉奋发 共向未来：中国银行业 2021 年发展回顾及 2022 年展望》报告和天眼查、爱企查等网站资料整理。

部分银行金融科技子公司定位于成为全球金融科技提供商，输出其较强的技术优势，为金融科技走出国门奠定基础，有助于提升我国金融业的全球竞争力。底层技术领域的创新尤其是金融科技突破发展瓶颈的关键，能够为金融科技企业参与国际竞争与合作提供领先的技术力量（中国互联网金融协会和毕马威，2021）[4]，在大国竞争中抢占重要位置。从国际竞争的角度看，我国银行在全球金融科技领域的竞争力占据重要位置，仅次于美国。根据中国社会科学院金融科技数据库测度的 2021 年全球百强银行金融科技指数，美国的银行在前 10 名中占据 7 席，中国的建设银行、工商银行和中国银行分别居于第二、第三位和第八位。

4.1.2.4 政策环境不断完善和优化，金融科技支持实体经济能力提升

自对 P2P 网贷的监管整顿以来，我国逐渐规范金融科技创新发展，在金融科技数智化发展阶段，多部门相继出台了发展规划和指导意见，金融科技在顶层设计、科技产业发展、金融业科技能力建设与数据应用以及市场秩序等方面的政策环境不断完善和优化，金融科技的金融服务功能更加凸显，金融业数字化和数字产业化水平逐渐提升，金融科技助力数字经济、科技金融、绿色金融、养老金融、数字普惠金融和农村金融等领域发展的实力更强，进一步增强服务实体经济能力。

在金融科技的顶层设计方面，中国人民银行两次出台金融科技阶段性发展规划，对不同时期的金融科技发展指明了方向。其中，2019 年 8 月出台的《金融科技（FinTech）发展规划（2019—2021 年）》，从顶层设计上首次对金融科技的发展进行了纲领性规划，引导金融机构合规健康发展金融科技，如探索设立金融科技子公司，在安全创新的前提下实现惠民利企，提升金融服务质效；2021 年

12 月进一步发布《金融科技发展规划（2022—2025 年）》，在第一版规划的基础上，更强调数据要素的全面释放和多维深度应用，对金融机构数字化转型提出了更高的要求，将金融科技从多点突破推向全面渗透的高质量发展阶段。

在科技产业发展方面，一方面陆续出台信息技术行业发展规划，促进行业发展。在金融科技数智化发展阶段，人工智能、云计算、区块链和大数据等新一代信息技术更替互联网技术成为核心技术力量，我国"十四五"规划将云计算等 7 项新一代信息技术作为数字经济重点产业发展，在新一代信息技术领域和产业发展层面陆续出台发展规划①，推动技术进步和数字产业化发展。另一方面通过税收优惠政策鼓励科技创新活动和金融科技企业发展，形成科技创新和金融创新的联动效应，如提高中小企业研发费用税前加计扣除比例，激励企业加大研发投入，对投资高科技公司的金融科技平台给予一定的税收优惠和奖励政策等。

在推动金融业科技能力建设以及促进金融业数字化转型和发展方面，中国银保监会办公厅在 2022 年 1 月 27 日发布的《关于银行业保险业数字化转型的指导意见》中提出，银行保险机构要提升业务经营和管理的数字化转型能力，推动产业数字金融，加强数据和科技等重要能力建设。证监会 2021 年 10 月发布的《证券期货业科技发展"十四五"规划》在行业的数字化转型以及金融科技的创新安全发展等方面做出规划。在金融业数据应用方面，国家数据局在 2024 年 1 月 4 日与多部门联合印发的《"数据要素 ×"三年行动计划（2024—2026 年）》中将数据要素在金融业发挥乘数效应作为重点任务之一推行，支持金融机构利用科技、消费、农业农村等一系列数据强化主体识别，优化金融服务，进一步增强服务实体经济能力。推进金融业数据的流通与共享，充分发挥金融科技与数据要素的驱动作用，在推动数字金融发展的同时有效提升风险防范水平。

在维护市场秩序方面，国务院在平台经济领域出台指导意见②，以激发市场活力、营造公平竞争的市场环境，促进平台经济规范健康发展。2021 年 12 月 14 日进一步发布《"十四五"市场监管现代化规划》，将优化营商环境、规范市场运行、构建现代化市场监管体系等列为重点发展任务。

---

①　主要包括《云计算发展三年行动计划（2017—2019 年）》（2017 年 3 月 30 日）、《新一代人工智能发展规划》（2017 年 7 月 8 日）、《"十四五"信息通信行业发展规划》（2021 年 11 月 1 日）、《"十四五"大数据产业发展规划》（2021 年 11 月 15 日）、《"十四五"软件和信息技术服务业发展规划》（2021 年 11 月 15 日）和《"十四五"机器人产业发展规划》（2021 年 12 月 21 日）等。

②　2019 年 8 月 8 日，国务院办公厅发布《关于促进平台经济规范健康发展的指导意见》。

4.1.3　中国金融科技监管框架与关键领域的监管制度演进

4.1.3.1　金融监管体系调整，融合机构、功能与行为监管

2022 年 1 月 12 日，国务院发布《"十四五"数字经济发展规划》，在"强化数字经济安全体系"部分提出"坚持金融活动全部纳入金融监管，规范数字金融有序创新"。2023 年 10 月，召开的国家金融工作会议再次强调"全面加强金融监管，依法将所有金融活动全部纳入监管"。根据 2023 年 3 月国务院发布的《党和国家机构改革方案》，逐步形成了"一委一行一局一会"的中央统筹、央地双层协调的金融监管格局。其中，中央金融委员会是党中央决策议事协调机构，负责金融稳定和发展的顶层设计、统筹协调、整体推进、督促落实，研究审议金融领域重大政策、重大问题等，将 2017 年 11 月成立的金融稳定发展委员会并入。中国人民银行主要负责货币政策制定和执行以及宏观审慎管理。国家金融监督管理总局在原银保监会的基础上组建，统一负责除证券业之外的金融业监管，加强基于实体、行为和功能的监管原则，强化穿透监管和持续监管，统筹负责金融消费者权益保护。中国证券监督管理委员会（以下简称"证监会"）负责证券业的监管和企业债券发行审核。

2023 年 3 月改革后的金融监管体系加强了党对金融工作的集中统一领导，强化宏观审慎监管和系统性金融风险防范，集中微观金融监管资源，实现金融业务监管全覆盖，融合了基于实体、功能和行为等监管理念，有助于避免监管真空、监管不足和监管重叠，比改革前的"一行两会"监管格局更能适应混业经营现实，中央金融委员会的设立有助于从纵向和横向上分别统筹促进央地之间以及不同监管机构之间的监管协调。改革文件要求争取到 2024 年底完成央地两级改革，目前机构改革方案已经基本完成。

在以上中央统筹、央地双层协调的金融监管框架之外，在地方层面，主要由地方金融监管局负责对"7+4 类地方金融组织"的属地监管，具体包括小额贷款公司、融资担保公司、区域性股权市场、典当行、融资租赁公司、商业保理公司和地方资产管理公司等 7 类机构以及各类交易场所、开展信用互助的农民专业合作社、投资公司和社会众筹机构等 4 类机构。此外，银行业协会、保险业协会、证券业协会、典当业协会等行业自律组织分别负责所属行业的自律规范。

4.1.3.2 金融科技监管框架

自金融科技发展早期的互联网金融阶段开始，我国逐渐探索金融科技的监管框架并逐步完善，监管主要基于"一行一局一会"三类核心金融监管机构，顶层设立中央金融委员会和金融科技委员会负责监管统筹和协调，行业协会推动自律规范，详情如表 4-4 所示。

表 4-4 我国金融科技监管框架

机构性质	监管机构	监管职责或监管业态	来源或说明
顶层设计委员会	中央金融委员会	金融稳定和发展的顶层设计、统筹和监督，金融领域重大政策、重大问题审议等	2023 年 3 月国务院印发的《党和国家机构改革方案》
	中国人民银行金融科技委员会	金融科技研究，战略规划与政策指引，监管科技应用等	2017 年 5 月中央银行成立
核心监管机构	中国人民银行	互联网支付	《关于促进互联网金融健康发展的指导意见》和《党和国家机构改革方案》
	中国证券监督管理委员会	股权众筹，互联网基金	
	国家金融监督管理总局	互联网贷款，互联网信托，互联网消费金融，互联网保险，金融控股公司，金融消费者保护	
行业协会	互联网金融协会、金融科技协会、数字金融协会	行业研究，推动金融领域的技术应用，金融科技生态圈打造，业内交流合作和信息资源共享平台搭建，行业自律规范，政策法规宣教，从业人员培训和教育等	国家级、省级和部分市级协会

资料来源：在黄靖雯和陶士贵（2023）[343] 的基础上，结合相关部门的公开资料整理所得。

2015 年 7 月，中国人民银行等九部门联合印发《关于促进互联网金融健康发展的指导意见》，鼓励金融创新，促进互联网金融健康发展，初步明确监管责任。2017 年 5 月成立金融科技委员会，加强金融科技研究，协调金融科技监管，并于 2019 年和 2021 年相继发布金融科技指导性规划，逐步促进金融科技高质量稳步发展。2023 年 3 月，中共中央、国务院印发的《党和国家机构改革方案》对金融监管机构以及部分职能进行了调整。综合来看，中国人民银行金融科技委员会负责统筹金融科技的研究、战略规划与政策指引，以及监管科技应用等金融科技监管推进；中国人民银行主要负责监管包括移动支付和第三方支付在内的互联网支付（Amstad et al., 2019）[342]；国家金融监督管理总局（以下简称金融监管总局）承袭银保监会职能，负责互联网贷款、互联网信托、互联网消费金融、互联网保险和金融控股公司等业态和实体的监管以及金融消费者保护；证监会负责众筹、互联网基金等业态的监管，从 2020 年起分设科技监管局，负责证券期货业金融科技发展、监管科技、数据和信息化体系建设等。在行业协会方面，构建了国家级、省级和部分市级的互联网金融协会、金融科技协会和数字金融协会，开展行业研究，推动金融领域的技术应用，打造金融科技生态圈，助力经济金融数字化发展，搭建业内企业交流合作和信息资源共享平台，促进行业自律规范，宣教政策法规，对从业人员进行培训和教育等。

4.1.3.3　金融科技关键领域的监管制度演进

我国对金融科技领域的监管融合了机构监管、功能监管和行为监管，体现了宏观审慎监管和微观审慎监管的结合，秉承持牌经营原则，金融科技监管的范畴逐渐从金融科技业务与实体领域扩大到更广泛的监管工具创新、合作业务、市场竞争、金融业科技应用、金融消费者保护以及数据、网络安全和个人信息保护等关键领域，金融监管机构与国家数据局、市场监管局、网信办、工信部和公安部等主管部门的监管合作逐渐加强，金融科技监管的协同治理生态逐渐形成。表 4-5 对我国金融科技关键领域的主要监管制度进行了梳理。

表 4-5　我国金融科技关键领域的监管制度

关键领域	部门	监管制度（工具）与施行时间
金融科技创新监管	央行等	《关于开展金融科技应用试点工作的通知》（2018 年 12 月 14 日）
	中国人民银行	2019 年 1 月首次在北京开展监管沙盒试点 2020 年 10 月 21 日，发布《金融科技创新应用测试规范》《金融科技创新安全通用规范》和《金融科技创新风险监控规范》；2020 年 12 月出版《中国金融科技创新监管工具白皮书》
	证监会	2018 年 8 月 31 日印发《监管科技总体建设方案》 2021 年 3 月首次在北京开展资本市场金融科技创新试点

续表

关键领域	部门	监管制度（工具）与施行时间
金融科技细分业态与合作业务	金融监管总局	《商业银行互联网贷款管理暂行办法》（2020年7月12日）、《关于加强小额贷款公司监督管理的通知》（2020年9月7日）、《互联网保险业务管理办法》（2021年2月1日）、《关于防范以"元宇宙"名义进行非法集资的风险提示》（2022年2月18日）
	中国人民银行	《互联网金融从业机构反洗钱和反恐怖融资管理办法（试行）》（2019年1月1日）、《非银行支付机构客户备付金存管办法》（2021年3月1日）、《征信业务管理办法》（2022年1月1日）、《非银行支付机构监督管理条例》（2024年5月1日）
	中国人民银行等	《关于防范代币发行融资风险的公告》（2017年9月4日）、《网络小额贷款业务管理暂行办法（征求意见稿）》（2020年11月2日）、《关于进一步防范和处置虚拟货币交易炒作风险的通知》（2021年9月15日）、《金融产品网络营销管理办法（征求意见稿）》（2021年12月31日）、《金融基础设施监督管理办法（征求意见稿）》（2022年12月14日）
	证监会	《关于进一步规范货币市场基金互联网销售、赎回相关服务的指导意见》（2018年6月1日）
	国务院	《关于进一步优化支付服务提升支付便利性的意见》（2024年3月7日）
互联网平台的审慎监管	国务院	《国务院关于实施金融控股公司准入管理的决定》（2020年11月1日）
	中国人民银行	《金融控股公司监督管理试行办法》（2020年11月1日）、《金融控股公司董事、监事、高级管理人员任职备案管理暂行规定》（2021年5月1日）、《金融控股公司关联交易管理办法》（2023年3月1日）
反垄断与反不正当竞争	国务院	《关于平台经济领域的反垄断指南》（2021年2月7日）
	中央全面深化改革委员会	《关于强化反垄断深入推进公平竞争政策实施的意见》（2021年8月30日）
	人大	《中华人民共和国反垄断法》（修正，2022年8月1日）
	市场监管总局起草	《中华人民共和国反不正当竞争法（修订草案征求意见稿）》（2022年11月22日）
金融业科技应用与数据能力建设	中国人民银行	《金融业数据能力建设指引》（2021年2月9日）、《人工智能算法金融应用评价规范》（2021年3月26日）、《金融领域科技伦理指引》（2022年10月9日）
	金融监管总局	《银行保险机构信息科技外包风险监管办法》（2021年12月30日）
	证监会	《证券期货业软件测试规范》（2019年9月30日）、《证券期货业网络和信息安全管理办法》（2023年5月1日）
	证券业协会	《证券公司网络和信息安全三年提升计划（2023—2025）（征求意见稿）》（2023年1月）

续表

关键领域	部门	监管制度（工具）与施行时间
金融业科技应用与数据能力建设	金融监管总局	《中国银保监会 国家互联网信息办公室 工业和信息化部 市场监管总局关于规范"银行"字样使用有关事项的通知》（2022年11月7日）
	互联网金融协会	《金融数据资产管理指南》等9项团体标准（2023年11月24日）
金融消费者权益保护	人大	《中华人民共和国证券法》投资者保护章节（修正，2020年3月1日）
	中国人民银行	《金融消费者权益保护实施办法》（2020年11月1日）
	金融监管总局	《银行保险机构消费者权益保护管理办法》（2023年3月1日）
数据安全、网络安全与信息保护	人大	《中华人民共和国网络安全法》（2017年6月1日，2022年9月发布修改征求意见稿）、《中华人民共和国数据安全法》（2021年9月1日）、《中华人民共和国个人信息保护法》（2021年11月1日）、《中华人民共和国反电信网络诈骗法》（2022年12月1日）
	国务院	《关键信息基础设施安全保护条例》（2021年9月1日）
	网信办	《区块链信息服务管理规定》（2019年2月15日）、《网络信息内容生态治理规定》（2020年3月1日）、《互联网用户账号信息管理规定》和《移动互联网应用程序信息服务管理规定》（2022年8月1日）、《数据出境安全评估办法》（2022年9月1日）、《个人信息出境标准合同办法》和《网信部门行政执法程序规定》（2023年6月1日）
	网信办等	《常见类型移动互联网应用程序必要个人信息范围规定》（2021年5月1日）、《网络安全审查办法》（2022年2月15日）、《互联网信息服务算法推荐管理规定》（2022年3月1日）、《关于实施个人信息保护认证的公告》（2022年11月4日）、《关于进一步规范移动智能终端应用软件预置行为的通告》（2023年1月1日）、《互联网信息服务深度合成管理规定》（2023年1月10日）
	国家标准化管理委员会等	就《信息安全技术 重要数据处理安全要求》《信息安全技术 大型互联网企业内设个人信息保护监督机构要求》《信息安全技术 数据交易服务安全要求》等7个国家标准公开征求意见（2023年8月）

注：部分法规政策为征求意见稿，尚未发布正式版本，标注时间为征求意见稿的发布时间。2023年3月机构改革方案发布后，银保监会已经逐步改组为国家金融监督管理总局，下文的分析中相关政策的发布时间在改组前的仍然使用银保监会表述，发布时间在改组后的，使用金融监管总局表述。

资料来源：在黄靖雯和陶士贵（2023）[343]的基础上，结合相关部门的公开资料整理所得。

在金融科技创新监管方面，为构建适应金融科技高质量发展要求的创新监管机制，利用技术手段提升监管效能，提升数字金融服务水平，平衡创新与风险，我国监管部门逐步加强监管科技研究与规划，开展金融科技应用试点工作，推出中国版金融科技监管沙盒试点。中国人民银行于 2019 年 1 月在北京启动金融科技应用试点 ①，允许金融科技项目在适当范围内入箱测试，监管部门监控测试过程并进行评估，主要征集持牌金融机构和金融监管部门承办的项目，2020 年 1 月，第一批共 6 个试点项目正式启动。2020 年 10 月，中国人民银行出台了《金融科技创新应用测试规范》《金融科技创新安全通用规范》和《金融科技创新风险监控规范》三项测试标准，2020 年 12 月出版《中国金融科技创新监管工具白皮书》，逐渐健全金融科技创新监管工具设计，将科技公司、安全评估和风险监测机构以及自律组织等纳入试点范围。2021 年 3 月，证监会首次在北京开展资本市场金融科技创新试点，2021 年 12 月 30 日，第一批共 16 个试点项目正式启动。

在金融科技细分业态与合作业务方面，将非金融支付机构、互联网贷款、互联网保险、小额贷款公司与网络小贷业务、金融基础设施、反洗钱、虚拟货币交易炒作、个人信用信息服务和金融产品网络营销等实体、业务和行为逐步纳入监管，融合了机构监管、功能监管和行为监管理念。其中，银保监会相继出台了关于商业银行和保险机构等传统金融机构开展（含与第三方机构合作开展）的互联网贷款和互联网保险业务的管理办法。对于小额贷款公司和业务的监管，银保监会于 2020 年 9 月 7 日发布的《关于加强小额贷款公司监督管理的通知》，业务管理的具体规定《网络小额贷款业务管理暂行办法（征求意见稿）》正在制定过程中。完善非金融支付机构的监管制度，在《非金融机构支付服务管理办法》的基础上，研究制定《非银行支付机构监督管理条例》，提升业务监管的法规层级，以适应支付服务市场的快速发展。研究发布《金融基础设施监督管理办法（征求意见稿）》，加强对金融基础设施运营机构的统筹监管。推进对互联网平台与金融机构合作开展的主要金融业务的监管，在《征信业务管理办法》中纳入客户个人信用信息服务，在金融产品网络营销方面，正在建立系统、统一的管理制度，规范金融产品网络营销行为，从源头环节加强对金融机构和互联网平台企业的监管。另外，在逐步规范各细分业务监管的同时，根据市场应用实际情况适时调整引导，更好地满足金融服务为民的要求。如国务院在 2024 年 3 月 7 日发布的《关于进一步优化支付服务提升支付便利性的意见》中对满足移动支付使用不便

---

① 北京市金融科技应用试点项目申报指南［EB/OL］.（2023-03-24）. http://beijing.pbc.gov.cn/beijing/132024/3740628/index.html.

的人群多样化的支付需求提出指导意见，进一步优化支付环境，完善多层次的支付服务，更好地保障消费者的支付选择权。

互联网平台企业基于线上生态模式、用户和数据等优势通过参控股金融机构或与其合作从事金融业务，部分大科技平台具有系统重要性，监管部门基于宏观审慎考虑将大型科技企业通过其所有金融子公司进行的活动纳入监管，在市场准入、公司治理、风险管理、高管人员和关联交易等方面陆续进行了规范。2020年国务院和中国人民银行分别发布并实施《国务院关于实施金融控股公司准入管理的决定》和《金融控股公司监督管理试行办法》，对金融服务中具有重大利益的大型非金融公司提出了基于实体的基础监管框架，要求大型科技企业重组其金融业务，即符合条件的持有两类或两类以上金融机构的实体必须以金融控股公司的形式进行架构和许可，体现了大型科技企业通过控股金融类公司进行的活动需要受到全面监督的理念，具体在金融控股公司的设立与许可、公司治理、风险管理和监督等关键环节提出了监管要求。2021年5月对上市公司董事、监事和高级管理人员启动任职备案管理，2023年3月起将关联交易纳入监管。

对于金融科技领域中平台经济存在的垄断和不正当竞争等突出问题，我国逐步加强了反垄断规制和竞争合规管理责任。2021年2月7日，国务院反垄断委员会印发了《关于平台经济领域的反垄断指南》，对互联网平台经济健康有序发展进行了规范。2021年8月30日，中央全面深化改革委员会审议通过《关于强化反垄断深入推进公平竞争政策实施的意见》，提出顶层设计和战略方向。2022年8月1日起，修正后的《中华人民共和国反垄断法》施行，将平台经济的垄断行为规制上升到法律层级，提出健全公平竞争审查制度，以强化竞争政策的基础地位，对经营者利用数据和算法、技术、资本优势以及平台规则等从事的垄断行为进行了法律约束。2022年11月22日发布的《中华人民共和国反不正当竞争法（修订草案征求意见稿）》对平台经营者加强竞争合规管理进行了规定。

在金融业科技应用与数据能力建设方面，金融监管部门在软件测试、数据能力建设、人工智能算法应用规范和科技伦理等方面陆续出具标准化指引文件，指导金融机构科技能力规范化建设。在金融业科技应用的安全性方面，对可能带来的信息科技外包风险以及网络和信息安全风险出台了相应的监管办法，针对证券业制定阶段性的网络和信息安全提升计划，加强对金融业词汇的网络误用和滥用的规范化治理，如利用互联网平台违法使用"银行"等需持牌照受监管的机构才能使用的字眼作为市场经营主体名称。互联网金融协会发布《金融数据资产管理指南》等 9 项团体标准，在金融业数据资产管理与安全技术防护、移动金融客户端上架与设计以及网上银行服务的安全应用等领域提供了操作指南。

在金融消费者权益保护方面逐渐出台相关法规予以规范。《中华人民共和国证券法》在投资者保护章节对证券业投资者保护进行了规定；中国人民银行在《金融消费者权益保护实施办法》中对银行业金融机构和非银行支付机构领域的金融消费者权益保护进行了规定；银保监会在《银行保险机构消费者权益保护管理办法》中对银行业金融机构和信托、消费金融、汽车金融、理财公司等非银行金融机构的消费者权益保护进行了规定。在以上监管制度之外，2023 年 10 月，金融监管总局、中国人民银行、证监会联合发布金融消费者权益保护典型案例，通过银行、证券、保险和支付等领域的个体案例以点带面，规范经营中的消费者权益保护行为。

对于金融科技发展衍生的数据安全、网络安全和信息保护等数据治理问题，我国逐渐构建数据治理法规框架，探索数据治理的域外适用效力，主要由国家网信部门负责监管。其中，在数据治理法规框架方面，我国在网络安全、数据安全、个人信息保护和反电信网络诈骗方面陆续立法；在关键信息基础设施安全保护、网络安全审查、互联网信息服务及其算法推荐与深度合成、移动互联网应用程序信息服务、区块链信息服务、网络信息内容生态治理和互联网用户账号信息等方面出台管理规定，对金融科技领域涉及的主要信息服务类型及其技术使用与必要的个人信息范围进行了规范；出台《数据出境安全评估办法》，实施个人信息保护认证，规范个人信息出境活动。2023 年 8 月起，由国家标准化管理委员会牵头制定信息安全技术领域的多项国家标准，其中对有重要影响的大型互联网企业的个人信息保护提出了专门要求。

在数据治理法规的域外适用方面，鉴于数据与网络信息的跨境流动特点，我国在数据治理立法中设定了域外适用效力。其中，2017 年 6 月实施的《网络安全法》基于属地原则适用于在境内使用网络的行为，部分条款对境外网络行为进行了规制，如第 50 条规定我国网络信息安全监督管理部门对来源于境外的有害信息可采取技术等措施进行阻断，第75条规定对境外机构和个人威胁我国关键信息基础设施的行为可以采取资产冻结和制裁措施。2021年9月实施的《数据安全法》首次纳入境外数据处理活动。2021年11月实施的《个人信息保护法》兼具属地和属人原则，在第3条将适用范围扩展到在境外处理境内自然人信息的两类活动，包括"以向境内自然人提供产品或者服务为目的"与"分析、评估境内自然人的行为"。

4.2 金融稳定的特征事实

中国将金融稳定作为经济健康有序发展、保障国家安全的长效机制，目前已推动金融稳定立法[①]。金融稳定监管职能主要由中国人民银行及其分支机构执行，以防范与化解系统性金融风险作为根本任务，主要从宏观经济、金融机构、金融基础设施与生态环境等方面持续关注可能引起金融不稳定的风险以及能够助力金融稳定的基础设施和生态体系建设，在监管过程中基于经济发展、金融运行与金融生态环境等一系列指标体系对金融稳定进行综合评估以监测金融稳定波动。本书以中国省级层面数据为研究样本，因此主要对省级层面金融稳定的特征事实进行阐述。

在宏观经济运行方面的关注主要包括：地区生产总值和增长率等经济总体运行平稳情况；消费品整体市场与物价水平、固定资产投资、进出口和实际利用外资等对外经济的增长情况；财政收支整体规模变动与资源投入分配情况；宏观杠杆率以及经济转型升级可能产生的结构性矛盾与风险；房地产市场销售与开发投资情况；就业、城镇与农村可支配收入水平变化等。

在金融机构稳定性评估方面，主要关注银行、保险和证券三类机构的运行平稳情况与可能的风险点。对银行业的关注主要包括资产负债总体规模与增长，净利润与资产利润率等盈利水平，资本充足率、存贷比、不良贷款率和拨备覆盖率等稳健经营情况，资产管理和理财等表外业务规模，信贷结构在不同行业的分布

[①] 2023年3月启动金融监管机构改革，由中央金融委员会统筹金融稳定的顶层设计，《中华人民共和国金融稳定法》已通过全国人大第一次审议，维护金融稳定即将上升到法律层面。

与实体经济支持情况，中小法人银行的经营管理与风险隐患等。对证券业的关注主要包括证券业和期货业总资产、净资本、营业收入和净利润等经营指标；上市公司整体数量、市值规模以及营业收入和净利润等经营指标；资本市场服务实体经济能力等。对保险业的关注主要包括保险业总资产与增长、总体保费收入以及人身险和财产险保费收入增长情况；农业保险和信用保险等保险服务实体经济力度；保险深度、保险密度和保险赔付支出增长情况；产业扶贫保险、大病保险等各类风险保障水平建设等。

在金融基础设施与生态环境方面，主要关注支付体系、信用环境、反洗钱、金融司法环境以及金融消费权益保护。对支付体系的关注主要包括支付体系整体业务规模；支付清算系统的安全与效率；移动支付覆盖率与渗透率；农村普惠金融服务等支付环境优化情况等。对信用环境的关注主要包括自然人征信、中小企业信用档案等社会信用体系推进情况；农户与建档立卡贫困户的信用档案建立、普惠金融信用镇与信用村等农村信用体系建设情况；信用激励与信用惩戒等信用法规制度建立情况。对反洗钱的关注主要包括资金监测、洗钱风险评估、反洗钱监管检查与处罚等方面，发挥防范金融风险与维护国家安全的积极作用。对金融司法环境的关注主要包括金融审判机制、纠纷解决机制、行政执法规范以及普法宣传等方面。对金融消费权益保护的关注主要包括金融消费者投诉咨询渠道的畅通性、中国人民银行对受理消费者投诉的办结率以及金融知识的宣教和普及等。

4.3　金融科技定量评估

4.3.1　金融科技度量方法的选定依据与说明

现有实证研究中关于中国区域金融科技发展水平的度量方法主要有五种（见图 4-1），按照时间顺序梳理如下：一是通过对百度新闻的文本挖掘方法对互联网金融指数的构建，以沈悦和郭品（2015）[344]为开端，此后使用同样的方法构建金融科技指数的文献均是基于此文献中的方法，如汪可等（2017）[87]和李春涛等（2020）[60]等；二是用北京大学数字普惠金融指数作为金融科技的代理变量，以邱晗等（2018）[81]为开端，在现有文献中广泛使用；三是使用百度搜索指数合成金融科技指数，以盛天翔和范从来（2020）[34]为代表；四是以金融科技中发展相对火热的某一业态的交易情况为代表，如第三方支付规模（战明华等，2020）[345]或 P2P 网贷的交易额及成交量（张红伟等，2020）[346]；五是以地区金融科技公司数量为金融科技的代理变量，以宋敏等（2021）[57]为开端。本书主要采用第二种衡量方法，使用我国省级层面的数字普惠金融总指数作为金融科技的代理变量。

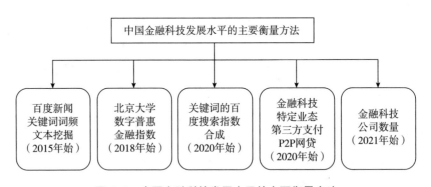

图 4-1　中国金融科技发展水平的主要衡量方法

资料来源：笔者绘制。

　　首先，基于以上五种金融科技度量方法的对比选定，其中，第一种文本挖掘方法是基于金融功能观视角选择的属于金融科技范畴的关键词，然后基于这些关键词在百度新闻或知网报纸数据库（李淑萍和徐英杰，2020）[347]中出现的频次计算得出金融科技指数。第二种方法主要是从金融科技消费方的角度，基于蚂蚁金服的底层数据，涵盖了覆盖广度、使用深度和数字化程度三个发展维度。其中，使用深度这一维度的二级指标构建基于金融功能观理论视角从支付、货币基金、信贷、保险、投资和信用使用六个方面来度量（郭峰等，2020）[313]，其能反映的金融科技服务的触达性更强，更能代表金融科技的实际发展水平。第三种方法是使用代表金融科技关键词的百度搜索指数合成金融科技指数。使用第一种和第三种方法测度的金融科技指数可能更倾向于代表金融科技的媒体或大众关注热度，被新闻报道或被搜索的关键词所包含的情感导向（积极的或是消极的）无法从最终测度结果中体现，并且新闻报道可能存在扩大宣传说辞及其他具有较强主观性的内容（李志辉等，2024）[296]，选取的关键词词库即使及时更新也可能无法穷尽金融科技的快速发展内涵（王靖一和黄益平，2018）[348]，这些都可能导致最终测度结果无法客观真实地反映和追踪金融科技的实际发展水平。换言之，金融科技发展水平的测度指标以现实的金融科技服务提供方或金融科技消费方的客观数据作为支撑可能更加准确。第四种方法是以金融科技部分业态发展代表总体，虽然典型业态的发展可以在一定程度上代表金融科技发展水平，国外文献也常以 P2P 网贷交易数据作为金融科技的代理变量，不过我国 P2P 网贷的实际发展并非严格意义上的点对点借贷，存在平台自融、建立资金池、提供担保等行业乱象，行业发展因此受到国家大力整顿，平台纷纷退出或转型，并且在数据可得性方面，无法获取完整的样本期间数据，所以不适合作为金融科技的代理变量。第五种方法以金融科技行业内公司数量作为行业发展的代理变量，可能不一定能够真实反映行业发展水平。

其次，从概念上看，前文对金融科技内涵和演进历程的分析表明，金融科技和数字金融的概念相差甚微，其金融功能和发展所需的信息技术属性基本相同。金融科技提供的数字金融服务能够触达大量长尾客户，天生具有普惠的性质。

再次，从指数本身的特点看，北大数字普惠金融指数的构建主要使用蚂蚁金服旗下的支付宝用户数据，支付宝在中国有 8 亿多的用户规模，能够从海量用户层面真实反映金融科技各方面的实际发展水平，可信度较高。该指数包含了金融科技的发展广度、科技在金融各领域中的深度应用以及金融科技促进普惠金融数字化发展等方面，较为全面地描绘了金融科技发展图景，能够反映一个地区的金融科技发展水平，并且可以使用金融科技发展的不同维度与业务领域指数从多角度研究金融科技对金融稳定的影响。

最后，该指数具有较好的时间连续性，可公开获取，能够为金融科技领域的实证研究提供持续的有力支撑，目前在金融科技的相关实证研究中应用非常广泛。自邱晗等（2018）[81] 使用该套指数衡量金融科技发展水平开始，越来越多的研究者参照使用，大量研究将该指数应用到了金融科技发展水平的衡量上，其中不乏经济和管理类顶级期刊刊载的文献，说明在学术界用该指数衡量区域金融科技发展水平已具备了广泛的使用度和接受度。

综上所述，将省级层面的北京大学数字普惠金融指数作为金融科技的代理变量。另外，在稳健性检验部分采用第五种衡量方法，使用金融科技公司数量作为金融科技的代理变量。

4.3.2 金融科技评估指标体系

金融科技指数使用北大数字普惠金融指数衡量，评估指标和评估方法出自郭峰等（2020）[313]，从金融科技覆盖广度、金融科技使用深度和普惠金融数字化程度（以下简称数字化程度）三个维度选取指标，金融科技评估指标体系如表4-6所示，具体评估步骤见郭峰等（2020）[313]。

表4-6　金融科技评估指标体系

一级指标	二级指标		三级指标
覆盖广度	账户覆盖率		每万人拥有支付宝账号数量
			支付宝绑卡用户比例
			平均每个支付宝账号绑定银行卡数
使用深度	支付业务		人均支付笔数
			人均支付金额
			高频度（年活跃50次及以上）活跃用户数占年活跃1次及以上比重
	货币基金业务		人均购买余额宝笔数
			人均购买余额宝金额
			每万支付宝用户购买余额宝的人数
	信贷业务	个人消费贷	每万支付宝成年用户中有互联网消费贷的用户数
			人均贷款笔数
			人均贷款金额
		小微经营者	每万支付宝成年用户中有互联网小微经营贷的用户数
			小微经营者户均贷款笔数
			小微经营者平均贷款金额
	保险业务		每万支付宝用户中被保险用户数
			人均保险笔数
			人均保险金额

续表

一级指标	二级指标	三级指标
使用深度	投资业务	每万支付宝用户中参与互联网投资理财人数
		人均投资笔数
		人均投资金额
	信用业务	自然人征信人均调用次数
		每万支付宝用户中使用基于信用的服务用户数（包括金融、住宿、出行、社交等）
普惠金融数字化程度	移动化	移动支付笔数占比
		移动支付金额占比
	实惠化	小微经营者平均贷款利率
		个人平均贷款利率
	信用化	花呗支付笔数占比
		花呗支付金额占比
		芝麻信用免押笔数占比（较全部需要押金情形）
		芝麻信用免押金额占比（较全部需要押金情形）
	便利化	用户二维码支付的笔数占比
		用户二维码支付的金额占比

资料来源：郭峰等（2020）[313]。

4.3.3　金融科技指数的描述性统计分析

为分析金融科技对金融稳定的影响，使用金融科技总指数（FT）为核心解释变量，考察金融科技发展对金融稳定的影响效应，使用覆盖广度（$coverage$）、使用深度（$usage$）和数字化程度（$digitization$）三个一级发展维度指数，以及支付、保险、货币基金、投资、信贷和信用等不同业务领域指数，分别考察金融科技不同发展维度和不同业务领域对金融稳定的结构性影响。为直观观察金融科技发展水平的演变，同时便于观察下文实证研究中部分回归结果所述金融科技指数拐点值的大致出现期间，对金融科技各指数进行描述性统计分析。

图 4-2 绘制了 2011~2021 年金融科技总指数和三个一级发展维度指数均

值的时间趋势，可以看出，金融科技发展总体上呈上升态势，其中金融科技总指数与金融科技覆盖广度指数上升趋势平稳，金融科技使用深度指数在上升中略有波动，数字化程度指数的波动幅度最大，在2015年到达顶峰后开始急剧下降，从2018年开始逐渐缓慢回升，至2021年小幅超出2015年的历史峰值水平。

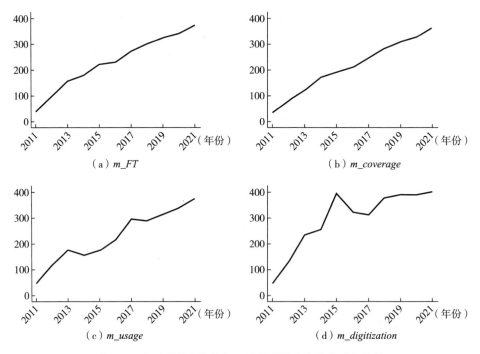

图4-2　金融科技总指数与不同发展维度指数的时间趋势

注：纵坐标分别表示对应金融科技指数的年度均值。
资料来源：笔者绘制。

图4-3进一步绘制了2011~2021年金融科技使用深度项下不同业务领域指数均值的时间趋势图，具体包括支付指数（*payment*）、保险指数（*insurance*）、货币基金指数（*mon_fund*）、投资指数（*invest*）、信贷指数（*credit*）和信用指数（*credit_inv*）。可以看出，金融科技使用深度项下不同业务领域指数均值总体上呈上升态势，其中支付指数和信用指数的波动幅度最小，且上升幅度较快；保险指数的波动幅度最大，上升幅度最小；投资指数与信贷指数在前期波动中上升，后

期上升趋势明显加快；货币基金指数在 2017 年以前快速上升，在 2018 年大幅
下降。

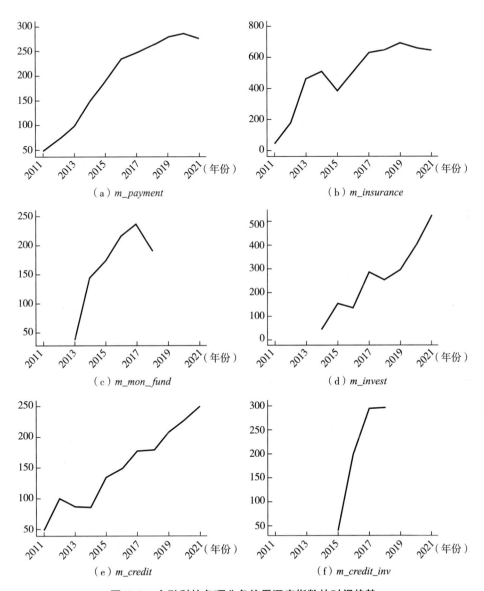

图 4-3　金融科技各项业务使用深度指数的时间趋势

注：纵坐标分别表示金融科技各项业务使用深度指数的年度均值。

资料来源：笔者绘制。

4.4　金融稳定定量评估

4.4.1　金融稳定评估框架的选定依据与评估流程

4.4.1.1　金融稳定评估概述与评估框架的选定依据

金融稳定的评估方法主要分为早期预警系统、压力测试和综合指数法三种（郭红兵和杜金岷，2014）[349]。其中，构建综合指数法一般被视为前两者的补充（Albulescu，2010）[350]，是在一定框架内选取一系列基础指标通过一定的方法合成总指数，该方法相对较新，可实现金融稳定的动态监测，目前应用较为广泛（梁永礼，2016[351]；Creel et al.，2015[352]）。此外，部分研究用是否发生金融危机、银行Z值（衡量银行破产风险）或不良贷款率（衡量资产质量）等代表银行稳定的指标来代替金融稳定，前者主要用于国别样本的实证，后者围绕单机构选取或测度指标以代表金融稳定的做法可能稍显简化，不如综合指数法反映的信息全面，并且我国的金融体系以商业银行间接融资为主，处在强监管和政府隐形担保的环境下，银行破产的概率甚微（沈悦等，2020[155]；张曾莲和王莹，2021[353]）。因此，选取在各国实践应用广泛和学术研究中参考较多的具有一定代表性的金融稳定综合评估框架进行说明，由于评估实施主体、评估对象范围和研究角度的不同，以及学者对金融稳定的理解差异，不同文献构建的金融稳定框架体系虽略有不同，但都主要涵盖了宏微观层面的经济金融指标。

20世纪90年代末期国际金融危机之后，如何评估金融体系脆弱性受到国际大多数国家的关注，IMF会同七国集团等其他组织和机构试图从构建金融体系的健康性和稳定性指标（即广义上的宏观审慎指标）的角度评估金融体系稳健性，以对金融危机进行预警。考虑到全面性，宏观审慎评估不仅应包含反映宏微观两方面（宏观经济和金融机构层面）的定量评估指标，还应考虑法制、监管、会计准则计量等方面不易量化的定性指标。其中，在定量方面，宏观层面主要是与金融体系稳健性有关的宏观经济变量，即影响金融体系的宏观经济因素；微观层面主要是汇总自反映单个金融机构健康性的微观审慎指标，即汇总微观审慎指标，常用的是资本充足率、资产质量、管理稳健性、收益性、流动性和市场敏感度六个指标，即"骆驼评级"（CAMELS）框架（国际货币基金组织，2001）[354]。IMF和世界银行在1999年联合启动的"金融部门评估规划"（FSAP）项目即主要从宏观经济和汇总微观金融机构两个方面着手评估一国（地区）的金融稳健性（脆弱性），为提高金融体系稳定性提供参考，该项目还涉及金融监管评估和基础设施评估，其中银行业金融机构的稳健性评估指标即借鉴 CAMELS 框架，FSAP 评估框架经过不断地发展和完善，已成为国际广泛使用的金融稳定评估标准。其中，中国于 2009 年启动 FSAP 评估，中国人民银行对区域金融稳定的评估框架也借鉴于此。

总体来说，国外广泛应用的金融稳定评估框架纳入了宏微观层面的指标。学术界文献对金融稳定的评估内容也大致趋同，在构建金融安全和金融风险等指数时也是在宏观层面构建指标的基础上（陈守东等，2006[355]；何德旭和娄峰，2012[356]），在之后的金融稳定指标构建的研究中纳入了衡量金融机构经营状况的指标，其中以银行类指标为代表，如不良贷款率、资本充足率和流动性比率等反映银行系统风险的指标（Petrovska and Mihajlovska，2013[357]；Morris，2010[358]），对于证券业和保险业指标较少有文献纳入研究。

从金融稳定评估的区域性来看，已有文献对全国层面的金融稳定研究较多，但对省级等区域层面的金融稳定评估较少，代表性的文章是 2005 年易传和与安庆卫[359]对我国区域金融稳定的评价研究，最近的文献对省级的季度金融稳定水平进行了评估（王劲松等，2023）[360]，但均未考虑金融生态环境与基础设施层面的指标。省级金融稳定是结合了地方区域特性的金融稳定，区域金融稳定的内涵不仅包括地方宏观经济和金融业稳健运行，还包括金融基础设施和金融生态环境不断优化，防范和化解金融风险的能力不断增强（文洪武，2011）[361]。

4.4.1.2　地区金融稳定指标框架与评估流程

综合以上分析，地区金融稳定评估总体框架应综合考虑宏观审慎与微观审慎层面的指标以及金融基础设施和金融生态环境层面的指标。在宏观审慎层面，良好的宏观经济运行无疑是地区金融稳定的重要保障与先行条件。而从客观实际来看，一个地区的宏观经济指标会不可避免地产生波动，这时就需要结合微观审慎指标来考虑金融稳定，从金融机构层面选取能够反映机构抵御经济波动和风险能力等运行情况的指标纳入分析（仲彬和陈浩，2004）[362]。此外，金融生态环境是衡量区域金融稳定的软实力，是维护金融稳定的基石[363]。对于区域层面的金融稳定评估，还要结合区域金融运行环境来分析，纳入金融生态环境类指标综合评估。同时，结合中国金融稳定监管职能主要由中国人民银行履行的事实，本书关于省级金融稳定评估的具体框架和指标在借鉴 IMF 和世界银行 FSAP 评估思路的基础上，主要参考中国人民银行上海总部发布的区域金融稳定报告中的评估框架。从宏观经济、金融机构和金融生态环境三个层面构建省级金融稳定评估框架。

因此，本书主要从宏观经济、金融机构和金融生态环境三个层面构建地区金融稳定评估指标框架（见图 4-4）。其中，宏观经济层面主要从经济增长、投资、消费、对外经济、收入与价格指数、就业和房地产等角度考虑纳入指标；银行、证券和保险业等金融机构层次的微观审慎指标选取原则主要参考 IMF 等国际组织在金融稳定评估中对银行业金融稳健指标的处理，从资本充足性、资产安全性、盈利能力和资产流动性等方面考虑，证券和保险业结合数据可得性进行了调整；金融生态环境类指标主要参考中国人民银行上海总部发布的区域金融稳定报告，同时结合已有文献进行了调整，从地方政府财政、市场体系完善和信用环境完善等方面考虑。

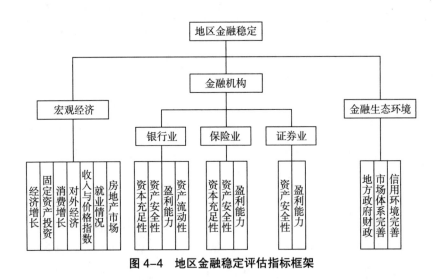

图 4-4　地区金融稳定评估指标框架

图 4-5 列出了金融稳定评估的方法与流程。具体而言，在确定评估框架的基础上选取具体的指标体系，然后收集各指标数据，对指标数据进行标准化转换，在熵值法的基础上结合金融机构内部资产配比调整计算动态权数，汇总各层级指标的数据后计算得出各地区每年的金融稳定指数得分，最后根据得分值的演变趋势分析金融稳定评估结果。

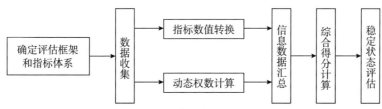

图 4-5 金融稳定评估方法与流程

4.4.2 评估指标体系构建与说明

4.4.2.1 地区金融稳定评估指标体系

在上述搭建的指标框架下选取用于评估的具体指标体系，主要借鉴中国人民银行上海总部发布的历年区域金融稳定报告中的核心指标[①]，结合数据的可得性，共选定了 23 项具体评价指标。其中，宏观经济类指标含 11 个具体评价指标，金融机构类指标含银行、证券和保险业共 9 个具体评价指标，金融生态环境类指标含 3 个具体评价指标。大部分指标在反映经济运行或行业规模等总量指标的基础上处理为增长率或比值的形式，以尽可能消除量纲不同的影响，提高不同地区间的可比性，具体评价指标的分布如表 4-7 所示，并基于现有文献对各类指标的选取依据与指标性质进行了说明。

表 4-7 金融稳定评估指标体系

一级指标	二级指标	三级指标（单位）	指标性质
宏观经济	经济增长	地区生产总值增长率（％）	正向指标
		第三产业增加值增长率（％）	正向指标
	投资	全社会固定资产投资增长率（％）	正向指标
	消费	社会消费品零售总额增长率（％）	正向指标

---

① 鉴于评估年度区域金融稳定水平的期刊文献较少，且对全国层面的金融稳定评估文献主要参考了央行金融稳定报告中的指标选取思路，结合中国金融稳定监管现实，本书对区域金融稳定水平的评估也主要参考中国人民银行的做法。中国人民银行对区域金融稳定的评估使用现有文献中广泛应用的综合指数法，具体指标选取思路借鉴了国际货币基金组织的 FSIs 体系框架以及世界银行的 FSAP 评估框架，考虑了具体指标在中国区域金融稳定监管中的适用性。最终核心评估指标的确定综合了各人民银行分行与省会中心支行的金融稳定部门专家的调研意见，考虑了指标体系的科学性、准确性以及区域适用性，同时兼具可比性，如避免纳入反映整体规模的总量类指标，指标中的增长率数据使用剔除物价因素以后的实际增长率衡量，增加了不同地区金融稳定水平的横向可比性。因此，能够较好地反映地区金融稳定水平。

续表

一级指标	二级指标	三级指标（单位）	指标性质
宏观经济	对外经济	实际利用外资增长率（%）	正向指标
		进出口总额增长率（%）	正向指标
	居民收入与价格指数	城镇居民人均可支配收入增长率（%）	正向指标
		农村居民人均可支配收入增长率（%）	正向指标
		居民消费价格指数	逆向指标
	就业情况	城镇登记失业率（%）	逆向指标
	房地产市场	房地产开发投资增长率（%）	正向指标
金融机构	银行业	法人银行资本充足率（%）	正向指标
		银行业金融机构不良贷款率（%）	逆向指标
		银行业金融机构资产利润率（%）	正向指标
		银行业金融机构存贷比（%）	逆向指标
	保险业	寿险公司退保率（%）	逆向指标
		财险公司赔付率（%）	逆向指标
		保费收入增长率（%）	正向指标
	证券业	净资本负债率（%）	逆向指标
		资产利润率（%）	正向指标
金融生态环境	地方政府财政	地方财政收入占 GDP 的比重（%）	正向指标
	市场体系完善	保险密度（元/人）	正向指标
	信用环境完善	自然人征信覆盖率（%）	正向指标

注：居民消费价格指数以 2010 年为基期调整为可比值，参考中国人民银行对区域金融稳定评估的做法，各增长率指标均为剔除物价因素以后的实际增长率，以反映实际的增长状况，提升金融稳定评估结果的可比性。具体包括宏观经济指标中的地区生产总值增长率、第三产业增加值增长率、全社会固定资产投资增长率、社会消费品零售总额增长率、实际利用外资增长率、进出口总额增长率、城镇和农村居民人均可支配收入增长率、房地产开发投资增长率等增长率指标，以及金融机构指标中的保费收入增长率指标。具体计算时先以 2010 年为基期折算 CPI，方便不同年份的数据可比，然后基于折算后的 CPI 将 2010~2021 年各地区相应指标的名义数值换算为可比值，最后计算得出不同指标的实际增长率。指标数据来源在第 5 章"5.1 样本、数据与变量"部分统一说明。

资料来源：主要根据《中国区域金融稳定报告 2019》和相关文献等资料综合整理而得。

4.4.2.2　宏观经济类指标的选取与说明

在宏观经济这一大类指标方面，从经济增长、固定资产投资、消费增长、对外经济、收入与价格指数、就业情况和房地产市场七个维度共选取 11 个具体评价指标。

在经济增长这一指标类型上，选择地区生产总值增长率和第三产业增加值增长率衡量。其中，第三产业主要是服务业，服务业具有覆盖面广和关联度高等特点，有利于产业结构优化和促进就业。投资、消费和进出口作为拉动宏观经济增长的"三驾马车"，在宏观经济指标选取中占据必要地位。其中，在固定资产投资方面，选取指标为全社会固定资产投资增长率；在消费方面，选取指标为社会消费品零售总额增长率；在对外经济方面，选取指标为实际利用外资增长率和进出口总额增长率。以上指标均为正向指标。在收入与价格指数方面，选取城镇居民人均可支配收入增长率、农村居民人均可支配收入增长率和居民消费价格指数三个具体评价指标。其中，在农村居民人均可支配收入方面需要进行说明，在 2013 年国家统计局实施城乡一体化住户收支调查改革之前，公布的数据为农村居民人均纯收入，因收入定义和计算口径不同，与改革后公布的农村居民人均纯收入不具有完全可比性（杜鑫，2021）[364]。经手动比较 30 个省（自治区、直辖市）2013 年农村居民人均纯收入和农村居民人均可支配收入，绝大多数地区的这两个指标之间的差距很小。同时借鉴已有研究做法，2013 年之前农村居民人均可支配收入用公布的对应年份的人均纯收入表示（陈兵等，2021）[365]。城镇和农村居民人均可支配收入增长率为正向指标。使用居民消费价格衡量通货膨胀水平，现有文献大多认为过高的通胀率不利于金融稳定，参照王晰等（2020）[366]的做法，将其设定为逆向指标。在就业方面，选取指标为城镇登记失业率，该指标为逆向指标。在房地产市场这一指标类型上，房地产开发投资在固定资产投资中占据了重要位置，经国家统计局公布的数据计算，2001~2020 年，我国房地产开发投资额占全社会固定资产投资额的比重均超过了 16%，尤其在 2020 年占比达 26.83%。已有研究认为房地产投资对地区经济发展具有重要影响，房地产投资是否稳定直接关系到经济能否持续稳定增长（赵奉军和骆祖春，2019）[367]，房地产投资放缓会影响房地产行业的各个环节，尤其会影响相关领域的贷款质量（中国人民银行上海总部金融稳定分析小组，2009）[368]。中国区域金融稳定报告中选取的房地产层面的指标为典型城市房地产销售价格指数，结合数据的可得性①，参照陶玲和朱迎（2016）[369]的做法，选取反映房地产市场投资活跃程度的房地产开发投资增长率这一指标，并将其设定为正向指标。

4.4.2.3 金融机构类指标的选取与说明

在金融机构这一大类指标方面，分银行业、证券业和保险业三个行业维度，主要借鉴国际货币基金组织的 FSIs 体系框架，结合数据的可得性，从资本充足水平、资产安全性和盈利能力等方面选择了具体的评价指标。

银行业主要选取了资本充足率、不良贷款率、资产利润率和存贷款比率 4 个具体评价指标。其中，在资本充足水平方面，核心资本充足率反映银行业核心资本的充足性，核心资本充足率越高，表示资本越充裕，银行抵御风险的能力越强。在数据收集过程中，核心资本充足率的数据缺失较多，最终选择了反映银行以自有资本承受风险能力的资本充足率②这一指标代替，国际货币基金组织在其 2001 年出版的专著中提及该指标提供了关于金融脆弱性的重要信息[354]，该指标为正向指标。在资产安全性方面，不良贷款率反映商业银行资产质量，不良贷款率越低表示商业银行资产质量越高，该指标为逆向指标。在盈利能力方面，选取资产利润率指标，采用净利润和期初、期末平均总资产的比值手动计算而得，该指标为正向指标。在资产流动性方面，流动性比例和存贷比是被学者广泛使用的衡量商业银行流动性风险的指标，其中，流动性比例的省级数据大量缺失，借鉴已有文献，使用存贷比即银行各项贷款余额与各项存款余额的比率衡量流动性（易传和和安庆卫，2005[359]；吴心弘和裴平，2020[370]）。存贷款比率越高，流动性越差（翟光宇，2013）[371]，金融机构抵抗风险的能力也越弱，将其设为逆向指标（陶玲和朱迎，2016[369]；王晰等，2020[366]）。

保险业综合《中国区域金融稳定报告 2019》和罗晓蕾等（2018）[372]相关文献，从资产充足性、资产安全性和盈利能力三个方面分别选取了寿险公司退

---

① 该指数经国家统计局取消保障性住房销售价格统计指标后，从2018年1月起改为编发城市新建商品住宅销售价格指数，因大部分地区这一指标的年度数据无法获取，且典型城市的该指标可能无法反映城市所属的整个省（自治区）的全貌。

② 其中，天津、海南、辽宁和宁夏4个地区的银行业金融机构资本充足率未找到直接数据，根据各银行的社会责任报告，可持续发展报告以及年报，整理出银行总部所在省后进行相关数据加总，再由资本净额／风险加权资产这一公式计算而得。

保率、财险公司赔付率和保费收入增长率三个具体评价指标。其中，寿险公司退保率反映了保险业机构的偿付能力（中国人民银行上海总部金融稳定分析小组，2009）[368]，关于寿险退保率有多种计算方法，各有优缺点，保监会曾在监管文件中对此进行了规范，将寿险退保率的计算公式统一为退保金与期初长期险责任准备金和本期长期险保费收入合计数之比。其中，"期初长期险责任准备金"这一数据很难获取，实务中保险公司广泛采用简单退保率的计算方法（高洪忠和李坤，2015）[373]，即退保金与保费收入之比。综合数据的可得性，借鉴范庆祝和孙祁祥（2017）[374] 的研究，采用简单退保率的计算方式。退保率上升会使寿险公司的现金流缩水，加大保险机构的流动性风险，甚至对公司声誉造成损失，不利于公司的稳健经营，该指标为逆向指标。财险公司赔付率为财产险业务赔付支出与财产险保费收入的比值，反映财险公司的资产安全性，赔付率越高，保险机构的偿付压力越大，现金流收紧，不利于公司的稳健经营，该指标为逆向指标。保费收入增长率反映保险机构的盈利能力，该指标为正向指标。

证券业基于数据的可得性，从资产安全性和盈利能力两方面分别选取了净资本负债率和资产利润率两个具体评价指标。其中，净资本负债率 =（负债总额 − 代买卖证券款 − 受托资金）÷ 年末净资本，由于代买卖证券款和受托资金数据无法获取，本书采用简化的计算方法，即负债总额与年末净资本的比值，该指标为逆向指标；资产利润率采用净利润和期初、期末平均总资产的比值计算，该指标为正向指标。

4.4.2.4　金融生态环境类指标的选取与说明

在金融生态环境这一大类指标方面，从地方政府财政、市场体系完善和信用环境完善三个维度，选取了地方财政收入占地区生产总值的比重、保险密度和自然人征信覆盖率三个具体评价指标。

在地方政府财政方面，使用地方政府财政依存度这一具体指标，即地方财政收入占地区生产总值的比重。国家统计局公布的数据显示，财政收入可以采用一般预算收入这一小口径标准（邓子基，2011）[375]。因此，文中的地方政府财政依存度用小口径财政收入来计量，即地方政府一般预算收入占当年的地方生产总值的比重。在市场体系完善方面，从保险业服务的人口密度角度考虑，保险密度一般是指当地保费收入的人均水平，体现了保险业务的覆盖面，反映了当地居民参加保险的程度。在信用环境完善方面，信用体系分为公共征信和私人征信，其中私人征信的数据不可得，公共征信以国家金融信用信息基础数据库为代表，这一数据库收录的企业和自然人信息成为金融机构信贷决策的重要信息参考，对防范金融风险效果显著。基于数据的可得性，使用自然人征信覆盖率[①]来衡量，采用个人征信系统收录的自然人数占全省人口总数的比重计算而得。以上指标均为正向指标。

4.4.3 指标处理与数据评估

4.4.3.1 金融机构内部权重的动态调整

在"金融机构"指标框架下涵盖了银行、证券和保险业共 9 项具体评价指标，鉴于各地区这三个行业的相对规模是动态变化的，并且行业间的资产规模差距不固定，在《中国区域金融稳定报告 2008》的基础上，借鉴《中国区域金融稳定报告 2009》的做法，对这三个行业在评估模型中的权重进行动态考量。选取银行业金融机构资产总额、证券法人机构资产总额和保险业资产规模三个指标作为金融机构的权重辅助指标[363]（见表 4–8），在此基础上调整银行、证券和保险各行业的指标权重。

表 4–8　金融机构权重辅助指标

	银行业	银行业金融机构资产总额（亿元）
权重辅助指标	证券业	证券法人机构资产总额（亿元）
	保险业	保险业资产规模（亿元）

注：权重辅助指标的数据来源在第 5 章"5.1　样本、数据与变量"部分统一说明。
资料来源：根据《中国区域金融稳定报告 2008》整理而得。

金融机构的内部权重参考《中国区域金融稳定报告 2009》的方法计算[368]，该方法在《中国区域金融稳定报告 2008》的基础上进行了改进，避免了银行业指标权重过大的问题，使银行、保险和证券对金融稳定的评估影响更加均衡。具体计算方法为：金融机构某行业权重 = 0.25 ×（1+ 金融机构某行业资产规模 / 银

---

① 部分省份的少数缺失数据基于所在省份其他年份的数据使用移动平均法估算得出。

行、证券和保险行业金融机构的资产规模合计）× 100%[①]。

4.4.3.2　指标数据标准化

为消除各指标量纲的影响，采用极差标准化方法分别对正向指标和逆向指标进行如下处理。

对正向指标处理如下：

$$x_{new} = \frac{x_{old} - \min(x_{old})}{\max(x_{old}) - \min(x_{old})}$$ （4-1）

对逆向指标处理如下：

$$x_{new} = \frac{\max(x_{old}) - x_{old}}{\max(x_{old}) - \min(x_{old})}$$ （4-2）

其中，x_{old} 为指标标准化之前的值，$\max(x_{old})$ 和 $\min(x_{old})$ 分别为指标的最大值和最小值。

4.4.3.3　指标赋权与评估过程

在涉及多指标的综合评价类文献中，主要运用了比重分析法、层次分析法、主成分分析法、因子分析法、综合序数法和熵值法等测度方法。其中，比重评分法和层次分析法根据研究者的主观判断或对各指标重要性程度的主观认识赋权，主成分分析法和因子分析法都需要在多指标中寻找主成分，再通过主成分反映总体信息，具有一定的主观性。综合序数法的使用要求较为严格的条件约束，虽综合了因子分子法和熵值法的特征，但在综合过程中无法避免主观定权。总体来看，这些偏主观赋权的方法多适用于综合评价指标较少的情况，且无法体现各指标在具体被评价对象上的实际观察值。熵值法通过计算信息熵定权再加权，虽无法理想地反映相关指标间的关系（徐国祥，2000）[376]，但具有客观性和科学性，能够很好地根据指标差异性赋予指标权重。文中的金融稳定评价指标都具有实际观测值，可据此反映的信息量大小确定指标权重，且指标间的相关关系不是研究侧重的内容。因此，采取熵值法这种客观评价法对指标进行计算赋权，主要步骤如下：

---

① 其中，海南省、江西省和宁夏回族自治区三个地区的证券业数据缺失，这三个地区的金融机构指标在银行和保险行业中分配权重，计算方法为：银行业（或保险业）权重 =1/3 ×［1+ 银行业（或保险业）资产规模 /（银行业资产规模 + 保险业资产规模）]× 100%。

（1）分别计算某地区 l 年份第 j 项指标占该指标的比重：

$$p_{lj} = \frac{x_{new}}{\sum\limits_{l=1}^{n} x_{new}} \tag{4-3}$$

其中，$l = 1, 2, \cdots, n, j = 1, 2, \cdots, m$，下同。

（2）计算第 j 项指标的熵值：

$$e_j = -k \sum_{l=1}^{n} p_{lj} \ln\left(p_{lj}\right) \tag{4-4}$$

其中，$k = 1/\ln(n)$，n 为要评价的样本数。

（3）计算信息熵冗余度：

$$g_j = 1 - e_j \tag{4-5}$$

（4）计算各指标的权重：

$$w_j = \frac{g_j}{\sum\limits_{j=1}^{m} g_j} \tag{4-6}$$

（5）汇总计算最终的指标评价得分[①]：

$$S_l = \sum_{j=1}^{m} w_j x_{new} \tag{4-7}$$

现有研究在用熵值法确定多级指标权重时利用了熵的可加性特点。鉴于本书已对所有指标划分了三个层级，因此，由熵值法确定最底层的三级指标的权重，然后由三级指标权重累加得到各二级指标权重，最后由各二级指标权重累加得到各一级指标的权重。根据选取的具体评价指标的含义和特征，最终测度的金融稳定评估得分为正向值，即分值的高低分别代表了金融稳定性的强弱。

4.4.4 金融稳定评估结果与分析

基于以上步骤和方法，测算得到 30 个省份[②] 2011~2021 年的金融稳定指数，图 4-6 绘制了中国 30 个省份的金融稳定指数演变情况。整体来看，我国省级金

---

① 计算公式中的 w_j 根据金融机构内部权重进行了动态调整。
② 由于西藏和港澳台地区数据缺失较多，暂不纳入分析。此处的省份为统称，包含自治区和直辖市等，下同。

融稳定水平呈现波动下降趋势①，在 2013 年之前略有上升，在 2015 年和 2020 年大幅降至低位，与我国实际发展情况基本相符。其中，2015 年股灾暴露出较大的金融风险，此后去杠杆等一列操作实施以防范和化解金融风险，金融稳定水平小幅回升。2020 年，疫情使得国内外大范围陷入长期相对封闭的发展环境，实体经济发展受到较大冲击，金融稳定水平再度降至低位，随着疫情防控措施的稳步有序推进，以及后续新冠疫苗的问世与普及，疫情在 2021 年初期开始得到一定程度的控制，经济逐渐回归正轨，2021 年金融稳定水平普遍回升。

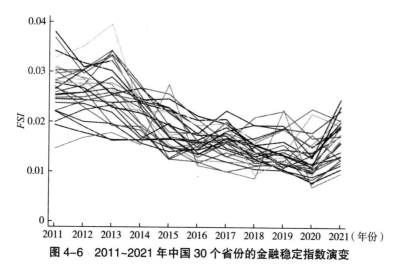

图 4-6　2011~2021 年中国 30 个省份的金融稳定指数演变

资料来源：笔者绘制。

图 4-7 进一步给出了分省列示的中国 30 个省份的金融稳定指数演变情况，可以看出不同省份的金融稳定指数的时间趋势不尽相同，大多数省份的金融稳定水平呈现明显波动下降趋势，尤其是甘肃、广西、海南、河南、内蒙古、吉林、辽宁、宁夏、新疆和云南等地区下降幅度较大，部分省份的金融稳定水平相对平稳，如广东、湖南、上海和浙江等，个别省份的金融稳定水平总体呈现波动微升趋势，如北京。在一定程度上，金融稳定的省际差异可能使金融科技对金融稳定的影响产生异质性。

---

①　经对比，本书的金融稳定水平测算结果与中国人民银行发布的区域金融报告的评估结果趋势相同，与部分使用不同评估指标与评估方法（主成分分析法）测算得到的区域金融稳定指数的结果趋势也类似（宋林，2022）[377]，均为波动下降趋势。

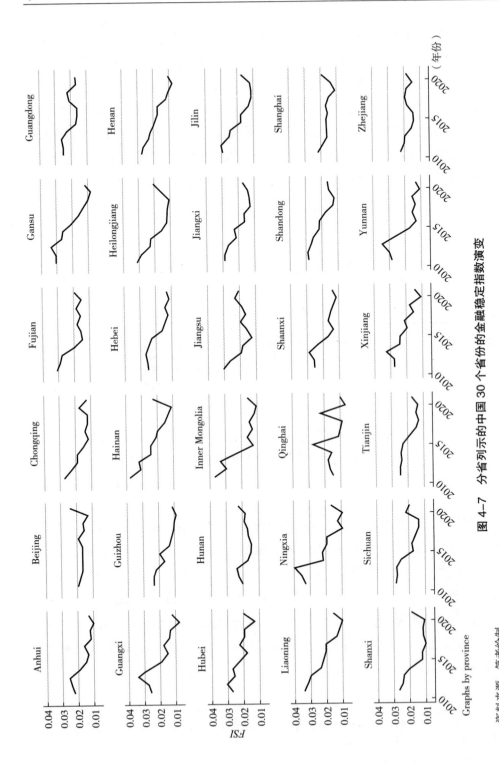

图 4-7　分省列示的中国 30 个省份的金融稳定指数演变

资料来源：笔者绘制。

4.5　本章小结

　　本章对金融科技与金融稳定的特征事实与定量评估进行了研究。在金融科技特征事实方面，首先，分析了金融科技发展的演进历程，主要包括以下三个阶段：第一阶段为金融科技的萌芽起步期（1987~2003 年），金融业务呈现电子化和信息化特征；第二阶段为金融科技的探索发展期（2004~2016 年），金融业务呈现互联网化和移动化特征，以互联网金融模式为典型；第三阶段为金融科技的全面渗透期（2017 年至今），金融业务呈现数字化和智能化特征。其次，对金融科技数智化阶段的发展特征进行了总结，主要体现为：①参与主体更加多元，细分市场持续拓展，数字支付和监管科技取得突破进展；②大科技公司强化科技定位，在扩张金融科技业务布局的同时加强技术输出，拓展全球化业务；③传统金融数字化转型加快，银行金融科技国际竞争力领先；④政策环境不断完善和优化，金融科技支持实体经济能力提升。最后，对金融科技监管框架与关键领域的监管制度演进事实进行了分析，具体分析了 2023 年 3 月金融监管体系改革后的金融科技监管框架。研究发现，我国对金融科技领域的监管融合了机构监管、功能监管和行为监管，体现了宏观审慎监管和微观审慎监管的结合，秉承持牌经营原则，金融科技监管的范畴逐渐从金融科技业务与实体领域扩大到更广泛的监管工具创新、合作业务、市场竞争、金融业科技应用、金融消费者保护以及数据、网络安全和个人信息保护等关键领域，金融监管机构与市场监管局、网信办、工信部和公安部等主管部门的监管合作逐渐加强，金融科技监管的协同治理生态逐渐形成。在金融稳定特征事实方面，对中国金融稳定监管情况进行了分析。

　　在金融科技的定量评估方面，首先对金融科技度量方法的选定依据进行了说明，然后对金融科技评估指标体系与结果进行了分析。描述性统计结果显示，金融科技发展总体上呈上升态势，其中金融科技总指数与金融科技覆盖广度指数上升趋势平稳，金融科技使用深度指数在上升中略有波动，数字化程度指数的波动幅度最大，在 2015 年到达顶峰后开始急剧下降，从 2018 年开始逐渐缓慢回升，至 2021 年小幅超出 2015 年的历史峰值水平。金融科技使用深度项下不同业务领域指数均值总体上呈上升态势，其中支付指数和信用指数的波动幅度最小，且上升幅度较快；保险指数的波动幅度最大，上升幅度最小；投资指数与信贷指数在前期波动中上升，后期上升趋势明显加快；货币基金指数在 2017 年以前快速上升，在 2018 年大幅下降。

在金融稳定的定量评估方面，从宏观经济、银行、证券和保险等金融机构、金融生态环境方面共选取 23 个具体评价指标，采用熵值法并结合金融机构动态权重测度各地区金融的稳定水平。整体来看，我国省级金融稳定水平呈现波动下降趋势，在 2013 年之前略有上升，在 2015 年和 2020 年大幅降至低位，与我国实际发展情况基本相符。

第5章　金融科技对金融稳定的
影响效应

　　本章主要分析金融科技对金融稳定的影响效应。首先，在对样本、数据与变量进行说明的基础上，构建双向固定效应基准回归模型进行假设检验，验证 H1；其次，在假设检验之后对模型可能存在的内生性进行讨论与处理，使用一系列方法检验基准模型的稳健性；再次，从金融科技不同发展维度与不同业务领域分析了金融科技对金融稳定的结构性影响；最后，讨论了多因素条件下金融科技对金融稳定的异质性影响。

5.1　样本、数据与变量

5.1.1　样本与数据

　　为研究中国金融科技发展对金融稳定的影响，结合数据的可得性，选取中国省级行政区数据为研究样本，考虑到港澳台地区和西藏自治区的数据缺失，最终选择30个省（自治区、直辖市）为研究样本。具体包括北京、天津、河北、辽宁、上海、江苏、浙江、福建、山东、广东、海南、山西、吉林、黑龙江、安徽、江西、河南、湖北、湖南、重庆、四川、贵州、云南、陕西、甘肃、青海、宁夏、新疆、广西、内蒙古。研究期间为 2011~2021

年 [①]，共计 330 个样本点。

金融科技数据来源于北京大学数字金融研究中心。金融稳定评估所用具体评价指标的数据来源于历年《中国统计年鉴》《中国金融年鉴》《中国保险年鉴》《中国证券期货统计年鉴》《中国区域金融稳定报告》《省级金融运行报告》《省级统计年鉴》《省级金融年鉴》《省级金融稳定报告》等年鉴和报告，国家统计局与各省银保监局官网，以及国泰安 CSMAR 数据库。金融稳定评估中涉及金融机构的三个权重辅助指标数据来源于《中国金融年鉴》和《中国保险年鉴》。

5.1.2 变量与描述性统计

5.1.2.1 被解释变量

被解释变量为金融稳定指数（*FSI*），测度方法见第 4 章"金融稳定定量评估"部分。

5.1.2.2 解释变量

解释变量为金融科技，根据第 4 章"金融科技定量评估"部分所述，采用北京大学数字金融研究中心发布的数字普惠金融指数表示，包括金融科技总指数（*FT*）、金融科技覆盖广度（*coverage*）、使用深度（*usage*）和数字化程度（*digitization*）三个发展维度的分级指数以及金融科技支付（*payment*）、保险（*insurance*）、货币基金（*mon_fund*）、投资（*invest*）、信贷（*credit*）和信用（*credit_inv*）等各项业务领域指数。

5.1.2.3 控制变量

在后续的实证分析中，需要控制其他可能影响金融稳定的因素，以尽可能降低因遗漏变量导致的估计偏差。在被解释变量金融稳定的测度过程中已经纳

---

① 实际上，金融科技的发展早于 2011 年，本书研究样本的数据从 2011 年开始主要基于以下两个原因：其一，本书主体实证分析主要使用北京大学数字普惠金融指数衡量金融科技发展水平，该指数始于 2011 年，因此受限于此数据期间，本书的研究数据从 2011 年开始；其二，结合第 4 章对中国金融科技发展演进历程的分析，尽管我国金融科技的萌芽起步期较早，但在该阶段科技尚未独立出金融系统，受到的金融监管标准与传统金融几乎相同，且金融科技发展水平较低。自 2004 年支付宝上线、2007 年 P2P 网贷开始运营以及 2011 年众筹融资出现，金融科技逐渐进入各项金融业务的探索发展期，此时科技公司独立开展多项金融业务，但并未受到监管，2012 年谢平正式提出互联网金融概念。可见，始于 2011 年的研究并未排除金融科技全面发展带来的关键影响，能够作为研究金融科技影响金融稳定的主要期间。同时，目前已更新到能够获得数据的最新年限。在金融稳定的定量评估中，银行、保险和证券等金融机构层面的数据、金融业资产类权重辅助指标数据以及金融生态环境中的信用数据主要来自《中国金融年鉴》，2023 年第四季度发布的是 2022 年的《中国金融年鉴》，对应的数据为 2021 年的数据。

入了地区生产总值增长率、投资、消费、对外开放等反映经济增长的大部分指标以及居民消费价格指数与可支配收入等反映通货膨胀与经济发展质量的指标，若再添加这些指标为控制变量可能使模型估计产生偏误。根据张曾莲和岳菲菲（2021）[189]、林雅（2022）[249]以及华秀萍等（2023）[378]的做法，控制经济与金融发展水平、地方政府干预、地区创新水平与社会人力资本等因素对金融稳定的影响。其中，经济发展水平（ln_GDPper）使用人均生产总值的对数衡量，以降低量纲的影响；金融发展水平（fin）使用各地区金融业增加值与当地生产总值之比衡量；政府财政干预（fis_exp）使用地方政府的财政支出占当地生产总值的比重衡量；地区创新水平（ln_patent）使用各地区发明专利申请受理量的对数衡量；社会人力资本（edu_hr）使用高等教育人数占总人口的比例衡量。上述控制变量数据主要来自《中国统计年鉴》。

此外，在研究中还控制了时间固定效应与个体固定效应。主要变量的定义与说明如表 5-1 所示。

表 5-1   主要变量的定义与说明

变量类型	变量名称	变量符号	变量说明
被解释变量	金融稳定指数	FSI	熵值法构建金融稳定指数
解释变量	金融科技总指数	FT	金融科技总指数，详见郭峰等（2020）[313]
	金融科技覆盖广度	coverage	金融科技覆盖广度、使用深度和数字化程度分类指数，反映金融科技不同发展维度，详见郭峰等（2020）[313]
	金融科技使用深度	usage	
	金融科技数字化程度	digitization	
	金融科技支付指数	payment	金融科技支付、保险、货币基金、投资、信贷和信用等不同业务领域指数，详见郭峰等（2020）[313]
	金融科技保险指数	insurance	
	金融科技货币基金指数	mon_fund	
	金融科技投资指数	invest	
	金融科技信贷指数	credit	
	金融科技信用指数	credit_inv	
控制变量	经济发展水平	ln_GDPper	各地区人均生产总值的自然对数
	金融发展水平	fin	金融业增加值与当地生产总值之比

续表

变量类型	变量名称	变量符号	变量说明
控制变量	政府财政干预	*fis_exp*	地方政府财政支出占当地生产总值的比重
	创新水平	ln *patent*	各地区发明专利申请受理量的自然对数
	社会人力资本	*edu_hr*	高等教育人数占总人口的比例

资料来源：笔者整理。

5.1.2.4　变量描述性统计

表 5-2 报告了各变量的描述性统计结果。可以看出，金融科技总指数、金融科技各发展维度指数以及金融科技各业务领域指数的标准差均较大，最大值和最小值差距也较大，说明不同省份的发展水平存在较大差距。少数控制变量原始值为绝对数，如人均地区生产总值和发明专利申请受理量，与大部分使用相对值度量的变量量纲差距过大，在纳入模型分析时取对数处理。同时，为避免变量的回归系数值差距过大，对被解释变量金融稳定指数乘以 100 纳入实证分析，借鉴田新民和张志强（2020）[53]、吴雨等（2021）[379] 缩小金融科技量纲的做法，将金融科技所有指数均除以 10 纳入实证分析。使用线性回归后，金融科技总指数与各控制变量的方差膨胀因子（VIF）均值为 3.93，低于临界值 10，变量间不存在严重的多重共线性问题。实证分析部分均使用 Stata17.0 版本。

表 5-2　变量描述性统计

变量	样本数	均值	标准差	最小值	最大值
FSI	330	0.014	0.004	0.006	0.026
FT	330	231.473	103.313	18.33	458.97
coverage	330	212.982	103.719	1.96	433.423
usage	330	226.799	105.791	6.76	510.694
digitization	330	301.033	117.356	7.58	462.228
payment	330	193.964	91.897	0	379.508
insurance	330	486.367	215.496	0.25	951.939

续表

变量	样本数	均值	标准差	最小值	最大值
mon_fund	180	165.658	72.328	0	303.166
invest	240	260.179	157.508	9.2	758.682
credit	330	149.68	68.163	1.16	303.741
credit_inv	120	207.406	110.403	0	486.767
ln_*GDPper*	330	10.875	0.444	9.706	12.123
fin	330	7.218	3.1	2.65	19.634
fis_exp	330	26.128	11.289	10.501	75.829
ln_*patent*	330	9.614	1.397	5.318	12.399
edu_hr	330	0.148	0.076	0.054	0.505

资料来源：笔者整理。

5.2　双向固定效应基准模型设定

本书以中国 30 个省份为样本研究金融科技对金融稳定的影响，由于不同省份存在个体差异性，可能使实证结果产生偏差。考虑到模型设定需要处理这种异质性问题，借鉴张晓晶等（2018）[380]、王桂虎和郭金龙（2018）[232]、Fung 等（2020）[256] 以及张曾莲和岳菲菲（2021）[189] 的做法，选择兼具时间效应与个体效应的双向固定效应模型，同时加入金融科技的平方项考察金融科技对金融稳定的非线性影响。基准模型设定如下：

$$FSI_{it} = \alpha + \beta_1 FT_{it} + \beta_2 FT_{it}^2 + \gamma C_{it} + T_t + P_i + \varepsilon_{it} \tag{5-1}$$

其中，i 表示不同的省份和地区；t 表示年度；α 表示截距项；β 和 γ 表示变量的估计参数；ε 表示随机扰动项（误差项）；被解释变量 FSI 表示地区金融稳定水平；核心解释变量 FT 表示地区金融科技发展水平；FT^2 表示金融科技的平方项；C 表示可能影响金融稳定的一系列控制变量；T 表示年份固定效应，用于控制金融科技创新的整体增长趋势；P 表示省份固定效应，用于控制不随时间变化的地区特征。豪斯曼检验结果显示应使用固定效应模型，下文如无特别说明，实证分析部分均采用双向固定效应模型，使用异方差稳健标准误。

5.3 假设检验

本部分主要检验金融科技对金融稳定的影响效应，表5-3给出了使用双向固定效应模型的基准回归结果。借鉴马勇和陈雨露（2017）[381]以及杨翠红等（2023）[382]对基准回归结果的呈现方式，以尽可能清晰地观察在添加不同控制变量组合的模型中，核心解释变量的系数估计结果的稳定性。其中，列（1）只加入核心解释变量金融科技及其平方项，列（2）至列（6）依次加入不同层面的控制变量。根据Lind和Mehlum（2010）[383]提出的"U"型关系确定的三个标准以及Haans等（2016）[384]建议的"U"型关系检验的规范化步骤验证金融科技与金融稳定之间的"U"型关系。

第一，在逐步添加不同控制变量组合的情况下，金融科技二次项（FT^2）的回归系数（β_2）均在1%的显著性水平上为正，回归结果具有较好的稳定性，初步确认金融科技与金融稳定之间为正"U"型曲线关系；第二，在列（1）至列（6）的所有回归结果中，金融科技取最小值时，曲线左端点的斜率（$\beta_1+2\beta_2 \times FT_{Low}$）均为负，金融科技取最大值时，曲线右端点的斜率（$\beta_1+2\beta_2 \times FT_{High}$）均为正，左右端点的斜率异号且均通过显著性检验；第三，曲线的拐点值均落在金融科技的取值区间［18.33，458.97］内，其中在列（6）含全部控制变量的基准模型中，金融科技的拐点值为331.06。因此，金融科技对金融稳定呈现先负后正的"U"型影响，H1得到验证。

表5-3 金融科技影响金融稳定的基准回归结果

变量	被解释变量（*FSI*）					
	（1）	（2）	（3）	（4）	（5）	（6）
FT	−0.0878 （0.0611）	−0.1583** （0.0697）	−0.1680** （0.0675）	−0.1711** （0.0669）	−0.1870*** （0.0632）	−0.1916*** （0.0631）

续表

变量	被解释变量（FSI）					
	（1）	（2）	（3）	（4）	（5）	（6）
FT^2	0.0024*** （0.0005）	0.0027*** （0.0006）	0.0027*** （0.0006）	0.0027*** （0.0005）	0.0028*** （0.0005）	0.0029*** （0.0005）
ln_GDPper		0.6448*** （0.1898）	0.7210*** （0.1964）	0.7068*** （0.2034）	0.5450*** （0.2012）	0.5434*** （0.2012）
fin			0.0373 （0.0348）	0.0408 （0.0356）	0.0478 （0.0341）	0.0490 （0.0343）
fis_exp				−0.0045 （0.0126）	−0.0052 （0.0118）	−0.0050 （0.0119）
ln_patent					0.2781*** （0.0760）	0.2728*** （0.0764）
edu_hr						−0.8075 （1.1208）
_cons	2.4148** （1.1257）	−3.1693* （1.7063）	−4.0071** （1.8855）	−3.7108* （2.1246）	−4.3795** （2.0793）	−4.1418** （2.0180）
Year	Yes	Yes	Yes	Yes	Yes	Yes
Province	Yes	Yes	Yes	Yes	Yes	Yes
拐点值	183.46	292.05	316.40	318.21	330.54	331.06
左端点斜率	−0.0790	−0.1483	−0.1583	−0.1612	−0.1766	−0.1810
［P 值］	［0.0923］	［0.0148］	［0.0083］	［0.0070］	［0.0022］	［0.0018］
右端点斜率	0.1318	0.0905	0.0757	0.0757	0.0726	0.0740
［P 值］	［2.89e−06］	［0.0025］	［0.0143］	［0.0143］	［0.0141］	［0.0133］
N	330	330	330	330	330	330
R^2	0.7675	0.7745	0.7757	0.7759	0.7855	0.7858

注：（ ）内为稳健标准误，***、**、* 分别表示在 1%、5% 和 10% 的水平上显著，以下各表同。拐点值使用金融科技的原始值汇报，以下各表中的拐点值也均为原始值。

基于列（6）所代表的添加全部控制变量的模型（5-1）方程的回归结果，进一步绘制金融科技对金融稳定的"U"型影响关系（见图 5-1），以直观观察曲线的形状与拐点。可以看出，在拐点左侧，金融科技对金融稳定的消极影响大于积极影响，总体上呈现显著负影响，在拐点右侧，金融科技对金融稳定的积极影响大于消极影响，总体上呈现显著正影响，在金融科技发展水平从低到高的过程中，金融科技对金融稳定的影响呈现先抑制后促进的"U"型特征。

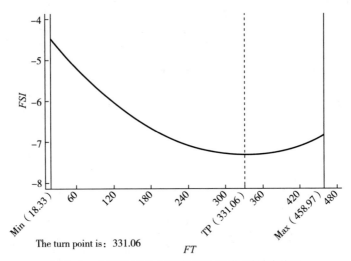

图 5-1　金融科技对金融稳定的"U"型影响关系

注：TP 表示拐点值。
资料来源：笔者绘制。

5.4　内生性处理与稳健性检验

5.4.1　内生性处理

识别金融科技对金融稳定的影响需要处理可能存在的反向因果问题。一个地区金融稳定水平的降低会促使监管机构强化对金融科技的监管，进而降低金融科技的发展速度，而不仅仅是金融科技的发展会促进或削弱金融稳定。因此，金融科技和金融稳定之间的关系并非单向的，二者可能存在双向因果关系，也可能具有内生性问题，需要解决因内生性可能引起的估计结果的偏差。参考已有文献，主要使用工具变量两阶段最小二乘方法（IV-2SLS）与广义矩估计方法（GMM）

处理内生性。

5.4.1.1　内生性处理：工具变量法

使用工具变量两阶段最小二乘方法处理内生性。现有文献主要以到杭州或浙江省的球面距离为金融科技工具变量的构建思路（张勋等，2020[385]；李牧辰等，2020[318]；王红建等，2023[65]），这一变量满足工具变量相关性与外生性要求。金融科技指数的衡量基于蚂蚁集团的支付宝数据测算得出，蚂蚁集团的金融科技发展在中国居于头部领先位置，支付宝总部在杭州。一方面，一个地区到杭州的球面距离越远，该地区金融科技发展越难得到推广（郭峰等，2017）[386]，金融科技发展水平可能越低；另一方面，到杭州的球面距离很难对金融稳定产生直接影响。

由于各省份到杭州的球面距离为不随时间变化的变量，无法使用固定效应模型估计，借鉴吴雨等（2021）[379]以及范庆倩和封思贤（2022）[387]的处理方式，将各省份到杭州的球面距离与全国金融科技发展指数的均值（剔除本省）的乘积（记为 IV）及其平方（IV^2）作为金融科技及其平方项的一组工具变量。其中，各省份到杭州的球面距离使用各省份辖区地级市到杭州的平均球面距离计算，全国金融科技发展指数的均值为剔除本省后的样本地区金融科技发展指数的均值，对乘积结果缩小量纲（除以 10000）后纳入回归。

同时，借鉴白俊红和刘宇英（2021）[388]的处理方式，增选核心解释变量的一阶滞后项作为工具变量，从而增加工具变量个数，以产生更有效的估计效果。具体做法参考许和连等（2017）[389]，分别增选核心解释变量金融科技的一阶滞后项（LFT）及其平方项（LFT^2）作为金融科技及其平方项的另一组工具变量。在面板数据分析中，内生解释变量的滞后项常被用作工具变量，一方面是因为内生解释变量与其滞后变量相关，另一方面滞后变量与当期扰动项不相关（陈强，2014）[390]，这一做法在现有文献中被广泛使用。在本书的研究变量中，一个地区金融稳定水平的降低会使监管机构强化对金融业务的监管，这种金融监管的强化只会对当期及之后的金融科技发展施加影响，不会对此前期间的金融科技产生影响。因此，选取金融科技的滞后一期变量作为工具变量，满足相关性和外生性要求。

在选定以上工具变量之后，使用工具变量两阶段最小二乘方法（IV-2SLS）进行估计，与基准回归保持一致，同时控制时间固定效应与省份固定效应，使用异方差稳健标准误，回归结果如表 5-4 列（1）至列（3）所示。列（1）和列（2）为工具变量第一阶段的估计结果，工具变量对金融科技的回归系数显著，满足相关性要求，且通过工具变量检验，说明模型中使用的工具变量是有效的。其中，Kleibergen-Paap rk LM 统计量的 P 值显示，在 1% 的水平上显著拒绝工具变量不可识别的原假设，模型不存在不可识别问题；Kleibergen-Paap rk Wald F 与 Cragg-Donald Wald F 统计量的值均大于 10，同时也大于 Stock-Yogo 检验在 10% 显著性水平上的临界值，检验通过，不存在弱工具变量问题；Hansen J 统计量的 P 值大于 0.1，不能拒绝原假设，过度识别检验通过，所有工具变量都是外生的。列（3）为工具变量第二阶段估计结果，金融科技一次项系数与二次项系数在 1% 的水平上分别显著为负和正，说明在控制模型可能存在的内生性之后，模型的主要结论依然是稳健的，金融科技对金融稳定具有先抑制后促进的"U"型影响。

5.4.1.2 内生性处理：广义矩估计法

参考郑江淮和冉征（2021）[391]以及 Ni 等（2023）[392]的做法，纳入滞后期的金融稳定作为解释变量，构建动态面板模型，使用广义矩估计方法（GMM）处理可能产生的内生性问题。在回归中使用两步系统 GMM 方法，将金融稳定的滞后期（$LFSI$）、核心解释变量金融科技（FT）及其平方项（FT^2）作为内生变量，基准回归中的一系列控制变量作为工具变量，同时控制时间与省份固定效应，估计结果如表 5-4 第（4）列所示。结果显示，系统 GMM 估计模型的 AR（2）检验统计量和 Hansen 检验的 P 值均大于 0.1，通过自相关检验与过度识别检验，说明模型是有效的。广义矩估计得到的回归结果与基准回归一致，即金融科技一次项系数显著为负，二次项系数显著为正，金融科技对金融稳定具有先抑制后促进的"U"型影响，模型的主要结论是稳健的。

表 5-4　处理内生性问题的估计结果：工具变量法与广义矩估计

变量	IV 第一阶段		IV 第二阶段	系统 GMM
	（1）	（2）	（3）	（4）
	FT	FT^2	FSI	FSI
$LFSI$				0.3990*** （0.1113）

续表

变量	IV 第一阶段		IV 第二阶段	系统 GMM
	（1）	（2）	（3）	（4）
	FT	FT^2	FSI	FSI
FT			−0.3538*** （−2.8679）	−0.1962*** （0.0358）
FT^2			0.0041*** （5.6073）	0.0026*** （0.0004）
IV	−0.0203* （−1.7874）	−2.1338*** （−3.8175）		
IV^2	0.00001 （0.1675）	0.0060** （2.0637）		
LFT	0.3508*** （4.3777）	−20.2291*** （−4.2958）		
LFT^2	0.0022*** （3.0782）	1.0151*** （24.6808）		
控制	控制	控制	控制	控制
Year	Yes	Yes	Yes	Yes
Province	Yes	Yes	Yes	Yes
Kleibergen–Paap rk LM 统计量［P 值］		52.140 ［0.0000］		
Kleibergen–Paap rk Wald F 统计量		18.312 ｛16.87｝		
Cragg–Donald Wald F 统计量		22.026 ｛16.87｝		
Hansen J 统计量［P 值］		0.983 ［0.6118］		
AR（2）				0.198
Hansen test				0.940
N	300	300	300	300
R^2			0.224	

注：［　］内为对应统计量的 P 值，｛　｝内为 Stock–Yogo 检验在 10% 显著性水平上的临界值。

5.4.2　稳健性检验

识别金融科技对金融稳定的影响还需要验证估计结果的稳健性。基于已有文献的稳健性检验方法以及本书的样本期间和研究数据特点，主要采取替换因变量、替换核心解释变量、增加控制变量、调整样本期间与样本容量以及缩尾处理等方法进行稳健性检验，其检验结果与初始回归结论一致。

5.4.2.1　稳健性检验：替换因变量金融稳定的衡量方法

替换因变量金融稳定的衡量方式，部分文献用是否发生金融危机这一虚拟变量衡量金融稳定，但这一做法主要适用于国家层面，并且在样本期内我国省级层面尚未真正出现过金融危机，这一指标暂不适合。考虑到我国金融体系以银行为主，文献中广泛使用衡量银行破产概率的银行 Z 值表征金融稳定，这一做法主要体现在对国家样本与银行样本的研究上，同时，我国银行破产概率极低，且省级数据难以从公开资料获取。最终结合数据的可得性，采用部分文献的做法，其一，参考沈悦等（2020）[155] 的研究，使用存贷比（*LDR*）衡量金融稳定，即各地区银行业金融机构各项贷款额与存款额的比值，该比值越大，说明金融稳定性水平越低。其二，参考马勇等（2016）[156] 的研究结论，金融去杠杆的过程中会增加金融危机的概率，金融杠杆波动对金融稳定具有显著负向影响，借鉴张曾莲和岳菲菲（2021）[189] 的做法，使用金融杠杆波动（*vol*）衡量金融稳定，具体用金融机构贷款总额与 GDP 比值后再求 HP 滤波表示，金融杠杆波动幅度越大，说明金融稳定性水平越低。

替换因变量重新回归的估计结果如表 5-5 列（1）和列（2）所示，结果显示，金融科技一次项的回归系数均显著为正，二次项的回归系数均显著为负，说明金融科技的发展先是显著提升存贷比或增加金融杠杆波动（即降低金融稳定水平），达到一定水平之后会显著降低存贷比或减少金融杠杆波动（即提升金融稳定水平），因此金融科技对金融稳定具有先消极后积极的"U"型影响，替换因变量衡量方式后得出的结论与基准回归保持一致。

5.4.2.2　稳健性检验：替换核心解释变量金融科技的衡量方法

借鉴王小华等（2023）[393] 和宋敏等（2021）[57] 的思路，用金融科技行业公司数量的自然对数衡量金融科技发展水平。具体在天眼查搜索各省金融科技存续企业的数量，并取自然对数作为各省金融科技发展水平的代理变量（$\ln\_FTcom$），同时将其平方项（$\ln\_FTcom^2$）纳入回归，估计结果如表 5-5 第（3）列所示。金融科技一次项和二次项的系数在 1% 的显著性水平上分别为负和正，替换核心解释变量金融科技以后，金融科技对金融稳定具有先负后正的 "U" 型影响这一结论仍然成立。

5.4.2.3　稳健性检验：增加控制变量

借鉴部分文献在稳健性检验部分考虑进一步纳入更多控制变量，以尽可能地降低遗漏变量影响的做法。在基准回归所述控制变量的基础上，增加工业化程度（*industry*）、人口增长率（*grow*）、城镇化水平（*urban*）以及信息化水平（*info*）等层面的控制变量进一步降低遗漏变量的影响，估计结果如表 5-5 列（4）所示。其中，工业化程度使用工业增加值与地区生产总值的比值表示，人口增长率使用人口出生率与人口死亡率的差值表示，城镇化水平使用城镇人口占地区总人口的比重表示，信息化水平使用邮电业务总量与地区生产总值的比值表示。结果显示，金融科技二次项的系数均在 1% 的水平上显著为正，且与金融科技一次项的估计系数异号，说明金融科技对金融稳定具有先负后正的 "U" 型影响这一结论仍然成立。

表 5-5　稳健性检验的估计结果一

变量	替换金融稳定		替换金融科技	增加控制变量
	（1）	（2）	（3）	（4）
	LDR	*vol*	*FSI*	*FSI*
FT	0.0622***	0.0266***		−0.1576**
	（0.0101）	（0.0072）		（0.0767）
FT^2	−0.0007***	−0.0002***		0.0023***
	（0.0001）	（0.0001）		（0.0008）
ln_*FTcom*			−0.4197***	
			（0.1436）	
ln_*FTcom*^{2}			0.0403***	
			（0.0082）	
控制	控制	控制	控制	控制
industry				1.3659
				（1.0360）
grow				0.0150
				（0.0204）

续表

变量	替换金融稳定		替换金融科技	增加控制变量
	（1）	（2）	（3）	（4）
	LDR	vol	FSI	FSI
urban				−0.0171 （0.0244）
info				−1.1573 （1.3388）
_cons	−0.5764 （0.4365）	0.1029 （0.2538）	−3.4864 （2.1389）	−8.1566** （3.4267）
Year	Yes	Yes	Yes	Yes
Province	Yes	Yes	Yes	Yes
N	330	330	330	330
R²	0.8908	0.4456	0.7812	0.7890

5.4.2.4　稳健性检验：调整样本期间、样本容量与缩尾处理

其一，调整样本期间进行稳健性检验。2020 年初的疫情，对我国各地的经济和金融运行产生较大的影响，相关数据可能存在非正常扰动，进而可能干扰变量间关系的准确识别（吴心弘和裴平，2021）[258]。因此，调整样本期间为2011~2019 年重新回归，观察金融科技与金融稳定之间的曲线关系是否受到影响，估计结果如表 5-6 第（1）列所示。

其二，剔除特定样本进行稳健性检验。借鉴宋敏等（2021）[57]的做法，剔除金融科技发展较快的 4 个直辖市样本（北京、天津、上海和重庆）重新回归，估计结果如表 5-6 第（2）列所示。

其三，对所有变量进行 1% 分位上的双边缩尾处理离群值，进一步验证基准回归结论的稳健性，观察金融科技与金融稳定的"U"型关系是否敏感于离群值，估计结果如表 5-6 第（3）列所示。

表 5-6 列（1）至列（3）的结果显示，金融科技一次项和二次项的系数均分别显著为负和正，与基准回归结论一致，金融科技对金融稳定具有先负后正的"U"型影响。

表 5-6　稳健性检验的估计结果二

变量	调整样本期间：2011~2019 年	改变样本容量：剔除直辖市样本	缩尾处理
	（1）	（2）	（3）
	FSI	*FSI*	*FSI*
FT	−0.1907***	−0.1271*	−0.1994***
	（0.0694）	（0.0724）	（0.0623）
FT^2	0.0030***	0.0024***	0.0029***
	（0.0007）	（0.0006）	（0.0005）
控制	控制	控制	控制
_cons	−5.6756**	−4.2491*	−3.4704*
	（2.5050）	（2.4155）	（1.9500）
Year	Yes	Yes	Yes
Province	Yes	Yes	Yes
N	270	286	330
R^2	0.8059	0.7984	0.7841

5.5　金融科技对金融稳定的结构性影响

5.5.1　金融科技不同发展维度对金融稳定的结构性影响

从覆盖广度（*coverage*）、使用深度（*usage*）和数字化程度（*digitization*）三个不同发展维度考察金融科技对金融稳定的结构性影响，回归结果如表 5-7 所示。其中，列（1）至列（2）为金融科技覆盖广度对金融稳定的影响估计，列（1）中金融科技覆盖广度的二次项系数显著为正，且与一次项系数异号，覆盖广度与金融稳定可能存在"U"型关系，但进一步计算得到的拐点值（481.31）超出覆盖广度在样本期内的最大值（433.42），说明在样本期内覆盖广度与金融稳定的关系尚处在"U"型关系的左半边。列（2）的估计结果显示金融科技覆盖广度的系数在 5% 的水平上显著为负，因此，金融科技在覆盖广度的发展对金融稳定具有负向影响。

表 5-7　金融科技不同发展维度对金融稳定的结构性影响

变量	（1） 覆盖广度 *FSI*	（2） 覆盖广度 *FSI*	（3） 使用深度 *FSI*	（4） 数字化程度 *FSI*
coverage	−0.2150*** （0.0437）	−0.1156** （0.0464）		
*coverage*²	0.0022*** （0.0004）			
usage			−0.0858** （0.0381）	
*usage*²			0.0016*** （0.0004）	
digitization				0.0465*** （0.0133）
控制	控制	控制	控制	控制
_cons	−7.3193*** （2.1389）	−10.9023*** （2.3171）	−3.6490* （2.1879）	−8.0982*** （2.0998）
Year	Yes	Yes	Yes	Yes
Province	Yes	Yes	Yes	Yes
拐点值	481.31		260.29	
coverage 取值区间	［1.96, 433.42］			
usage 取值区间			［6.76, 510.694］	
N	330	330	330	330
R²	0.7856	0.7559	0.7821	0.7655

注：在加入数字化程度二次项（*digitization*²）的模型中，数字化程度一次项与二次项系数均为正，且二次项系数水平不显著，说明数字化程度与金融稳定之间无"U"型曲线关系，故仅列示线性模型。

列（3）为金融科技使用深度对金融稳定的估计结果，使用深度的一次项系数和二次项系数分别显著为负和正，Utest 检验结果显示 t 统计量为 2.22，在 5% 的显著性水平上拒绝原假设（单调或非"U"型），两侧端点的斜率值分别为负和正，且均通过显著性检验①，计算得到的拐点值（260.29）在使用深度的取值

---

① 曲线左右两侧端点的斜率的显著性 P 值分别为 0.0135 和 3.79e−07。

范围内，表明金融科技使用深度对金融稳定具有先负后正的"U"型影响。结合第 4 章金融科技总指数与不同发展维度指数的时间趋势图可以看出，金融科技使用深度的发展大致在 2016~2017 年跨越拐点，进入对金融稳定发挥积极影响的区间。

列（4）为金融科技数字化程度对金融稳定的估计结果，结果显示数字化程度的系数在 1% 的水平上显著为正，说明金融科技在数字化程度维度的发展能够显著促进金融稳定。

这对金融科技的发展带来了一些启示，金融科技前期粗放式的广覆盖发展模式不利于金融稳定，列（1）的结果显示金融科技覆盖广度存在对金融稳定产生积极影响的区间，但样本期内的覆盖广度发展水平尚未达到对金融稳定产生积极影响的水平。金融科技使用深度已进入对金融稳定发挥积极影响的区间，金融科技数字化发展有助于促进金融稳定。因此，如何提升金融科技覆盖用户的账户使用率与活跃度，将覆盖广度转化为金融科技各业务领域的使用度，并进一步提升金融科技在移动化、实惠化、信用化与便利化等数字化普惠层面的发展，可能是金融科技高质量发展需继续发力的方向，以更好地促进数字金融深度应用、金融数字化转型发展与维护金融稳定。

5.5.2　金融科技不同业务领域对金融稳定的结构性影响

金融科技发展包括支付、保险、货币基金、投资、信贷和信用等不同业务领域。其中，支付作为现代经济的核心基础设施，互联网支付和移动支付等第三方支付手段的创新在金融科技发展中的起步较早，具有类中央银行的支付清算职能（杨彪和李冀申，2012）[394]，移动支付是金融科技的核心业态（吴晓求，2015）[395]，影响最为广泛，其规模的扩张进一步助推了金融科技以支付为基础向信贷、保险、投资和征信等多领域金融服务的广泛纵深发展。信贷是融资可得性的直接体现，货币基金和投资为大量长尾人群提供了投资理财渠道，是金融科技补充传统金融发展的重要领域。互联网保险的起步也较早，而征信的发展起步较晚。金融科技在不同业务领域的发展深度不同，各业务领域存在发展不平衡的问题，可能对金融稳定具有结构性影响。

基于研究数据，进一步考察这六种不同业务领域下的金融科技发展对金融稳定的结构性影响，回归结果依次如表 5-8 列（1）至列（6）所示。研究发现，线性模型列（4）所示投资业务领域的一次项系数在 1% 的水平上显著为正，说明金融科技在投资业务领域的发展能够显著促进金融稳定。除投资以外，金融科技其他业务领域的一次项系数与二次项系数均分别显著为负和正，各项业务的拐点值均在对应业务领域的取值区间内，端点两侧的斜率值均分别显著为负和正。因此，金融科技除投资领域之外的各项业务发展均对金融稳定具有先负后正的"U"型影响。进一步结合系数值的大小看，金融科技不同业务领域对金融稳定的"U"型影响强度依次为货币基金、信贷、支付和信用，保险的影响效应最弱。结合第 4 章金融科技各项业务使用深度指数的时间趋势图可以看出，金融科技支付指数的拐点大致出现在 2015 年，保险指数的拐点大致出现在 2014 年或 2016 年，货币基金指数拐点大致出现在 2016 年，信贷指数的拐点大致出现在 2018~2019 年，信用指数的拐点大致出现在 2016 年。

表 5-8　金融科技不同业务领域对金融稳定的结构性影响

变量	（1） *payment* 支付	（2） *insurance* 保险	（3） *mon_fund* 货币基金	（4） *invest* 投资	（5） *credit* 信贷	（6） *credit_inv* 信用
FT 业务领域	−0.0792** （0.0373）	−0.0494*** （0.0144）	−0.1534*** （0.0456）	0.0345*** （0.0096）	−0.1158*** （0.0351）	−0.1041*** （0.0324）
FT 业务领域 ^{2}	0.0023*** （0.0005）	0.0005*** （0.0001）	0.0037*** （0.0006）		0.0031*** （0.0007）	0.0016*** （0.0005）
控制	控制	控制	控制	控制	控制	控制
_cons	−2.6877 （2.1568）	−5.2141** （2.0964）	−7.8891 （4.8062）	−5.0226** （2.4633）	−4.5756** （2.1211）	−0.5383 （7.1853）
Year	Yes	Yes	Yes	Yes	Yes	Yes
Province	Yes	Yes	Yes	Yes	Yes	Yes
拐点值	175.30	517.71	209.97		185.24	321.39
N	330	330	180	240	330	120
R^2	0.7861	0.7756	0.8051	0.6038	0.7761	0.7060

注：为节省表格的纵向空间，统一使用"FT 业务领域"和"FT 业务领域 ^{2}"分别表示对应业务及其平方项。投资（invest）代入基准模型回归后的一次项和二次项符号均为正，且二次项系数水平不显著，说明投资与金融稳定之间无"U"型曲线关系，因此，表中第（4）列仅列示了投资系数正显著的线性模型。

5.6　拓展分析：考虑多因素条件下的异质性影响

5.6.1　考虑金融科技发展水平的异质性影响

我国省际金融科技发展水平存在一定差距，长三角、珠三角和部分大城市的金融科技指数较高（郭峰等，2020）[313]。结合前文的变量描述性统计表可以看出，金融科技各指数的标准差均较大，地区间金融科技发展不平衡，为此，进一步考察金融科技发展水平的高低对金融稳定可能呈现的异质性影响。按照各地区金融科技发展水平的均值排序，将样本等分为金融科技高水平地区[①]和低水平地区分别进行回归，结果如表 5-9 所示。研究发现，在金融科技高水平地区的样本中，金融科技二次项的系数在 1% 的水平上显著为正，与一次项系数异号，拐点值（245.20）落在该样本的金融科技取值区间内，曲线左右两侧端点的斜率异号且均通过显著性检验[②]，金融科技对金融稳定具有先负后正的"U"型影响。而在金融科技低水平地区，金融科技系数为负且尚不显著。说明在金融科技发展水平较高的地区，金融科技对金融稳定的影响更加明显，因此，随着金融科技发展水平的提高，跨过拐点值后，金融科技能够对金融稳定产生显著积极影响。

表 5-9　金融科技与金融稳定：考虑金融科技发展水平的异质性影响

变量	（1）	（2）
	金融科技高水平地区	金融科技低水平地区
FT	−0.1653** （0.0828）	−0.0638 （0.0639）
FT^2	0.0034*** （0.0007）	
控制	控制	控制
_cons	−3.0446 （2.3252）	−6.3847* （3.7642）
拐点值	245.20	

①　金融科技高水平地区包括上海、北京、浙江、江苏、福建、广东、天津、湖北、海南、重庆、山东、安徽、陕西、辽宁和四川，其余地区为低水平地区。

②　曲线左右两侧端点斜率的显著性 P 值分别为 0.0365 和 0.0011。

续表

变量	（1）	（2）
	金融科技高水平地区	金融科技低水平地区
FT 取值区间	［33.07, 458.97］	
Year	Yes	Yes
Province	Yes	Yes
N	165	165
R^2	0.8070	0.8050

5.6.2 考虑地理区位的异质性影响

我国地理区位的划分带有不同的经济地理属性，能够产生不同的经济社会影响（胡艺等，2019）[396]，不同区域之间的经济、金融以及政策等发展环境也具有显著差异（李春涛等，2020）[60]，可能在金融科技对金融稳定的影响方面呈现异质性。为此，借鉴大多数文献的处理方式，在实证中使用国家统计局与《中国卫生统计年鉴》的划分标准，将全样本划分为东部、中部和西部三个子样本进行研究①，回归结果分别如表5–10列（1）至列（3）所示。

列（1）的结果显示，在东部地区，金融科技二次项的系数在1%的水平上显著为正，与一次项系数异号，拐点值（187.89）落在东部地区的金融科技取值区间内，曲线左右两侧端点的斜率异号且均通过显著性检验②，说明在东部地区的样本中，金融科技对金融稳定具有先负后正的"U"型影响。列（2）的结果显示，在中部地区，金融科技系数在1%的水平上显著为负，说明中部地区金融科技的发展对金融稳定具有显著负向影响。列（3）的结果显示，西部地区金融科技的发展尚未对金融稳定产生显著影响。

综合三个地区的结果来看，东部地区的曲线拐点出现较早，这可能是因为与中西部地区相比，东部地区的经济、金融发展水平更高，政策、市场、监管以及信息基础设施等各类资源与配套设施较为丰富和健全，金融科技发展形成规模效

---

① 东部地区包括北京、天津、河北、辽宁、上海、江苏、浙江、福建、山东、广东、海南共11个省份，中部地区包括安徽、河南、黑龙江、湖北、湖南、吉林、江西和山西共8个省份，其他省份为西部地区。
② 曲线左右两侧端点斜率的显著性 P 值分别为 0.0862 和 0.00006。

应且具有先发优势（李海奇和张晶，2022）[397]，为当地金融科技的发展影响金融稳定提供了更畅通的基础条件，使金融科技在较低的发展水平上就能够发挥对金融稳定的积极影响。同时，由于中部地区金融科技发展对金融稳定产生了负向影响，西部地区金融科技的发展尚未对金融稳定产生显著影响，致使全样本的曲线拐点往后推迟至 331.06 的水平。

表 5-10　金融科技与金融稳定：考虑地理区位的异质性影响

变量	（1）东部地区	（2）中部地区	（3）西部地区
FT	−0.1479（0.0930）	−0.2898***（0.0835）	−0.0441（0.1395）
FT^2	0.0039***（0.0008）		0.0022（0.0017）
控制	控制	控制	控制
_cons	3.9560（3.5263）	−14.3317***（4.8813）	−9.2282**（4.5939）
拐点值	187.89		
FT 取值区间	[32.42, 458.97]		
Year	Yes	Yes	Yes
Province	Yes	Yes	Yes
N	121	88	121
R^2	0.8070	0.8790	0.8228

5.6.3　考虑征信体系完善程度的异质性影响

金融科技的本质仍为金融，金融的基础是信用，征信体系作为基于信用的信息服务，是金融基础设施建设的重要基石，其完善程度反映了信用水平的高低，健全征信体系能够有效缓解信息不对称，降低道德风险。尽管金融科技领域基于行为数据的大数据风控等技术有助于识别借款人的信用风险，但算法程序可能存在技术缺陷，部分行为数据的准确性与可利用度较低，征信体系的完善有助于强化金融科技领域的风险识别保障，起到锦上添花的作用，并可与前者的风险分析结论相互补充和印证，更能有效地降低信用违约带来的风险。因此，在不同的征信体系发展水平下，金融科技对金融稳定可能呈现异质性影响，即在信用水平较高时可能更有助于金融科技发挥对金融稳定的积极影响。

自然人征信覆盖率[①]（ *credit_r* ）可在一定程度上衡量一个地区的征信体系完善程度，该值越大，说明征信覆盖率越高，征信体系越完善。鉴于此，以该指标的均值为界，分为两个子样本分别进行回归，结果如表 5-11 所示。结果显示，在高征信覆盖率组别，金融科技的系数在 10% 的水平上显著为正，金融科技的发展对金融稳定具有显著正向影响。在低征信覆盖率组别，金融科技二次项的系数在 1% 的水平上显著为正，与一次项系数异号，拐点值（300.48）落在该子样本的金融科技取值区间内，曲线左右两侧端点的斜率异号且均通过显著性检验[②]，金融科技对金融稳定具有先负后正的"U"型影响。

表 5-11　金融科技与金融稳定：考虑征信体系完善程度的异质性影响

变量	（1）	（2）
	高征信覆盖率	低征信覆盖率
FT	0.0863* (0.0471)	−0.2029** (0.0902)
FT^2		0.0034*** (0.0009)
控制	控制	控制
_cons	−10.8895*** (2.5339)	−5.7473 (5.2713)
拐点值		300.48
FT 取值区间		[18.47, 406.53]
Year	Yes	Yes
Province	Yes	Yes
N	192	137
R^2	0.7144	0.8791

[①] 使用中国人民银行征信系统收录的自然人数占当地总人口的比率计算。
[②] 曲线左右两侧端点斜率的显著性 P 值分别为 0.0161 和 0.0392。

5.7　本章小结

本章通过构建双向固定效应基准回归模型，从总体上检验了金融科技对金融稳定的影响效应，研究发现，金融科技对金融稳定的影响效应是非线性的"U"型，即在金融科技发展水平从低到高的过程中，金融科技对金融稳定的影响呈现先抑制后促进的"U"型特征。在处理内生性问题与一系列稳健性检验后，结论仍然成立。同时，金融科技与金融稳定之间的"U"型关系存在结构效应与多种因素的异质性影响。

一方面，金融科技对金融稳定的影响存在结构效应。其中，在金融科技发展维度方面，覆盖广度维度的发展对金融稳定具有显著负向影响；使用深度维度的发展对金融稳定具有先负后正的"U"型影响；数字化程度维度的发展对金融稳定具有显著正向影响。在金融科技的不同业务领域方面，投资业务领域的发展能够显著促进金融稳定，除投资领域之外的其他各项业务发展均对金融稳定具有先负后正的"U"型影响，且影响强度依次为货币基金、信贷、支付和信用，保险的影响效应最弱。

另一方面，金融科技对金融稳定的影响效应存在多因素影响下的异质性。考虑金融科技发展水平因素时，金融科技低水平地区对金融稳定的影响为负但尚不显著，金融科技高水平地区对金融稳定具有先负后正的"U"型影响；考虑地理区位因素时，东部地区的金融科技发展对金融稳定具有先负后正的"U"型影响，中部地区金融科技的发展对金融稳定具有显著负向影响，西部地区金融科技的发展尚未对金融稳定产生显著影响；考虑征信体系时，在高征信覆盖率组别，金融科技对金融稳定具有显著正向影响，在低征信覆盖率组别，金融科技对金融稳定具有先负后正的"U"型影响。

第6章 金融科技影响金融稳定的机制检验

根据前文的理论假设分析，在分析金融科技对金融稳定的影响效应之后，本章进一步探讨金融科技与金融稳定之间可能的内在联系。一方面，金融科技能够通过哪些渠道影响金融稳定，构建作用渠道分析模型对金融科技可能影响金融稳定的传导机制进行检验；另一方面，金融科技对金融稳定的"U"型影响可能存在其他因素的外部影响效应，构建含交互项的调节效应模型对金融科技可能影响金融稳定的调节机制进行检验。

6.1 金融科技影响金融稳定的作用渠道检验

6.1.1 检验方法与模型设定

作用渠道分析的出发点在于自变量有时并非直接对因变量产生影响，需要进一步考察自变量是否影响一些中间变量，进而对因变量产生影响，主要采用中介效应分析思路（江艇，2022）[398]。在我国社会科学领域的早期研究中，分析自变量对因变量的作用渠道时大多采用三步逐步回归方法进行中介效应检验。在第一步的基准回归之外，在第二步构建中介变量对核心解释变量的回归，第三步纳入中介变量作为控制变量，构建被解释变量对中介变量与核心解释变量的回归，然后检验经过中介变量路径上的回归系数显著性，进而确定中介效应是否存在。部分文献还区分了完全中介（Judd and Kenny，1981）[399]和部分中介（Baron and Kenny，1986）[400]。系数显著性的具体检验步骤采用依次检验、联合检验系数乘积等方法，在后来的众多研究中逐渐体现了对逐步法依次检验步骤的质疑之后（Edwards and Lambert, 2007[401]；Hayes, 2009[402]；Zhao et al., 2010[403]），
Zhao 等（2010）[403]基于前人的研究，对普遍应用认可度较高的 Bootstrap 法进行
了总结。温忠麟和叶宝娟（2014）[404]在已有研究的基础上提出了新的中介效应
检验程序流程，除了依次检验程序之外，对应用 Bootstrap 法检验系数联合显著
性进行了说明，该方法在心理学、社会学和管理学等领域广泛使用。

以江艇（2022）[398]为代表的研究认为，上述检验中介效应的逐步回归程序
与经济学领域中的因果推断研究思想并不匹配。一方面，在心理学领域较为适用
的中介效应逐步法检验的焦点是核心解释变量通过中介变量影响被解释变量这一
间接效应本身，而经济学领域的机制识别应侧重研究手段的因果识别力度，从经
济学理论角度论证机制识别的假设；另一方面，中介效应逐步检验程序中的关键
模型是将中介变量作为控制变量，构建被解释变量对中介变量与核心解释变量的
回归模型，但核心解释变量与中介变量高度相关，二者都可能是内生的，并且中
介变量的加入并不能发挥其作为控制变量应解决变量本身带来的处理的内生性问
题，模型存在内生性偏误，无法作为清晰识别传导渠道的有力证据。

在经济学领域的作用渠道识别分析中，国内外现有文献已经广泛使用两步法
中介效应检验。其中，国际权威期刊使用较早，在分析核心解释变量对被解释变
量的作用渠道时，更多依赖于渠道变量对核心解释变量的回归结果，部分文献
仅将被解释变量对渠道变量与核心解释变量的回归结果作为旁证或一种试探性
证据。近两年，国内经济学领域的文献已经广泛采用江艇（2022）[398]提出的中
介效应分析的两步法操作建议（刘斌和甄洋，2022[405]；杨碧云等，2022[406]；
白俊红等，2022[407]；杨翠红等，2023[382]；黄阳华等，2023[408]；颜杰等，
2023[409]；贺晓宇和储德银，2023[335]）。

综合以上考虑，使用江艇（2022）[398]对作用渠道分析的建议程序，采用现
有经济学领域文献的广泛做法，在第一步基准回归模型（5-1）之外，构建渠道
变量对核心解释变量的回归模型，检验自变量对渠道变量的影响。在具体的模型
设定上，考虑到金融科技对金融稳定为非线性的"U"型影响，金融科技可能通
过线性或"U"型或倒"U"型曲线效应影响渠道变量，进而影响金融稳定，促
成金融科技与金融稳定之间的非线性关系。在江艇（2022）[398]的基础上，借鉴
林伟鹏和冯保艺（2022）[410]所述非线性中介效应检验的思想，以及许和连等
（2017）[389]对非线性回归的处理方式，构建如下回归模型检验金融科技影响金

融稳定的作用渠道。渠道变量对金融稳定的影响已在第 3 章对应的理论分析部分说明，具体内容见"3.3　金融科技影响金融稳定的作用渠道"①。

$$M_{it} = \alpha + \beta_1 FT_{it} + \gamma C_{it} + T_t + P_i + \varepsilon_{it} \tag{6-1}$$

$$M_{it} = \alpha + \beta_1 FT_{it} + \beta_2 FT_{it}^2 + \gamma C_{it} + T_t + P_i + \varepsilon_{it} \tag{6-2}$$

其中，M 为渠道变量，具体见下文各渠道检验部分，其他变量符号的含义以及控制变量与基准模型（5-1）保持一致。模型（6-1）和模型（6-2）分别用来识别金融科技对渠道变量可能的线性影响和"U"型影响。与基准回归保持一致，同时控制了时间固定效应与省份固定效应。由于金融科技影响金融稳定的渠道可能是复杂的，很可能无法找到所有的渠道变量。即使统计上发现属于完全中介，也并非意味着核心解释变量对被解释变量的作用渠道研究能够终止（江艇，2022）[398]。结合温忠麟和叶宝娟（2014）[404]在研究中对是否区分完全中介和部分中介的讨论，Hayes（2022）[411]对完全中介和部分中介的批评论述，以及 Zhao 等（2010）[403]的建议做法，对二者不作区分。综合江艇（2022）[398]的研究，直接检验核心解释变量对渠道变量的回归模型中的系数显著性，即模型（6-1）中金融科技系数的显著性，或模型（6-2）中金融科技二次项系数的显著性。

6.1.2　银行风险承担渠道检验

现有文献主要用银行 Z 值、风险加权资产占比和不良贷款率等指标衡量银行风险承担，考虑到省级层面的数据可得性、银行的主要收入来源、银行业监管机构关注的主要风险指标，使用各省银行业金融机构不良贷款率（$NPLR$）表征银行风险承担水平（史焕平和刘鑫，2023）[412]，该值越大，说明银行承担的风险水平越高。将不良贷款率作为渠道变量进行回归②，结果如表 6-1 所示。

---

①　同时，由于渠道变量也可能对金融稳定产生线性或非线性影响，与模型（6-1）或模型（6-2）共同促成金融科技对金融稳定的非线性影响，在部分渠道检验中汇报了金融稳定对渠道变量的回归结果，但仅将其作为一种相关性证据（江艇，2022）[398]，渠道变量对金融稳定的影响主要依据第 3 章理论分析部分的说明。

②　根据前文分析，金融科技可能通过线性或"U"型或倒"U"型曲线效应影响渠道变量，将不同渠道变量分别代入模型（6-1）和模型（6-2），回归结果报告的是金融科技指数系数显著的模型，以下各渠道检验不再单独说明。

表 6-1　金融科技与金融稳定：银行风险承担渠道检验

变量	（1）	（2）	（3）	（4）
	NPLR	*NPLR*	*NPLR*	*NPLR*
FT	0.0674 （0.1356）			
FT^2	−0.0032*** （0.0012）			
coverage		0.1959* （0.1113）		
$coverage^2$		−0.0031*** （0.0009）		
usage			0.1417** （0.0694）	
$usage^2$			−0.0028*** （0.0008）	
digitization				−0.1076*** （0.0359）
控制	控制	控制	控制	控制
_cons	26.1735*** （5.9949）	30.5258*** （5.5681）	24.8987*** （6.5066）	31.7074*** （5.6308）
Year	Yes	Yes	Yes	Yes
Province	Yes	Yes	Yes	Yes
拐点值	104.48	316.76	253.79	
N	330	330	330	330
R^2	0.5778	0.5681	0.5794	0.5750

　　列（1）的结果显示，金融科技二次项系数在 1% 的水平上显著为负，拐点值（104.48）落在金融科技取值区间内，右侧端点的斜率值为负，且通过显著性检验，左侧端点的斜率值为正，但未通过显著性检验[①]，说明左侧曲线关系可能不明显。进一步绘制金融科技对银行风险承担的倒"U"型影响关系图（见图 6-1），直观观察二者的关系，结果显示，拐点左侧的曲线走势非常平缓，金

---

① 曲线左右两侧端点斜率的显著性 P 值分别为 0.3372 和 0.0034。

融科技与银行风险承担的关系主要处在倒"U"型曲线的右半边,即随着金融科技发展水平的上升,先短暂提升了银行风险的承担水平,而后在较长时期内显著降低了银行风险承担水平①。本书的分析与 Ni 等(2023)[392]的研究结论保持一致,即金融科技对商业银行风险呈现先增加后降低的倒"U"型特征。

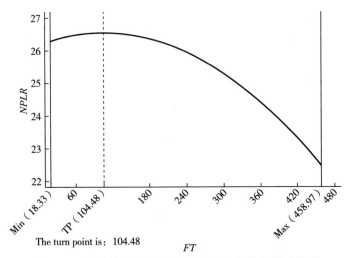

图 6-1　金融科技对银行风险承担的倒"U"型影响关系

注:TP 表示拐点值。
资料来源:笔者绘制。

列(2)至列(4)为进一步检验金融科技不同发展维度对银行风险承担水平影响的估计结果。其中,列(2)的结果显示,金融科技覆盖广度二次项的估计系数在 1% 的水平上显著为负,与一次项系数异号。结合第 5 章变量描述性统计结果,拐点值(316.76)落在覆盖广度的取值区间内,曲线左右两侧端点的斜率值分别为正和负,但右侧斜率的显著性水平未通过检验②。按照 Lind 和 Mehlum(2010)[383]提出的"U"型关系确定的三个标准程序,严格来说金融科技覆盖广度对银行风险承担水平具有先正后负的倒"U"型影响效应,可能在曲线的右侧表现不明显,但检验曲线左右端点的斜率显著性时主要考虑到拐点值与端点值较

---

① 后文的分析显示,覆盖广度与使用深度对银行风险承担具有先正后负的倒"U"型影响,数字化程度显著降低银行风险程度水平,金融科技的总效应是覆盖广度、使用深度与数字化程度三个维度的叠加,因此金融科技总体上对银行风险承担具有先正后负的倒"U"型影响,但主要处在"U"型曲线的右半边。
② 曲线左右两侧端点斜率的显著性 P 值分别为 0.0404 和 0.2603。

为接近的情况，而该模型估计的覆盖广度的拐点值并未接近最大值。图 6-2 绘制了金融科技覆盖广度对银行风险承担的倒 "U" 型影响关系图，拐点右侧的曲线特征明显，可以认为在样本期内金融科技覆盖广度对银行风险承担具有先正后负的倒 "U" 型影响效应。

列（3）的结果显示，金融科技使用深度二次项的系数在 1% 的水平上显著为负，与一次项系数异号，结合第 5 章变量描述性统计结果，拐点值（253.79）落在金融科技使用深度的取值区间内，曲线左右两侧端点的斜率值分别显著为正和负 [1]，因此，金融科技使用深度维度的发展对银行风险承担同样具有先正后负的倒 "U" 型影响（曲线关系见图 6-2）。

列（4）的结果显示，金融科技数字化程度指数的系数在 1% 的水平上显著为负，说明金融科技数字化程度维度的发展显著降低了银行风险承担水平。

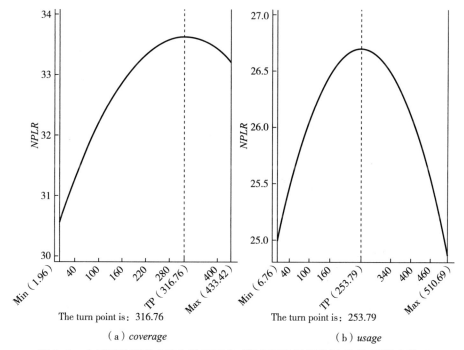

图 6-2　金融科技覆盖广度与使用深度对银行风险承担的倒 "U" 型影响关系

注：TP 表示拐点值。

资料来源：笔者绘制。

---

[1]　曲线左右两侧端点斜率的显著性 P 值分别为 0.0224 和 0.0006。

综上所述，金融科技覆盖广度与使用深度维度的发展对银行风险承担具有先正后负的倒"U"型影响，进而对金融稳定产生先负后正的"U"型影响；数字化程度维度的发展能够显著降低银行风险承担水平，进而促进金融稳定。不同发展维度的综合效应使金融科技总体上对银行风险承担具有先正后负的倒"U"型影响，进而对金融稳定产生先负后正的"U"型影响。因此，金融科技能够作用于银行风险承担渠道，进而对金融稳定产生影响，H2-1 成立。

6.1.3　影子银行渠道检验

中国影子银行系统主要由委托贷款、信托贷款和理财产品组成，并且存在相互重叠（Chen et al.，2020）[413]，部分学者曾将委托贷款与信托贷款规模的合计作为影子银行的计算基础（陈剑和张晓龙，2012[414]；李向前等，2013[299]）。在此基础上，结合省级层面的数据可得性，借鉴王振和曾辉（2014）[415]与 Chen 等（2018）[416]以及李青原等（2022）[417]对影子银行规模的测量方法，采用社会融资规模项下的委托贷款、信托贷款以及未贴现的银行承兑汇票三者之和作为影子银行的汇总基数，并按占影子银行 70% 的换算比例计算传统金融体系中影子银行的规模增量，作为影子银行（*SB*）的代理变量，计算影子银行规模的数据来源于中国人民银行调查统计司官网①。

将影子银行作为渠道变量进行回归，结果如表 6-2 所示。列（1）的结果显示，金融科技二次项的估计系数在 1% 的水平上显著为负，拐点值（178）落在金融科技的取值区间内，曲线左右两侧端点的斜率值分别为正和负，右侧斜率的显著性水平通过检验，左侧斜率的显著性水平居于临界值附近②。图 6-3 进一步绘制了金融科技对影子银行规模的倒"U"型影响关系图，可以看出拐点值与左侧端点尚有一定距离，拐点左侧的曲线影响明显，在样本期内金融科技对影子银行具有先正后负的倒"U"型影响效应。

---

① 2011 年和 2012 年未公布地区层面数据，采用邻近插值法，使用后 3 年的数据均值估算。
② 曲线左右两侧端点斜率的显著性 P 值分别为 0.1098 和 0.0006。

表 6-2　金融科技与金融稳定：影子银行渠道检验

变量	（1）	（2）	（3）	（4）
	SB	SB	SB	SB
FT	0.2948 （0.2203）			
FT^2	−0.0083*** （0.0020）			
coverage		0.4696** （0.1875）		
usage			0.0887 （0.1359）	
$usage^2$			−0.0045*** （0.0013）	
digitization				−0.2291*** （0.0470）
控制	控制	控制	控制	控制
_cons	−1.6446 （9.2674）	24.1569** （9.6309）	−1.1437 （9.8588）	11.6341 （8.9936）
Year	Yes	Yes	Yes	Yes
Province	Yes	Yes	Yes	Yes
拐点值	178		97.73	
N	330	330	330	330
R^2	0.6012	0.5543	0.6004	0.5887

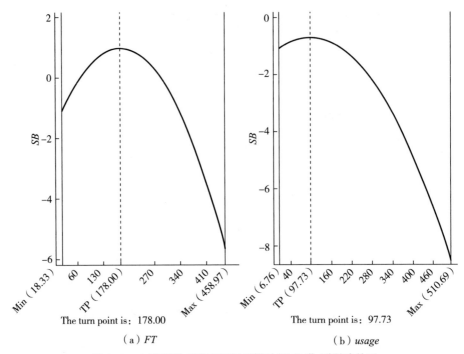

The turn point is: 178.00 | The turn point is: 97.73

（a）FT | （b）usage

图 6-3　金融科技对影子银行规模的倒"U"型影响关系

注：TP 表示拐点值。左图为金融科技总指数的影响，右图为金融科技使用深度指数的影响。
资料来源：笔者绘制。

　　列（2）至列（4）为进一步检验金融科技不同发展维度对影子银行规模影响的估计结果。其中，列（2）的结果显示，覆盖广度的估计系数在 5% 的水平上显著为正，说明金融科技覆盖广度维度的发展显著增加了影子银行规模。列（3）的结果显示，使用深度二次项的系数在 1% 的水平上显著为负，拐点值（97.73）落在金融科技使用深度的取值区间内。图 6-3 显示金融科技使用深度与影子银行规模的倒"U"型曲线的拐点左侧较为平缓，使用深度与影子银行规模的关系主要处在倒"U"型曲线的右半边，主要降低了影子银行规模。列（4）的结果显示，数字化程度的估计系数在 1% 的水平上显著为负，说明金融科技在数字化程度维度的发展能够显著降低影子银行规模。

　　结合金融科技在不同维度的发展程度，金融科技早期主要以覆盖广度为发展基础，显著增加了影子银行规模，使用深度对影子银行规模的倒"U"型影响在左侧不明显，增加影子银行规模的区间较短，数字化程度的提升能够显著降低影子银行规模，综合三个维度后的叠加效应，使金融科技在动态发展过程中总体体现为对影子银行具有先正后负的倒"U"型影响，且拐点左侧的影响比使用深度明显。结合第 3 章理论分析部分所述，影子银行对金融稳定具有消极影响，因此，金融科技能够作用于影子银行渠道，进而对金融稳定产生影响，H2-2 成立。

6.1.4　普惠金融渠道检验

关于地区普惠金融发展的测度，部分文献使用银行网点数量或分支机构数量与 ATM 机数量的人均分布或地理空间分布等指标衡量（Benfratello et al.，2008[418]；粟勤和肖晶，2015[419]；Neaime and Gaysset，2018[311]；Fung et al.，2020[256]；金友森等，2020[420]）。为更全面地衡量普惠金融发展水平，参考张勋等（2019）[421]的研究，将金融包容性与普惠金融视为同义词，借鉴朱东波等（2018）[422]在前人研究基础上更新的金融包容性指标体系构建普惠金融指数，具体指标与计算方法如表 6-3 所示。

表 6-3　普惠金融指标体系

分类指标	具体指标（单位）	计算方法	指标性质
金融发展规模与活跃程度	人均存贷款总额（元）	金融机构存贷款总额 / 总人口	正指标
	存贷款总额 /GDP	金融机构存贷款总额 /GDP	正指标
	金融机构从业人员的人口分布	金融机构营业从业人员数量 / 总人口	正指标
金融服务获取的难易程度	金融机构营业网点的平均地理分布（个 / 平方公里）	金融机构营业网点数量 / 地区面积	正指标
	金融机构从业人员的平均地理分布（个 / 平方公里）	金融机构营业从业人员数量 / 地区面积	正指标
	金融机构营业网点的人口分布（个 / 人）	金融机构营业网点个数 / 总人口	正指标

资料来源：在朱东波等（2018）[422]的基础上调整所得。

将以上普惠金融指标进行标准化后，采用熵值法合成普惠金融指数（IF），该值越大表示普惠金融发展水平越高，金融包容性越强。将普惠金融指数作为渠道变量进行回归，结果如表 6-4 所示。列（1）的结果显示，金融科技一次项系数在 1% 的水平上显著为正,说明金融科技对普惠金融具有显著积极影响。列（2）至列（4）为进一步检验金融科技不同发展维度对普惠金融影响的估计结果。研究显示,金融科技覆盖广度的系数水平尚不显著,金融科技使用深度和数字化程度的估计系数均在 1% 的水平上显著为正,说明金融科技在使用深度和数字化程度维度的发展显著促进了普惠金融。

表 6-4　金融科技与金融稳定:普惠金融渠道检验

变量	（1）	（2）	（3）	（4）	（5）
	IF	IF	IF	IF	FSI
FT	0.0089*** （0.0026）				
coverage		0.0028 （0.0036）			
usage			0.0040*** （0.0014）		
digitization				0.0026*** （0.0009）	
IF					−0.4109** （0.1646）
IF^2					0.0806*** （0.0221）
控制	控制	控制	控制	控制	控制
_cons	1.2587*** （0.1765）	1.1317*** （0.1831）	1.1868*** （0.1726）	1.1692*** （0.1722）	−8.4684*** （2.2279）
拐点值					0.2550
IF 取值区间					［0.084, 0.7941］
Year	Yes	Yes	Yes	Yes	Yes
Province	Yes	Yes	Yes	Yes	Yes
N	330	330	330	330	330
R^2	0.9720	0.9709	0.9717	0.9717	0.7633

列（5）[①]提供了普惠金融与金融稳定的一种相关性证据，结果显示普惠金融指数二次项（IF^2）的系数在 1% 的水平上显著为正，与一次项系数异号，拐点值（0.2550）落在普惠金融指数的取值区间内，曲线左右两侧端点的斜率值分别为负和正，且均通过显著性检验[②]，普惠金融的发展对金融稳定具有先负后正的"U"型影响。

综上所述，金融科技总体上显著促进了普惠金融，进而对金融稳定产生先负后正的"U"型影响。因此，金融科技能够作用于普惠金融渠道，进而对金融稳定产生影响，H2-3 成立。

6.1.5 城乡收入失衡渠道检验

使用城乡收入差距衡量城乡收入失衡，关于城乡收入差距的度量方法，部分文献用城镇居民可支配收入与农村居民人均可支配收入的比值衡量（孙君和张前程，2012）[423]，但因这一简单计算方式仅使用了收入层面的指标，无法反映城乡人口流动的动态性（李牧辰等，2020）[318]。而基尼系数体现的是居民之间的城乡收入失衡，在计算中将不同收入的人群分组，反映的是一个地区的总体居民收入差距（田卫民，2012）[424]，无法分离出城乡收入差距。目前较多文献采用泰尔指数法来计算城乡收入差距，泰尔指数（theil）的计算包含了城镇和农村人口比重，并且泰尔指数对高收入群体和低收入群体两端收入的变动比较敏感，与我国城乡收入差距主要体现为两端的变化较为契合（王少平和欧阳志刚，2007）[425]，可以更好地衡量城乡收入差距变动（梁双陆和刘培培，2019）[426]。本书使用泰尔指数法衡量城乡收入差距，计算公式如下：

$$theil_{i,t} = \sum_{j=1}^{2}\left[\frac{p_{ij,t}}{p_{i,t}}\right]\ln\left[\frac{p_{ij,t}}{p_{i,t}} / \frac{z_{ij,t}}{z_{i,t}}\right] \tag{6-3}$$

其中，$theil_{i,t}$ 表示 i 地区在 t 年的泰尔指数，$j=1,2$ 分别表示城镇和农村，$p_{i,t}$ 表示 i 地区在 t 年的总收入，$p_{ij,t}$ 表示 i 地区在 t 年的城镇或农村总收入（使用对应的人口和人均收入的乘积计算），$z_{i,t}$ 表示 i 地区在 t 年的总人口数，$z_{ij,t}$ 表示 i 地区在 t 年的城镇或农村人口数量。该指数越大，表示收入不平等程度越高，城

[①] 为避免普惠金融指数（IF）及其二次项（IF^2）的估计系数太大，对普惠金融指数乘以10纳入回归。

[②] 曲线左右两侧端点斜率的显著性 P 值分别为 0.0191 和 0.00004。

乡收入差距越大。

将城乡收入失衡（*theil*）作为渠道变量进行回归，结果如表6-5所示。列（1）的结果显示，金融科技二次项的系数在1%的水平上显著为正，与一次项系数异号，拐点值（175.45）落在金融科技的取值区间内，曲线左右两侧端点的斜率值分别为负和正，且均通过显著性检验①，金融科技对城乡收入失衡具有先负后正的"U"型影响，即在金融科技的发展过程中，先显著缩小了城乡收入失衡，在拐点值后显著扩大了城乡收入失衡。

列（2）至列（4）为进一步检验金融科技不同发展维度对城乡收入失衡影响的估计结果。其中，列（2）与列（3）的结果显示，金融科技覆盖广度与使用深度的二次项系数均在1%的水平上显著为正，与一次项系数异号，对应的拐点值（299.86和174.83）分别落在金融科技覆盖广度与使用深度的取值区间内，曲线左右两侧端点的斜率值均分别为负和正，且均通过显著性检验②，金融科技在覆盖广度与使用深度维度的发展对城乡收入失衡均具有先负后正的"U"型影响。列（4）的结果显示，金融科技数字化程度的估计系数在1%的水平上显著为正，说明金融科技在数字化程度维度的发展显著扩大了城乡收入差距，在这一点上与李牧辰等（2020）[318]的结论不谋而合。

第3章理论分析表明城乡收入失衡的缩小有助于促进金融稳定，城乡收入失衡的扩大不利于金融稳定，金融科技总体上对城乡收入失衡具有先负（缩小）后正（扩大）的"U"型影响，进而对金融稳定产生先正后负的倒"U"型影响。因此，金融科技能够作用于城乡收入失衡渠道，进而对金融稳定产生影响，H2-4成立。

表6-5　金融科技与金融稳定：城乡收入失衡渠道检验

变量	（1）	（2）	（3）	（4）
	theil	*theil*	*theil*	*theil*
FT	−0.0247*** （0.0065）			

① 曲线左右两侧端点斜率的显著性P值分别为0.0003和9.08e-24。

② 覆盖广度与城乡收入失衡的曲线左右两侧端点斜率的显著性P值分别为8.58e-14和0.0003；使用深度与城乡收入失衡的曲线左右两侧端点斜率的显著性P值分别为0.0002和5.18e-36。

续表

变量	（1）	（2）	（3）	（4）
	theil	*theil*	*theil*	*theil*
FT^2	0.0007*** （0.0001）			
coverage		−0.0426*** （0.0055）		
$coverage^2$		0.0007*** （0.00004）		
usage			−0.0157*** （0.0043）	
$usage^2$			0.0005*** （0.00004）	
digitization				0.0159*** （0.0020）
控制	控制	控制	控制	控制
_cons	3.1637*** （0.2940）	2.4812*** （0.3175）	3.2323*** （0.2965）	1.9299*** （0.3293）
Year	Yes	Yes	Yes	Yes
Province	Yes	Yes	Yes	Yes
拐点值	175.45	299.86	174.83	
N	330	330	330	330
R^2	0.9927	0.9919	0.9926	0.9882

6.1.6 环境风险渠道检验

选取碳排放总量衡量环境风险，在碳排放总量的计算方法上，借鉴现有文献的主流做法（朱东波等，2018[422]；范庆倩和封思贤，2022[387]），参考政府间气候变化专门委员会（IPCC）2006 年发布的《国家温室气体清单指南》，将煤炭、焦炭、汽油、煤油、柴油、燃料油和天然气共计 7 种化石燃料以及水泥乘以对应的二氧化碳排放系数后加总得到各地区二氧化碳排放总量（*CT*），计算公式如下：

$$CT = \sum_{k=1}^{7} E_k \times CC_k \times CF_k \times COF_k \times 44/12 + Q \times m_0 \qquad (6-4)$$

其中，E 表示各类化石燃料的能源消费量，CC、CF 和 COF 分别表示对应能源的碳含量、热值数据和碳氧化率，这三者相乘得到对应能源的碳排放系数，再按二氧化碳与碳的分子量比值（44/12）折算得到对应能源的二氧化碳排放系数。Q 表示水泥的生产量，m 表示水泥生产过程的二氧化碳排放系数。各类化石燃料的能源消费量数据来源于《中国能源统计年鉴》，水泥产量数据来源于各省统计年鉴，二氧化碳排放系数计算数据来源于 IPCC。为消除量纲的影响，将加总计算后的各地区二氧化碳排放总量取自然对数（$\ln\_CT$），该值越大，说明环境风险越高。

将碳排放作为渠道变量进行回归，结果如表 6-6 所示。列（1）的结果显示，金融科技的估计系数在 1% 的水平上显著为负，说明金融科技发展总体上能够显著降低碳排放，抑制环境风险。

列（2）至列（4）为进一步检验金融科技不同发展维度对碳排放影响的估计结果。研究显示，覆盖广度的估计系数在 5% 的水平上显著为正，说明金融科技在覆盖广度维度的发展增加了碳排放，如何避免粗放式地推广金融科技发展可能是需要修正的方向；使用深度和数字化程度的估计系数均在 1% 的水平上显著为负，说明金融科技在使用深度和数字化程度维度的发展均能有效降低碳排放，弱化环境风险。

第 3 章理论分析表明环境风险不利于金融稳定，金融科技能够降低环境风险，进而对金融稳定产生积极影响。因此，金融科技能够作用于环境风险渠道，进而对金融稳定产生影响，H2-5 成立。

表 6-6　金融科技与金融稳定：环境风险渠道检验

变量	（1）	（2）	（3）	（4）
	$\ln\_CT$	$\ln\_CT$	$\ln\_CT$	$\ln\_CT$
FT	−0.0480*** (0.0088)			
$coverage$		0.0396** (0.0165)		

续表

变量	（1）	（2）	（3）	（4）
	ln_CT	ln_CT	ln_CT	ln_CT
usage			−0.0271*** （0.0052）	
digitization				−0.0203*** （0.0031）
控制	控制	控制	控制	控制
_cons	9.2533*** （0.6951）	10.6484*** （0.6928）	9.5165*** （0.6772）	9.5636*** （0.6547）
Year	Yes	Yes	Yes	Yes
Province	Yes	Yes	Yes	Yes
N	330	330	330	330
R^2	0.9817	0.9809	0.9819	0.9825

6.2 金融科技影响金融稳定的调节机制检验

6.2.1 模型设定

金融科技对金融稳定的"U"型影响可能存在其他因素的外部影响效应，进一步考察在不同调节因素的作用下，金融科技对金融稳定可能产生的差异性影响。借鉴 Aghion 等（2005）[427]的思路，使用在自变量对因变量具有非线性影响时，能够识别外部调节因素对其影响作用的方法，具体参考张杰（2015）[428]、许和连等（2017）[389]的处理方式，构建如下含二次交互项的调节效应模型对金融科技可能影响金融稳定的调节机制进行检验。

$$FSI_{it} = \alpha + \beta_1 FT_{it} + \beta_2 FT_{it}^2 + \gamma_1 FT_{it} \times Z_{it} + \gamma_2 FT_{it}^2 \times Z_{it} + \lambda C_{it} + T_t + P_i + \varepsilon_{it} \quad （6-5）$$

其中，Z 为调节变量，用是否超过其均值的虚拟变量表示，超过则取值为 1，否则取值为 0，其他变量符号的含义以及控制变量与基准模型（5-1）保持一致。

一次项交互项 $FT \times Z_{it}$ 和二次项交互项 $FT_{it}^2 \times Z_{it}$ 分别表示金融科技一次项、金融科技二次项与调节变量的乘积。按照 Haans 等（2016）[384] 的研究，二次项交互项的估计系数显著为正时，表明该调节变量能够加强金融科技和金融稳定之间的"U"型影响，即调节变量取值越高，金融科技对金融稳定的"U"型关系越陡峭；反之，二次项交互项的估计系数显著为负时，表明该调节变量能够削弱金融科技和金融稳定之间的"U"型影响，即调节变量取值越高，金融科技对金融稳定的"U"型关系越平缓。与基准回归保持一致，同时控制了时间固定效应与省份固定效应。

6.2.2　地方政府治理的影响效应检验

6.2.2.1　政府数字关注度的影响效应

从地方政府数字关注度和财政透明度两个角度分析地方政府治理的影响效应。在地方政府数字关注度方面，区别于基于关键词的百度搜索指数构建新兴技术关注度指标的做法（张笑和孙典，2024）[429]，将研究视角聚焦于地方政府的数字关注度这一行为，对地方政府的工作报告进行文本分析，以更好地反映地方政府的数字治理水平。表 6-7 给出了基于政府工作报告的文本分析衡量地方政府数字关注度的关键词，从数字技术和数字应用维度统计对应的词频，将归属于两大维度的词频进行加总后的词频数作为地方政府数字关注度（ *gov_digital* ）的代理变量。该值越大，说明地方政府数字关注度越高。

表 6-7　地方政府数字关注度：基于政府工作报告的文本分析关键词

数字维度	数字领域	反映对应的数字领域发展的关键词
数字技术	大数据	大数据、混合现实、数据仓库、数据挖掘、数字孪生、虚拟现实、异构数据、增强现实
	云计算	云计算、云平台、EB 级存储、多方安全计算、类脑计算、量子计算、流计算、绿色计算、内存计算、认知计算、融合架构、图计算、信息物理系统、亿级并发
	区块链	区块链、数字货币、智能合约、差分隐私技术、分布式计算
	人工智能	机器人、机器学习、计算机视觉、决策辅助系统、决策支持系统、人工智能、商务智能、挖掘算法、虚拟现实、智能机器人、智能技术、智能数据分析、智能算法、专家系统

续表

数字维度	数字领域	反映对应的数字领域发展的关键词
数字技术	物联网	物联网、移动物联网、智能感应、导航系统、定位系统、红外感应器、激光扫描器、射频识别、RFID
	通信技术	4G、5G、6G、通信、5G 网络、卫星、网络安全
数字应用	数字政府	数字政府、政务服务平台、政务平台、政务应用系统、数据中心、数字化服务体系、智慧城市、智慧乡村、农村大数据云平台、智能计算中心
	农业	农业大数据、农业大数据平台、数字农业、无人耕种、无人农业、智慧农业
	工业	产业数字化、工业互联网、数字化供应链、无人驾驶汽车、智能穿戴、智能供应链、智能家居、智能交通、智能生产设备、智能制造
	服务业	数字经济、金融科技、数字金融、互联网金融、数字人民币、移动支付、第三方支付、NFC 支付、电子商务、B2B、B2C、C2B、O2O、互联网医疗、开放银行、量化金融、平台互联网、网联、网络娱乐、无人零售、无人银行、信息产业、移动互联网、智慧养老、智慧医疗、智能仓储、智能电网、智能环保、智能家居、智能客服、智能能源、智能投顾、智能文旅、智能医疗、自动驾驶

资料来源：笔者整理。

将地方政府数字关注度作为调节变量代入模型（6-5），回归结果如表 6-8 列（1）所示。结果显示，地方数字关注度与金融科技二次项的交互项估计系数值很小，且尚不显著，说明政府数字关注度尚未对金融科技与金融稳定之间的"U"型关系产生显著的强化效应。借鉴许和连等（2017）[389] 的处理方式，进一步根据数字关注度的均值将样本分成高低两组依次回归，估计结果分别如表 6-8 列（2）和列（3）所示。结果显示，在政府数字关注度较高时，金融科技一次项和二次项系数的显著性水平更高，金融科技对金融稳定的"U"型影响效应更强。这可能是因为，当政府数字关注度较高时，当地数字技术和数字应用发展更深入，金融科技所需的数字化发展环境以及金融业的数字化转型更为深入，为影响金融稳定提供了更畅通的数字条件。

综上所述，政府数字关注度未显著加强金融科技对金融稳定的"U"型影响，进而使"U"型关系更陡峭，进一步分析发现，在政府数字关注度较高时，金融科技发展对金融稳定产生先消极后积极的"U"型效应更强。因此，政府数字关注度的提升有助于加强金融科技对金融稳定的影响效应，部分验证了 H3-1a。

表 6-8　金融科技与金融稳定：地方政府治理的影响效应

变量	（1）数字关注度	（2）数字关注度高	（3）数字关注度低	（4）财政透明度
FT	−0.1910*** （0.0639）	−0.1716* （0.0871）	−0.1468 （0.1007）	−0.1961*** （0.0712）
FT^2	0.0029*** （0.0005）	0.0027*** （0.0006）	0.0021** （0.0010）	0.0028*** （0.0008）
$FT \times gov\_digital$	0.0032 （0.0071）			
$FT^2 \times gov\_digital$	−0.0001 （0.0002）			
$FT \times fiscal\_tran$				−0.0192* （0.0113）
$FT^2 \times fiscal\_tran$				0.0009* （0.0005）
控制	控制	控制	控制	控制
_cons	−4.4039** （2.0571）	−9.4400* （5.2246）	−7.7616** （3.6366）	−10.0227*** （3.2975）
Year	Yes	Yes	Yes	Yes
Province	Yes	Yes	Yes	Yes
N	330	146	176	240
R^2	0.7862	0.8453	0.7762	0.8385

6.2.2.2　政府财政透明度的影响效应

在地方政府财政透明度方面，参考张曾莲和岳菲菲（2021）[189]的做法，使用财政透明度指数衡量地方政府的财政透明度（*fiscal_tran*），数据来源于上海财经大学发布的《中国财政透明度报告》①，该指数越大，说明地方政府财政行为越透明。

将地方政府财政透明度作为调节变量代入模型（6-5），回归结果如表 6-8

---

① 财政透明度指数的数据期间为2011~2018年，对应模型列（4）保留了相同期间的其他变量数据，总共 240 个观测值。

列（4）所示。结果显示，地方政府财政透明度与金融科技二次项的交互项的估计系数在 10% 的水平上显著为正，说明地方政府财政透明度能够显著加强金融科技对金融稳定的"U"型影响效应，即地方政府财政透明度越高，金融科技与金融稳定的"U"型关系越陡峭，H3-1b 成立。

因此，综合地方政府数字关注度与财政透明度的调节机制检验结果，地方政府治理有助于加强金融科技对金融稳定的影响效应。

6.2.3　金融监管的影响效应检验

鉴于中国监管部门的金融监管支出主要来自于财政拨款，借鉴段军山和庄旭东（2020）[430] 以及张晓燕和姬家豪（2023）[431] 的做法，使用金融监管财政支出与地方财政一般预算支出的比值表示地方金融监管水平（$super\_fs$），该值越大，说明地方金融监管水平越高。

使用模型（6-5）回归后的结果如表 6-9 列（1）所示。结果显示，二次交互项的估计系数不显著，说明金融监管未显著影响金融科技与金融稳定之间的"U"型曲线的陡峭程度。借鉴许和连等（2017）[389] 的处理方式，同时考虑到高于均值组别的样本量较少，进一步根据金融监管的中位数分组回归，估计结果分别如列（2）和列（3）所示。结果显示，在低组别样本中，金融科技一次项和二次项的估计系数分别显著为负和正，金融科技对金融稳定呈现先抑制后促进的"U"型影响；在高组别样本中，金融科技的估计系数显著为正。说明金融监管水平较高时，金融科技倾向于发挥对金融稳定的积极影响，这可能是因为，当金融监管水平较低时，金融科技发展受到的监管规范程度较低，使金融科技更能充分发挥对金融稳定的影响作用，并且存在对金融稳定具有消极影响的区间。当金融监管水平较高时，有助于引导金融科技的健康发展，规范金融科技发展中的风险，使金融科技对金融稳定的积极作用更易显现。

综上所述，金融监管未显著影响金融科技与金融稳定之间的"U"型曲线的陡峭程度。进一步分析发现，在金融监管水平较低时，金融科技发展对金融稳定呈现先消极后积极的"U"型效应，在金融监管水平较高时，金融科技倾向于对金融稳定产生积极影响。因此，金融监管总体上有助于修正金融科技发展带来的金融稳定影响，金融监管水平提升能够使金融科技更易发挥对金融稳定的积极作用，但尚未影响"U"型曲线的陡峭程度，部分验证了 H3-2。

表 6-9 金融科技与金融稳定：金融监管的影响效应

变量	（1）	（2）	（3）
	金融监管	高组别	低组别
FT	−0.1944*** （0.0635）	0.0876* （0.0520）	−0.1587* （0.0893）
FT^2	0.0028*** （0.0005）		0.0024** （0.0010）
$FT \times super\_fs$	−0.0077 （0.0073）		
$FT^2 \times super\_fs$	0.0003 （0.0002）		
控制	控制	控制	控制
_cons	−4.2663** （2.1063）	−13.6897*** （3.9408）	3.1095 （2.6836）
Year	Yes	Yes	Yes
Province	Yes	Yes	Yes
N	330	161	162
R^2	0.7873	0.7821	0.8511

6.2.4 市场化程度与市场制度因素的影响效应检验

6.2.4.1 市场化程度的影响效应检验

王小鲁等（2021）[432] 编制的分省份市场化指数（market）能够综合反映一个地区的市场化程度，借鉴在研究中被广泛采用的俞红海等（2010）的处理方法，使用历年市场化指数的平均增长幅度进行后续年份的数据延展。该值越大，说明市场化程度越高，营商环境越完善。使用模型（6-5）回归后的结果如表 6-10 列（1）所示。结果显示，市场化程度与金融科技二次项的交互项估计系数在 5% 的水平上显著为正，说明市场化程度能够显著加强金融科技对金融稳定的"U"型影响效应，使"U"型曲线更加陡峭，H3-3a 成立。

6.2.4.2 市场制度因素的影响效应检验

政府与市场的关系反映了市场在资源配置中的作用以及政府干预情况，是金融科技领域市场主体的重要发展环境。将王小鲁等（2021）[432]编制的分省份市场化指数（*market*）分项指数中的政府与市场关系指数（*m_rela*）作为调节变量代入模型（6-5），回归结果如表 6-10 列（2）所示。结果显示，二次项交互项的估计系数不显著，说明政府与市场的关系尚未对金融科技与金融稳定之间的"U"型曲线的曲率产生显著影响。借鉴许和连等（2017）[389]的处理方式，进一步根据政府与市场关系指数的均值将样本分成高低两组依次回归，估计结果分别如表 6-10 列（3）和列（4）所示。结果显示，当政府与市场关系指数较高时，金融科技一次项和二次项的估计系数在 1% 的水平上分别显著为负和正，说明金融科技对金融稳定呈现先抑制后促进的"U"型影响。当政府与市场关系指数较低时，金融科技的系数为负且尚不显著。这可能是因为，当政府与市场关系指数较低时，市场有效性水平偏低，导致金融科技可能更易对金融稳定发挥负面影响；当政府与市场关系指数较高时，市场在资源配置中发挥的作用更强，政府对企业的干预程度更低，政府和市场的关系更有利于资源配置效率的提升，有利于金融科技的持续发展，使金融科技更能充分发挥对金融稳定的影响作用。

以上分析表明，政府与市场的关系未显著加强金融科技对金融稳定的"U"型影响，进而使"U"型曲线关系更陡峭。进一步分析发现，金融科技发展对金融稳定产生先消极后积极的"U"型效应在政府与市场的关系指数较高时显著。因此，政府与市场关系的规范有助于使金融科技对金融稳定的"U"型影响变得显著，在一定程度上加强了金融科技对金融稳定的影响效应，部分验证了H3-3b。

另外，金融科技的良性发展还与市场中介组织的发育与要素市场的完善息息相关。进一步将王小鲁等（2021）[432]编制的分省份市场化指数（*market*）分项指数中的市场中介组织的发育和法治环境指数（*m_legal*）、要素市场的发育程度指数（*m_factor*）分别作为调节变量代入模型（6-5），回归结果如表 6-10列（5）和列（6）所示。结果显示，二次项交互项的估计系数均在 1% 的水平上显著为正，说明中介组织的法律制度环境以及要素市场的完善都能够显著加强金融科技对金融稳定的"U"型影响效应，使金融科技与金融稳定之间的"U"型曲线关系更加陡峭，H3-3c 和 H3-3d 成立。

综合以上分析，市场化程度与市场制度因素能够强化金融科技对金融稳定的影响效应。

表6-10　金融科技与金融稳定：市场化程度与市场制度因素的影响效应

变量	（1）市场化程度	（2）政府与市场	（3）高组别	（4）低组别	（5）市场中介组织	（6）要素市场
FT	−0.1646** （0.0656）	−0.1688*** （0.0642）	−0.2405*** （0.0764）	−0.0542 （0.0639）	−0.1312** （0.0624）	−0.0959 （0.0651）
FT^2	0.0017** （0.0007）	0.0022*** （0.0007）	0.0033*** （0.0006）		0.0007 （0.0007）	0.0005 （0.0008）
$FT \times market$	−0.0190* （0.0100）					
$FT^2 \times market$	0.0007** （0.0003）					
$FT \times m\_rela$		−0.0084 （0.0084）				
$FT^2 \times m\_rela$		0.0004 （0.0003）				
$FT \times m\_legal$					−0.0476*** （0.0102）	
$FT^2 \times m\_legal$					0.0016*** （0.0004）	
$FT \times m\_factor$						−0.0412*** （0.0099）
$FT^2 \times m\_factor$						0.0015*** （0.0003）
控制	控制	控制	控制	控制	控制	控制
_cons	−4.5063** （2.0144）	−4.4607** （2.0455）	−3.8919 （2.7869）	−6.6971** （3.2709）	−4.2522** （1.9811）	−6.1049*** （2.0963）
Year	Yes	Yes	Yes	Yes	Yes	Yes
Province	Yes	Yes	Yes	Yes	Yes	Yes
N	330	330	170	156	330	330
R^2	0.7905	0.7875	0.8140	0.8385	0.8006	0.8024

6.2.5　数字基础设施的影响效应检验

从互联网发展角度分析数字基础设施的影响效应。互联网是信息化进程的重要基础设施，在互联网发展方面，考虑到互联网连通性的技术属性主要体现为接入互联网主体的数量，借鉴王金杰等（2018）[433] 与白俊红等（2022）[407] 的衡量方法，使用各地区人均互联网宽带接入用户数（inter_user）作为互联网发展的代理变量。该值越大，说明地方互联网发展水平越高。使用模型（6-5）回归后的结果分别如表 6-11 所示。结果显示，二次项交互项的估计系数在 1% 的水平上显著为正，说明互联网发展能够显著加强金融科技对金融稳定的"U"型影响效应，使"U"型曲线关系更加陡峭，H3-4 成立。

表 6-11　金融科技与金融稳定：数字基础设施的影响效应

变量	互联网发展
FT	-0.1291*
	（0.0665）
FT^2	0.0006
	（0.0009）
$FT \times inter\_user$	-0.0543***
	（0.0151）
$FT^2 \times inter\_user$	0.0021***
	（0.0006）
控制	控制
_cons	-3.5941*
	（2.0685）
Year	Yes
Province	Yes
N	330
R^2	0.7931

6.3　本章小结

本章探讨了金融科技与金融稳定之间可能的内在联系。在作用渠道方面，理论分析与作用渠道检验结果综合表明，金融科技能够作用于银行风险承担、影子银行、普惠金融、城乡收入失衡与环境风险等渠道，进而对金融稳定产生影响。在银行体系风险方面，金融科技覆盖广度与使用深度维度的发展对银行风险承担具有先正后负的倒"U"型影响，进而对金融稳定产生先负后正的"U"型影响；数字化程度维度的发展能够显著降低银行风险承担水平，进而促进金融稳定。不同发展维度的综合效应使金融科技总体上对银行风险承担具有先正后负的倒"U"型影响，进而对金融稳定产生先负后正的"U"型影响。因此，金融科技能够作用于银行风险承担渠道，进而对金融稳定产生影响。在影子金融风险方面，金融科技总体上对影子银行规模呈现先正后负的倒"U"型影响，进而对金融稳定产生先负后正的"U"型影响。其中，使用深度具有类似效应，且主要作用体现为"U"型曲线的右半边；覆盖广度维度的发展显著增加了影子银行规模，不利于金融稳定；数字化程度维度的发展显著降低了影子银行规模，能够促进金融稳定。在金融包容性方面，金融科技在使用深度和数字化程度维度的发展显著促进普惠金融，使得金融科技总体上显著促进普惠金融，进而对金融稳定产生先负后正的"U"型影响。在经济包容性方面，金融科技总体上对城乡收入失衡具有先缩小后扩大的"U"型影响，进而对金融稳定产生先正后负的倒"U"型影响。覆盖广度和使用深度具有类似效应，金融科技在数字化程度维度的发展显著扩大了城乡收入差距，不利于金融稳定。在环境风险方面，金融科技能够显著降低环境风险，进而对金融稳定产生积极影响。

在调节机制方面，构建含交互项的调节效应模型对调节机制进行检验。首先，地方政府治理能够强化金融科技对金融稳定的影响效应。其中，财政透明度能够显著加强金融科技对金融稳定的"U"型影响，使"U"型曲线更加陡峭；政府数字关注度未显著增大"U"型曲线的曲率，在高组别样本中的"U"型效应更强。其次，金融监管总体上有助于修正金融科技发展带来的金融稳定影响，金融监管水平提升能够使金融科技更易发挥对金融稳定的积极作用，但尚未影响"U"型曲线的陡峭程度。再次，市场化程度与市场制度因素能够强化金融科技对金融稳定的影响效应。其中，市场化程度、市场中介组织的发育和法治、要素市场的发育程度能够显著加强金融科技对金融稳定的"U"型影响，使"U"型曲线更加陡峭；政府与市场关系未显著增大"U"型曲线的曲率，在高组别样本中的"U"型效应显著。最后，在数字基础设施方面，互联网发展能够显著加强金融科技对金融稳定的"U"型影响，使"U"型曲线更加陡峭。

第7章 结论、建议与展望

本章根据上文对金融科技影响金融稳定的分析进行总结，首先总结研究的主要结论，其次提出启示与建议，最后指出本书的不足之处以及未来的研究展望。

7.1 研究结论

金融科技发展带来的经济金融各方面影响、与传统金融机构的竞合、发展中的各类风险以及对金融监管的挑战与变革等方面均具有影响金融稳定的潜力，研究金融科技对金融稳定的影响具有重要的理论与现实必要性。尽管从 2017 年开始，学术界逐渐对此展开了探索性研究，但相关经验研究较为欠缺，研究视角比较单一，对金融科技影响金融稳定的理论机制与作用渠道以及调节机制的讨论不足，部分研究方法与估计模型可能存在偏差。本书在对金融科技影响金融稳定的相关理论分析的基础上，以中国 2011~2021 年的省级面板数据为样本，采用面板双向固定效应模型估计，系统性地探讨并验证了金融科技对金融稳定的影响效应、作用渠道以及调节机制，主要得出以下研究结论：

第一，金融科技对金融稳定的影响效应是非线性的"U"型，在金融科技发展水平从低到高的过程中，金融科技对金融稳定的影响呈现先抑制后促进的"U"型特征。在处理内生性问题与一系列稳健性检验后，结论仍然成立。同时，金融科技与金融稳定之间的"U"型关系存在结构效应与多种因素的异质性影响。一方面，金融科技对金融稳定的影响存在结构效应。其中，在金融科技发展维度方面，覆盖广度维度的发展对金融稳定具有显著负向影响；使用深度维度的发展对金融稳定具有先负后正的"U"型影响；数字化程度维度的发展对金融稳定具有显著正向影响。在金融科技不同业务领域方面，投资业务领域的发展能够显著促进金融稳定，除投资领域之外的其他各项业务发展均对金融稳定具有先负后正的"U"型影响，且影响强度依次为货币基金、信贷、支付和信用，保险的影响效应最弱。另一方面，金融科技对金融稳定的影响效应存在多因素影响下的异质性。考虑金融科技发展水平因素时，金融科技低水平地区对金融稳定的影响为负但尚不显著，金融科技高水平地区对金融稳定具有先负后正的"U"型影响；考虑地理区位因素时，东部地区的金融科技发展对金融稳定具有先负后正的"U"型影响，中部地区金融科技的发展对金融稳定具有显著负向影响，西部地区金融科技的发展尚未对金融稳定产生显著影响；考虑征信体系时，在高征信覆盖率组别，金融科技对金融稳定具有显著正向影响，在低征信覆盖率组别，金融科技对金融稳定具有先负后正的"U"型影响。

第二，理论分析与作用渠道检验结果综合表明，金融科技能够作用于银行风险承担、影子银行、普惠金融、城乡收入失衡与环境风险等渠道，进而对金融稳定产生影响。在银行体系风险方面，金融科技覆盖广度与使用深度维度的发展对银行风险承担具有先正后负的倒"U"型影响，数字化程度能够显著降低银行风险承担水平。不同发展维度的综合效应使金融科技总体上对银行风险承担具有先正后负的倒"U"型影响，进而对金融稳定产生先负后正的"U"型影响。在影子金融风险方面，金融科技总体上对影子银行规模呈现先正后负的倒"U"型影响，进而对金融稳定产生先负后正的"U"型影响。其中，使用深度具有类似效应，且主要作用体现为"U"型曲线的右半边；覆盖广度维度的发展显著增加了影子银行规模，不利于金融稳定；数字化程度维度的发展显著降低了影子银行规模，能够促进金融稳定。在金融包容性方面，金融科技在使用深度和数字化程度维度的发展显著促进了普惠金融，使金融科技总体上显著促进普惠金融，进而对金融稳定产生先负后正的"U"型影响。在经济包容性方面，金融科技总体上对城乡收入失衡具有先缩小后扩大的"U"型影响，进而对金融稳定产生先正后负的倒"U"型影响，对主效应产生了遮掩效果。覆盖广度和使用深度具有类似效应，数字化程度维度的发展显著扩大了城乡收入失衡，不利于金融稳定。在环境风险方面，金融科技能够显著降低环境风险，进而对金融稳定产生积极影响。

第三，金融科技对金融稳定的影响受到一系列因素的调节作用。首先，地方政府治理能够强化金融科技对金融稳定的影响效应。其中，财政透明度能够显著加强金融科技对金融稳定的"U"型影响，使"U"型曲线更加陡峭；政府数字关注度未显著增大"U"型曲线的曲率，在高组别样本中的"U"型效应更强。其次，金融监管总体上有助于修正金融科技发展带来的金融稳定影响，金融监管水平提升能够使金融科技更易发挥对金融稳定的积极作用，但尚未影响"U"型曲线的陡峭程度。再次，市场化程度与市场制度因素能够强化金融科技对金融稳定的影响效应。其中，市场化程度、市场中介组织的发育和法治、要素市场的发育程度能够显著加强金融科技对金融稳定的"U"型影响，使"U"型曲线更加陡峭；政府与市场关系未显著增大"U"型曲线的曲率，在高组别样本中的"U"型效应显著。最后，在数字基础设施方面，互联网发展能够显著加强金融科技对金融稳定的"U"型影响，使"U"型曲线更加陡峭。

另外，在以上"理论分析—假设提出—假设检验"的分析框架得出的主要结论之外，本书还立足于中国金融科技实践，系统梳理了金融科技演进历程、2023年3月金融监管体系改革后的金融科技监管框架以及金融科技关键领域的监管制度演进等特征事实，以期增进对中国情境下的金融科技发展对金融稳定影响的理解，提升金融科技促进金融稳定路径的现实适用性。研究发现，目前我国金融科技迈入数字化与智能化发展阶段，政策环境不断完善和优化，金融科技支持实体经济能力提升。对金融科技领域的监管融合了机构监管、功能监管和行为监管，体现了宏观审慎监管和微观审慎监管的结合，金融科技监管的范畴逐渐从金融科技业务与实体领域扩大到更广泛的监管工具创新、合作业务、市场竞争、金融业科技应用、金融消费者保护以及数据、网络安全和个人信息保护等关键领域，金融科技监管的协同治理生态逐渐形成，但数据治理与隐私权保护以及相关法规的域外适用尚处于探索阶段。

7.2 启示与建议

理论上金融科技对金融稳定存在正向与负向双重影响效应，本书研究结论显示，金融科技对金融稳定的影响呈现先抑制后促进的"U"型特征，并且已跨越

"U"型曲线的左半边，对金融稳定开始发挥积极作用，但右半边曲线端点的斜率水平较低，曲线走势较为平缓，对金融稳定的积极影响较弱。同时，金融科技对金融稳定的"U"型影响效应在金融科技不同发展维度与不同业务领域均存在结构性影响，在金融科技发展水平、地理区位以及征信体系完善程度等方面存在异质性影响。另外，金融科技能够通过影响银行风险承担、影子银行规模、普惠金融发展、城乡收入失衡与环境风险等渠道影响金融稳定。金融科技对金融稳定的影响效应还受到政府治理、金融监管、市场化制度、数字基础设施等多因素的调节。可见，金融科技对金融稳定的影响是系统且复杂的，同时金融科技的发展方兴未艾，未来一些新的突破性技术对金融领域的变革可能对金融稳定产生新的影响。总之，金融科技的发展演进是动态且深入的，基于本书研究结论主要引发了如下思考：

总体上看，如何引导并规范金融科技的发展，使其在助力经济金融发展与提升金融服务效率的同时，有效防范各类风险，更多地发挥对金融稳定的积极影响；对于金融科技的发展差异，如何根据金融科技不同维度与不同业务领域发展不平衡不充分的现状以及对金融稳定的不同结构性影响调整对应领域的监管政策；对于金融科技创新、金融监管与金融稳定的关系如何平衡，如何提升金融监管与金融科技发展的适配性，持续推动金融科技领域监管改革与监管配套制度的完善，建立金融科技规范发展与公平竞争的良好市场秩序，实现防控风险、促进发展与维护稳定的统一目标；如何提升公民数字素养，缓解金融科技在发挥减贫共富等效应促进经济与金融包容性发展的过程中可能带来的金融排斥、算法歧视以及数字鸿沟扩大等不平等问题；如何促进金融科技在经济绿色发展与低碳减排的积极作用，维护经济绿色转型发展后的金融稳定；如何在政府治理、市场化制度、数字基础设施等方面营造透明、规范、全面的制度发展环境，促进金融科技发挥对金融稳定的积极影响等。

金融科技具有金融与科技双重属性，其高质量发展涉及金融、科技与数据等多领域国家安全，当前，多国都已关注金融科技对金融稳定的影响。在全球经济数字化发展的背景下，金融科技已成为多国金融数字化转型、普惠金融与绿色经济转型发展、促进金融服务实体经济以及提升国家金融竞争力的重要抓手，部分发达经济体在金融科技技术创新应用，如大语言模型、数字货币研发等领域已取得重要引领作用。中国作为众多发展中国家之一，金融科技发展有不同于发达经济体的特色，基于中国国情的金融科技发展与治理以及维护金融稳定的启示与建议具有广泛的国际示范效应。

7.2.1　提升金融监管与金融科技的适配性，深入发展监管科技

本书的研究结果发现，金融监管尚未影响"U"型曲线的陡峭程度，总体上有助于修正金融科技发展带来的金融稳定影响，金融监管水平提升能够使金融科技更易发挥对金融稳定的积极作用，但积极影响仍然比较弱，反映出当前金融监管与金融科技发展的匹配性仍然不高，这可能与我国金融科技监管起步晚且监管难有关。结合第 2 章对金融科技监管研究的梳理以及第 4 章对金融科技特征事实的分析可以看出，我国金融科技监管总体滞后于金融科技发展，尽管 2023 年 3 月金融监管改革计划启动，对金融科技领域的监管融合了机构监管、功能监管和行为监管，但离支付宝上线差距了近 20 年。近年来中国在金融科技领域加快了监管步伐，将金融科技监管的范畴逐渐从金融科技业务与实体领域扩大到更广泛的监管工具创新、合作业务、市场竞争、金融业科技应用、金融消费者保护以及数据、网络安全和个人信息保护等关键领域，但大多数法规运行时间较晚，仍处于初级阶段。

因此，应着力提升金融监管与金融科技发展的适配性。首先，在稳步推进金融监管改革的过程中融合宏观审慎与微观审慎监管，在宏观审慎方面，充分发挥中国人民银行金融委员会和中国人民银行金融科技委员会在金融科技发展、金融稳定维护与金融风险防范等方面的顶层设计与统筹协调作用；在微观审慎方面，对全部金融业务实行牌照管理制度，先牌照后经营，严格市场准入，推动金融交易各环节监管全覆盖，明确合作业务的监管主体责任，避免监管模糊与监管空白，加强对消费者权益保护、市场行为规范、数据和信息保护等行为监管。其次，加强监管制度的整合与协调，及时修订不适应金融科技发展的监管制度，根据监管对象合理设置一定的监管过渡期，提升监管制度的可操作性，推动与数据治理、市场竞争等监管部门的深入合作与协调，逐步完善金融科技协同治理体系。最后，深入发展监管科技，持续推动金融科技创新监管沙盒试点，改革监管沙盒制度设计，使其充分发挥在金融科技创新风险监测、数据隐私权保护以及社会福利提升等方面的积极作用。

7.2.2 营造政府引领与市场规范的发展环境，加强绿色产业支持

本书的研究结果发现，政府数字关注度、财政透明度、市场化程度、政府与市场的关系、市场中介组织的发育与法治、要素市场的发育及互联网发展等因素均有助于增强金融科技对金融稳定的影响效应，因此，以上金融科技发展环境的完善有助于促进金融科技对金融稳定的积极影响。此外，异质性分析表明，在征信体系发展更为完善的样本中，金融科技对金融稳定有显著积极影响。建议从多方面营造政府引领、市场规范的数字与金融发展环境，有效发挥政府在顶层设计层面的引领作用，强化市场在资源配置中的决定性作用。如规范地方政府财政管理与财政支出行为，合理规划并实施科技产业促进与融合政策，促进互联网等信息化发展建设；在市场制度完善方面，促进市场中介组织和要素市场的发展，推动平台经济反垄断监管制度建设；在征信体系建设方面，加快中国人民银行征信体系与民间征信体系的连通。另外，金融科技能够降低碳排放，进而促进金融稳定，应继续加强对绿色产业的金融科技支持，促进经济绿色低碳转型，进一步降低环境风险。

7.2.3 健全技术与数据的治理体系，提升风险防范与安全保障能力

本书认为金融科技是以技术和数据双轮驱动的金融创新，对金融科技监管事实的分析发现金融科技监管涵盖的范围已超越金融领域，向科技应用安全、数据安全、网络安全、信息保护与消费者保护等数据治理层面延伸。鉴于技术与数据等核心生产要素在金融科技发展中的驱动引擎作用，不仅关系着数字与金融发展环境的优劣，也是深入发展数字经济必须夯实的基础，已成为全球数字化转型背景下各国金融科技高质量发展以及抢占国际金融竞争高地的核心要素。同时对金融科技发展风险的分析显示，金融科技在技术和数据领域衍生了多类型风险，因国家安全泛化受到国际制裁和打压，因此，应不断健全本国科技和数据的发展与治理体系，提升风险防范与安全保障能力，以更好地维护金融稳定。

在健全科技发展与治理体系方面，强化科技产业规划和政策支持，根据金融科技发展动态制定阶段性关键技术的产业规划和支持政策，加强算力和网络等核心数字技术攻坚，提升数字科技的自主发展和应用；完善技术应用标准和规范，推动互联网等技术应用服务能力的规范化建设，加强金融科技在人脸识别验证与支付、大数据风控等智能算法应用方面的风险控制和安全应用能力。

在健全数据治理体系方面，充分发挥国家数据局在数据基础制度和市场应用层面的统筹协调作用，推进数据确权相关研究，平衡数据流动和数据安全及隐私权保护之间的关系，加快建立数据要素市场化流动机制，充分释放数据要素价值。在数据安全保障建设方面，加强立法和执法。在立法方面，我国在网络安全、数据安全和信息保护方面的法规施行时间较短，相关配套制度建设还需在实践中继续完善，建议国家网信部门发挥统筹协调作用，持续推进网络与数据安全标准体系建设，加强风险防范与安全保障制度建设。在执法方面，提高网络安全和数据安全领域的执法力度和严格性，建议相关部门对违规使用用户数据等数据保护不力和隐私权侵犯等行为及时采取监管调查。

7.2.4 以总体国家安全观构建金融科技治理体系，强化国际合作

本书对金融科技风险的分析以及金融科技监管法规与制度的梳理表明，金融科技发展涵盖经济、金融、科技、网络信息和数据等众多层面，涉及经济金融安全、科技安全、网络安全和数据安全等国家安全领域，而中国金融科技治理体系的相关法规的域外管辖能力较弱。随着我国金融科技"走出去"步伐加快，面临的国际问题复杂化，应从总体国家安全观的视角构建金融科技治理体系，统筹和完善国内金融科技各领域的安全制度建设，维护网络空间下的国家主权，加强金融科技发展与监管的国际合作，积极参与全球网络空间秩序维护、数据跨境流动与个人信息保护合作，发展网络空间命运共同体，构建合作共赢的金融科技国际发展格局，逐步提升我国金融科技治理的国际话语权以及国内法的域外管辖能力。另外，鉴于法定数字货币能够绕过传统的国际支付结算系统，降低国际经济金融制裁对我国的消极影响，在金融科技"走出去"的过程中尤其要重视数字人民币的跨境合作系统搭建，加快推进数字人民币的国内试点和跨境支付国际合作，推动数字货币领域标准的国际体系建设，增强数字人民币的国际认可度。

7.2.5 提升国民数字素养与技能，加强基础薄弱地区的数字建设

区域异质性检验结果发现，西部地区的金融科技发展尚未对金融稳定产生显著影响，可能与当地数字化发展水平不高有关，进一步导致金融科技使用深度不足，难以有效发挥对金融稳定的影响。此外，普惠金融与城乡收入失衡作用渠道的检验结果显示，金融科技总体上促进了普惠金融发展，提升了金融包容性水

平。金融科技在初期发展过程中有助于缩小城乡收入失衡，随着金融科技发展水平的上升，反而扩大了城乡收入失衡，在覆盖广度和使用深度维度皆有体现，金融科技数字化程度的发展显著扩大了城乡收入失衡，这可能是因为随着金融科技发展水平的上升，各类新型信息技术在金融领域中的应用更加广泛和深入，提升了技术使用门槛，强化了低收入等弱势人群在数字技术使用上的不平等程度，导致农村地区的收入与城镇水平的差距逐渐增大。

因此，如何加强数字基础薄弱地区的数字建设，弥合数字鸿沟，缓解金融排斥，使数字素养不足的低收入人群平等享受数字金融服务带来的红利，这可能是金融科技的"既普又惠"，不但缓解了城乡收入失衡，而且促进了金融稳定。建议从多方面采取措施，提升国民的数字素养与技能，尤其要加强对基础薄弱地区的数字建设与帮扶。可由中央网信办牵头，联合金融监管机构、工信部、公安部以及其他各类政府管理部门共同推动国民数字通识普及，提升数字工作、数字生活、数字学习以及数字创新等各类数字素养与技能，做好相关宣传和培训工作。如发布国民数字和金融素养指南，在全国范围内加强国民数字金融素养与技能培训基地建设，设立相关互联网公开课程，综合互联网线上渠道和社区、校园等线下渠道开展宣传和教育，尤其要加强对西部等偏远地区、农村地区以及高龄人群、受教育程度低的人群等数字技能基础薄弱地区和人群的数字金融素养与技能的宣传普及和培训。

7.3 研究不足与未来展望

本书基于金融安全视角在探索性研究金融科技对金融稳定的影响上做出了一定的努力，但仍存在不足之处，在今后的研究中将继续深入探讨，进一步完善该主题与近似主题的研究。

第一，在金融科技的度量方式上，由于数据获取限制，金融科技对金融稳定的经验研究较为欠缺。北京大学数字金融中心发布的数字普惠金融指数在金融科技的相关实证研究文献中逐渐得到广泛应用，为围绕本书议题开展探索性研究提供了可借鉴的参考。但该指数的测度指标仅包含了互联网公司蚂蚁集团开展的金融科技业务，尽管蚂蚁集团的用户覆盖范围较广，基于此用户数据的测度可在一定程度上反映我国金融科技的发展情况，研究数据具有一定的代表性，但近年来传统金融机构开展的金融科技业务在我国金融科技发展中也占据了重要位置，遗憾的是尚无省级层面数据可供研究使用。因此，本书使用的金融科技指数低估了真实的金融科技发展水平，未来仍需要进一步完善金融科技数据测度的全面性。

第二，对金融科技影响金融稳定的作用渠道和调节机制的分析可能尚不完善，部分可能的影响机制受限于数据尚无法验证。金融科技发展在经济、金融、法律制度、科技应用与伦理、消费者保护、数据与网络安全等多方面均存在影响，可能进一步影响金融稳定，或改变金融科技对金融稳定的影响程度。金融科技还能够突破地理空间限制，可能产生信息技术扩散等传染效应，但由于数据限制，鲜有相关研究。因此，金融科技影响金融稳定的作用渠道和调节机制客观上很难穷尽，需要持续研判金融科技发展的影响，将继续跟踪研究，以更全面地评估金融科技对金融稳定的影响。

第三，金融科技的各子业态也能够对金融稳定产生影响，鉴于本书主要围绕"金融科技对金融稳定的影响"这一核心议题，系统性逐步分析并验证了金融科技对金融稳定的影响效应、作用渠道与调节机制，对金融科技各子业态的金融稳定影响没有详细展开研究，但尝试从总体上分析了金融科技的支付、保险、信贷、投资和信用等不同业务领域对金融稳定的结构性影响。事实上，数字货币、监管科技、大科技金融等金融科技典型业态的发展对金融稳定的影响同样值得深入研究，相关研究仍然较少，将在未来的研究中逐步进行探讨。

第四，金融安全的范畴比金融稳定更广，如金融领域中的数据风险和制裁风险也是金融安全的重要组成部分，其中前者在数据成为新型生产要素的背景下亟须相应制度加以规范，后者在数字金融国际化竞争日益加剧的背景下需要寻求制裁应对出路。因此，金融科技对数据安全的影响以及金融科技制裁的影响等问题还需要进行后续研究，以进一步丰富金融安全视角下的金融科技发展影响。

参考文献

［1］Minto A, Voelkerling M, Wulff M. Separating apples from oranges: Identifying threats to financial stability originating from FinTech［J］. Capital Markets Law Journal, 2017, 12（4）: 428–465.

［2］Zavolokina L, Dolata M, Schwabe G. The FinTech phenomenon：Antecedents of financial innovation perceived by the popular press［J］. Financial Innovation, 2016, 2（1）: 16.

［3］FSB. Fintech: Describing the landscape and a framework for analysis［R］. 2016.

［4］中国互联网金融协会, 毕马威. 2021 中国金融科技企业首席洞察报告［R］. 2021.

［5］周帅, 付争. 金融科技与全球金融治理体系变革: 基于国际金融公共产品理论的再探索［J］. 东北亚论坛, 2022, 31（6）: 105–121+126.

［6］贾圣林. 未来之路: 下一个世界金融强国是不是中国? ［M］. 杭州: 浙江大学出版社, 2020.

［7］王晓青, 许成安. 金融科技伦理的内涵、规制方法与研究前景［J］. 江汉论坛, 2021（10）: 52–58.

［8］黄靖雯, 陶士贵. 以金融科技为核心的新金融形态的内涵: 界定、辨析与演进［J］. 当代经济管理, 2022, 44（10）: 80–90.

［9］郑联盛, 李俊成. 金融安全学［M］. 北京: 中国金融出版社, 2023.

［10］周剑. 金融科技（Fintech）的经济学分析［M］. 北京: 中国财政经济出版社, 2019.

［11］黄达, 张杰. 金融学（第5版）［M］. 北京: 中国人民大学出版社, 2020.

［12］杨源源，高洁超. 宏观审慎政策对货币政策的强化效应及挑战——兼论"双支柱"框架协调［J］. 人文杂志，2021（2）：49-58.

［13］Navaretti G B, Calzolari G, Pozzolo A F. FinTech and banks: Friends or foes?［J］. European Economy, 2017（2）: 9-30.

［14］Antunes J A P. To supervise or to self-supervise: A machine learning based comparison on credit supervision［J］. Financial Innovation, 2021, 7（1）: 26.

［15］Bettinger A. A series of 40 time shared models used at Manufacturers Hanover Trust Company［J］. Interfaces, 1972, 2（4）: 62-63.

［16］弗雷德里克·S. 米什金. 货币金融学（美国商学院版·原书第5版）［M］. 北京：机械工业出版社，2020.

［17］Thakor A V. Fintech and banking: What do we know?［J］. Journal of Financial Intermediation, 2020（41）: 100833.

［18］廖理，李鹏飞，王正位. 金融科技研究：前沿与探索［M］. 北京：中国经济出版社，2020.

［19］易宪容. 金融科技的内涵、实质及未来发展——基于金融理论的一般性分析［J］. 江海学刊，2017（2）：13-20.

［20］中国人民银行. 中国人民银行年报2018［R］. 2018.

［21］廖岷. 金融科技发展的国际经验和中国政策取向［M］. 北京：中国金融出版社，2017.

［22］刘勇. 金融科技十讲［M］. 北京：中国人民大学出版社，2020.

［23］谢平，邹传伟，刘海二. 互联网金融模式研究［J］. 新金融评论，2012（1）：3-52.

［24］陈荣达，余乐安，金骋路. 中国互联网金融的发展历程、发展模式与未来挑战［J］. 数量经济技术经济研究，2020，37（1）：3-22.

［25］郝硕博，赵占波. 金融科技：北京地区实证研究［M］. 北京：首都经济贸易大学出版社，2018.

［26］张留禄. 金融科技导论［M］. 上海：上海财经大学出版社，2019.

［27］巴曙松，白海峰. 金融科技的发展历程与核心技术应用场景探索［J］. 清华金融评论，2016（11）：99-103.

［28］刘鹏. 互联网金融监管与规范：在竞争与规制之间［M］. 北京：知识

产权出版社，2019.

［29］张永亮 . 金融科技监管法律制度构建研究［M］. 北京：法律出版社，
2020.

［30］罗煜 . 金融科技浪潮下的全球银行业变革［M］. 北京：中国金融出版
社，2019.

［31］全颖，郑策 . 数字经济时代下金融科技信用风险防控研究［M］. 长春：
吉林人民出版社，2019.

［32］何平平，黎勇登，彭世文 . 普惠金融背景下传统金融与金融科技融合
研究［M］. 北京：中国社会科学出版社，2019.

［33］黄卓，王海明，沈艳，等 . 金融科技的中国时代：数字金融 12 讲
［M］. 北京：中国人民大学出版社，2017.

［34］盛天翔，范从来 . 金融科技、最优银行业市场结构与小微企业信贷供
给［J］. 金融研究，2020（6）：114–132.

［35］李文红，蒋则沈 . 金融科技（FinTech）发展与监管：一个监管者的视
角［J］. 金融监管研究，2017（3）：1–13.

［36］管同伟 . 金融科技概论［M］. 北京：中国金融出版社，2020.

［37］朱江，王欣 . 变与不变：数字金融的势道术［M］. 北京：清华大学出
版社，2021.

［38］金融科技理论与应用研究小组 . 金融科技知识图谱［M］. 北京：中信
出版社，2021.

［39］丁晓蔚 . 从互联网金融到数字金融：发展态势、特征与理念［J］. 南京
大学学报（哲学・人文科学・社会科学），2021，58（6）：28–44+162.

［40］Gomber P, Koch J A, Siering M. Digital Finance and FinTech: Current
research and future research directions［J］. Journal of Business Economics, 2017, 87
（5）: 537–580.

［41］黄益平，黄卓 . 中国的数字金融发展：现在与未来［J］. 经济学（季
刊），2018，17（4）：1489–1502.

［42］中国信息通信研究院 . 数字普惠金融发展白皮书（2019 年）［R］. 2019.

［43］李东荣 . 提升消费者数字金融素养需多方协力［J］. 清华金融评论，
2020（6）：23–24.

［44］徐义国．现代金融与科技创新：协同发展的制度逻辑［M］．北京：经济日报出版社，2018.

［45］柏亮．数字金融：科技赋能与创新监管［M］．北京：中译出版社，2021.

［46］谢平，刘海二．金融科技与监管科技［M］．北京：中国金融出版社，2019.

［47］《径山报告》课题组．中国金融创新再出发［M］．北京：中信出版社，2020.

［48］李建军．金融科技理论与实践［M］．北京：中国财政经济出版社，2021.

［49］万建华．金融e时代：数字化时代的金融变局［M］．北京：中信出版社，2013.

［50］贾康．金融科技的归宿是服务实体经济升级［J］．金融经济，2017（21）：9.

［51］黄靖雯，陶士贵．我国金融科技研究热点与前沿——基于Citespace的文献计量［J］．管理现代化，2020，40（5）：15-19.

［52］庄雷，王烨．金融科技创新对实体经济发展的影响机制研究［J］．软科学，2019，33（2）：43-46.

［53］田新民，张志强．金融科技、资源配置效率与经济增长——基于中国金融科技门槛作用的分析［J］．统计与信息论坛，2020，35（7）：25-34.

［54］巴曙松，白海峰，胡文韬．金融科技创新、企业全要素生产率与经济增长——基于新结构经济学视角［J］．财经问题研究，2020（1）：46-53.

［55］唐松，赖晓冰，黄锐．金融科技创新如何影响全要素生产率：促进还是抑制？——理论分析框架与区域实践［J］．中国软科学，2019（7）：134-144.

［56］侯层，李北伟．金融科技是否提高了全要素生产率——来自北京大学数字普惠金融指数的经验证据［J］．财经科学，2020（12）：1-12.

［57］宋敏，周鹏，司海涛．金融科技与企业全要素生产率——"赋能"和信贷配给的视角［J］．中国工业经济，2021（4）：138-155.

［58］魏成龙，郭琲楠．金融科技创新与缓解企业融资约束问题研究——基于金融科技指数测算与实证分析［J］．价格理论与实践，2020（1）：163-166.

[59] 黄锐，赖晓冰，唐松 . 金融科技如何影响企业融资约束？——动态效应、异质性特征与宏微观机制检验 [J]. 国际金融研究，2020（6）：25–33.

[60] 李春涛，闫续文，宋敏，等 . 金融科技与企业创新——新三板上市公司的证据 [J]. 中国工业经济，2020（1）：81–98.

[61] 刘长庚，李琪辉，张松彪，等 . 金融科技如何影响企业创新？——来自中国上市公司的证据 [J]. 经济评论，2022（1）：30–47.

[62] 鲁钊阳，马辉 . 金融科技创新对实体经济增长的影响研究 [J]. 科学管理研究，2021，39（5）：150–159.

[63] 刘园，郑忱阳，江萍，等 . 金融科技有助于提高实体经济的投资效率吗？[J]. 首都经济贸易大学学报，2018，20（6）：22–33.

[64] 赵瑞瑞，张玉明，刘嘉惠 . 金融科技与企业投资行为研究——基于融资约束的影响机制 [J]. 管理评论，2021，33（11）：312–323.

[65] 王红建，张科，李青原 . 金融科技的经济稳定器作用：金融加速器理论的视角 [J]. 经济研究，2023，58（12）：4–21.

[66] 田秀娟，李睿，杨戈 . 金融科技促进实体经济发展的影响——基于金融创新和科技创新双路径的实证分析 [J]. 广东社会科学，2021（5）：5–15+254.

[67] 郭凯明 . 人工智能发展、产业结构转型升级与劳动收入份额变动 [J]. 管理世界，2019，35（7）：60–77+202–203.

[68] 董晓林，张晔，徐虹 . 金融科技发展能够帮助小微企业度过危机吗？——基于新冠肺炎疫情的准自然实验 [J]. 经济科学，2021（6）：73–87.

[69] Hua X P, Huang Y P. Understanding China's fintech sector: Development, impacts and risks[J]. European Journal of Finance, 2021, 27（4–5）: 321–333.

[70] 粟勤，魏星 . 金融科技的金融包容效应与创新驱动路径 [J]. 理论探索，2017（5）：91–97+103.

[71] 乔海曙，黄荐轩 . 金融科技发展动力指数研究 [J]. 金融论坛，2019，24（3）：64–80.

[72] 周光友，罗素梅，连舒婷 . 金融科技创新、网贷利率决定与小微企业融资——兼论"麦克米伦缺口"的治理 [J]. 国际金融研究，2020（3）：76–86.

[73] Lin M, Prabhala N R, Viswanathan S. Judging borrowers by the company they keep: Friendship networks and information asymmetry in online peer–to–peer lending

［J］. Management Science, 2013, 59（1）: 17-35.

［74］Peruta D M. Adoption of mobile money and financial inclusion: A macroeconomic approach through cluster analysis［J］. Economics of Innovation and New Technology, Routledge, 2018, 27（2）: 154-173.

［75］谢平，邹传伟，刘海二.互联网金融的基础理论［J］.金融研究，2015（8）：1-12.

［76］李建军，姜世超.银行金融科技与普惠金融的商业可持续性——财务增进效应的微观证据［J］.经济学（季刊），2021，21（3）：889-908.

［77］陆岷峰，马经纬，汪祖刚.金融科技背景下普惠金融基本矛盾图谱与解决路径研究［J］.金融理论与实践，2019（8）：1-7.

［78］李明贤，何友.农村普惠金融目标下金融科技的工具价值及实现困境［J］.华南师范大学学报（社会科学版），2019（1）：59-65+190.

［79］黄靖雯，陶士贵.商业银行金融科技投入产出效率研究——基于三阶段DEA方法［J］.西南民族大学学报（人文社会科学版），2021，42（4）：136-145.

［80］邱志刚，罗煜，江颖，等.金融科技会颠覆传统金融吗？——大数据信贷的经济解释［J］.国际金融研究，2020（8）：35-45.

［81］邱晗，黄益平，纪洋.金融科技对传统银行行为的影响——基于互联网理财的视角［J］.金融研究，2018（11）：17-29.

［82］汪可，吴青.金融科技对我国银行业系统性风险影响研究［J］.管理现代化，2018，38（3）：112-116.

［83］孙旭然，王康仕，王凤荣.金融科技、竞争与银行信贷结构——基于中小企业融资视角［J］.山西财经大学学报，2020，42（6）：59-72.

［84］孟娜娜，粟勤，雷海波.金融科技如何影响银行业竞争［J］.财贸经济，2020，41（3）：66-79.

［85］Schaeck K, Cihák M. Banking competition and capital ratios［J］. European Financial Management, 2012, 18（5）: 836-866.

［86］Li J, Zhu X, et al. Risk spillovers between FinTech and traditional financial institutions: Evidence from the U.S.［J］. International Review of Financial Analysis, 2020（71）: 101544.

［87］汪可，吴青，李计．金融科技与商业银行风险承担——基于中国银行业的实证分析［J］．管理现代化，2017，37（6）：100-104.

［88］朱辰，华桂宏．互联网金融对中国银行业系统性风险的影响——基于 SCCA 模型及逐步回归法的实证研究［J］．金融经济学研究，2018，33（2）：50-59.

［89］徐斯旸，皇方慧，李为，等．金融科技发展的银行业规模边界收敛效应［J］．金融理论与实践，2020（8）：10-18.

［90］Claessens S, Frost J, Turner G, et al. Fintech credit markets around the world: Size, drivers and policy issues［J］. BIS Quarterly Review, 2018.

［91］Phan D H B, Narayan P K, Rahman R E, et al. Do financial technology firms influence bank performance?［J］. Pacific-Basin Finance Journal, 2019（62）: 101210.

［92］杨望，徐慧琳，谭小芬，等．金融科技与商业银行效率——基于 DEA-Malmquist 模型的实证研究［J］．国际金融研究，2020（7）：56-65.

［93］刘孟飞，蒋维．金融科技促进还是阻碍了商业银行效率？——基于中国银行业的实证研究［J］．当代经济科学，2020，42（3）：56-68.

［94］尹应凯，艾敏．金融科技、银行业结构与中小企业融资——基于新结构经济学的视角［J］．上海大学学报（社会科学版），2020，37（2）：19-32.

［95］孙旭然，王康仕，王凤荣．金融科技、分支机构扩张与中小银行风险——来自中国城市商业银行的经验性证据［J］．当代经济管理，2021，43（1）：82-91.

［96］肖宇，李诗林，梁博．新冠肺炎疫情冲击下的银行业金融科技应用：理论逻辑、实践特征与变革路径［J］．金融经济学研究，2020，35（3）：90-103.

［97］李建军，姜世超，黄天颐．重大突发公共卫生事件下银行金融科技绩效与金融服务数字化转型［J］．兰州大学学报（社会科学版），2020，48（3）：84-95.

［98］谢治春，赵兴庐，刘媛．金融科技发展与商业银行的数字化战略转型［J］．中国软科学，2018（8）：184-192.

［99］侯世英，宋良荣．金融科技背景下中小银行转型研究：背景、战略布局与建议［J］．当代经济管理，2019，41（5）：85-91.

［100］吴朝平．API 开放银行：金融科技背景下商业银行转型升级的重要方

向［J］.金融理论与实践，2020（1）：67-72.

［101］Cheng M, Qu Y. Does bank FinTech reduce credit risk? Evidence from China［J］. Pacific-Basin Finance Journal, 2020（63）: 101398.

［102］姜世超，刘畅，胡永宏，等.空间外溢性和区域差异化视角下银行金融科技的影响因素——基于某大型国有商业银行县域数据的研究［J］.中央财经大学学报，2020（3）：19-32.

［103］金洪飞，李弘基，刘音露.金融科技、银行风险与市场挤出效应［J］.财经研究，2020，46（5）：52-65.

［104］鲍星，李巍，李泉.金融科技运用与银行信贷风险——基于信息不对称和内部控制的视角［J］.金融论坛，2022，27（1）：9-18.

［105］李运达，陈伟，周华东.金融科技、生产率悖论与银行盈利能力［J］.财经科学，2020（11）：1-16.

［106］王海军，曾博，杨虎，等.金融科技投入能够增进银行业绩吗？——基于不良贷款风险的视角［J］.外国经济与管理，2022，44（6）：94-109.

［107］李琴，裴平.银行系金融科技发展与商业银行经营效率——基于文本挖掘的实证检验［J］.山西财经大学学报，2021（11）：42-56.

［108］朱太辉，陈璐.Fintech的潜在风险与监管应对研究［J］.金融监管研究，2016（7）：18-32.

［109］陆磊，杨骏.流动性、一般均衡与金融稳定的"不可能三角"［J］.金融研究，2016（1）：1-13.

［110］李继尊.关于互联网金融的思考［J］.管理世界，2015（7）：1-7+16.

［111］姜增明，陈剑锋，张超.金融科技赋能商业银行风险管理转型［J］.当代经济管理，2019，41（1）：85-90.

［112］FSB, CGFS. FinTech credit: Market structure, business models and financial stability implications［R］. 2017.

［113］刘春航，廖媛媛，王梦熊，等.金融科技对金融稳定的影响及各国应关注的金融科技监管问题［J］.金融监管研究，2017（9）：1-20.

［114］李苍舒，沈艳.数字经济时代下新金融业态风险的识别、测度及防控［J］.管理世界，2019，35（12）：53-69.

［115］Lee I, Shin Y J. Fintech: Ecosystem, business models, investment decisions, and challenges [J]. Business Horizons, 2018, 61 (1): 35–46.

[116] Xiao X, Zhang L, Wang Y, et al. China's path to FinTech development [J]. European Economy, 2017 (2): 143–159.

[117] 李广子. 金融与科技的融合: 含义、动因与风险 [J]. 国际经济评论, 2020 (3): 6+91–106.

[118] BIS Annual Economic Report. Big Tech in Finance: Opportunities and Risks [R]. 2019.

[119] Crisanto J C, Ehrentraud J, Lawson A, et al. Big tech regulation: What is going on? [J]. FSI Insights, 2021 (36).

[120] 陈萌. 平台经济泛金融化与金融科技监管的研究——基于数据要素的视角 [J]. 新金融, 2022 (10): 32–38.

[121] FSB. Financial stability implications from FinTech: Supervisory and regulatory issues that merit Authorities' Attention [R]. 2017.

[122] FSB. FinTech and market structure in the COVID–19 pandemic: Implications for financial stability [R]. 2022.

[123] FSB. BigTech firms in finance in emerging market and developing economies: Market developments and potential financial stability implications [R]. 2020.

[124] 托比亚斯·阿德里安, 周颖哲. 大型科技公司的金融服务 [J]. 中国金融, 2022 (5): 18–19.

[125] 张晓燕. 金融科技风险及其治理机制研究 [J]. 甘肃社会科学, 2023 (2): 225–236.

[126] 吴晓灵, 丁安华. 平台金融新时代 数据治理与监管变革 [M]. 北京: 中信出版社, 2021.

[127] 中国互联网金融协会, 毕马威. 2022 中国金融科技企业首席洞察报告 [R]. 2022.

[128] Carstens A, Claessens S, Restoy F, et al. Regulating big techs in finance [J]. BIS Bulletin, 2021 (45): 9.

[129] 陶士贵. 主权国际货币的新职能: 国际制裁手段 [J]. 经济学家, 2020 (8): 90–99.

［130］杨东.监管科技：金融科技的监管挑战与维度建构［J］.中国社会科学，2018（5）：69-91+205-206.

［131］Zeranski S, Sancak I E. Prudential Supervisory Disclosure（PSD）with supervisory technology（SupTech）: Lessons from a FinTech crisis［J］. International Journal of Disclosure and Governance, 2021, 18（4）: 315-335.

［132］巴曙松，朱元倩.金融监管和合规科技：国际经验与场景应用［M］.北京：东方出版社，2021.

［133］杨涛.理性认识金融科技监管沙盒的改革探索［J］.人民论坛·学术前沿，2022（17）：102-110.

［134］胡滨.金融科技、监管沙盒与体制创新：不完全契约视角［J］.经济研究，2022，57（6）：137-153.

［135］王频，陈云良.数字经济时代金融消费者保护新范式——基于监管沙盒模式的展开［J］.科学决策，2023（1）：119-132.

［136］魏浩.国家经济安全概论［M］.北京：机械工业出版社，2022.

［137］陈晓静.大数据与金融［M］.上海：上海财经大学出版社，2023.

［138］Oosterloo S, Haan J de. Central banks and financial stability: A survey［J］. Journal of Financial Stability, 2004, 1（2）: 257-273.

［139］Azarenkova G, Shkodina I, Samorodov B, et al. The influence of financial technologies on the global financial system stability［J］. Investment Management and Financial Innovations, 2018, 15（4）: 229-238.

［140］封思贤，居维维，李斯嘉.中国影子银行对金融稳定性的影响［J］.金融经济学研究，2014，29（4）：3-12.

［141］Mishkin F S. Global financial instability: Framework, events, issues［J］. Journal of Economic Perspectives, 1999, 13（4）: 3-20.

［142］Allen W A, Wood G. Defining and achieving financial stability［J］. Journal of Financial Stability, 2006, 2（2）: 152-172.

［143］Buckley R P, Arner D W, Zetzsche D A, et al. Techrisk［J］. Singapore Journal of Legal Studies, 2020（1）: 35-62.

［144］中国人民银行金融稳定分析小组.中国金融稳定报告2005［R］.2005.

［145］黄靖雯，陶士贵.金融稳定的影响因素：基于文献研究视角［J］.武

汉金融，2023（6）：31–41.

［146］Schwartz A J. Financial stability and the federal safety net［M］. Washington，DC: American Enterprise Institute for Public Policy Research, 1987.

［147］Blot C, Creel J, Hubert P, et al. Assessing the link between price and financial stability［J］. Journal of Financial Stability, 2015（16）：71–88.

［148］王劲松，韩克勇，赵琪. 资产价格波动对金融稳定的影响——基于中国数据的实证研究［J］.中国流通经济，2016，30（3）：102–107.

［149］周闯，潘敏. 房产税改革、经济增长与金融稳定［J］.财贸经济，2021，42（11）：20–35.

［150］孟宪春，张屹山. 家庭债务、房地产价格渠道与中国经济波动［J］.经济研究，2021，56（5）：75–90.

［151］Goodhart C, Hofmann B. House prices, money, credit, and the macroeconomy［J］. Oxford Review of Economic Policy, 2008, 24（1）：180–205.

［152］谭政勋，王聪. 中国信贷扩张、房价波动的金融稳定效应研究——动态随机一般均衡模型视角［J］.金融研究，2011（8）：57–71.

［153］王劲松，戴大淳. 房价波动对中国区域金融稳定的影响——基于面板与空间杜宾模型分析［J］.经济问题，2022（5）：39–46+81.

［154］苟文均，袁鹰，漆鑫. 债务杠杆与系统性风险传染机制——基于 CCA 模型的分析［J］.金融研究，2016（3）：74–91.

［155］沈悦，李博阳，张嘉望. 金融杠杆率、房价泡沫与金融稳定性［J］.大连理工大学学报（社会科学版），2020，41（3）：25–35.

［156］马勇，田拓，阮卓阳，等. 金融杠杆、经济增长与金融稳定［J］.金融研究，2016（6）：37–51.

［157］李力，王博，刘潇潇，等. 短期资本、货币政策和金融稳定［J］.金融研究，2016（9）：18–32.

［158］彭红枫，朱怡哲. 资本账户开放、金融稳定与经济增长［J］.国际金融研究，2019（2）：3–12.

［159］庄起善，张广婷. 国际资本流动与金融稳定性研究——基于中东欧和独联体国家的比较［J］.复旦学报（社会科学版），2013，55（5）：94–107+157–158.

［160］鄂志寰.资本流动与金融稳定相关关系研究［J］.金融研究，2000（7）：80-87.

［161］赵先立.国际资本流动：动因及影响研究——基于资本账户开放和金融稳定的视角［J］.上海金融，2021（4）：33-47.

［162］谷慎，汪淑娟，胡耀平.美国货币政策对中国金融稳定的影响研究［J］.上海经济研究，2019（10）：117-128.

［163］李宏瑾，孙丹，苏乃芳.我国金融治理能力：评价模型与应用［J］.宏观质量研究，2016，4（4）：88-100.

［164］董小君，宋玉茹.中国金融治理水平与金融稳定性的动态关系研究［J］.武汉金融，2021（11）：3-10.

［165］周小川.国际金融危机：观察、分析与应对［M］.北京：中国金融出版社，2012.

［166］Ješić M. Implications of fiscal irresponsibility on financial stability［J］. Journal of Central Banking Theory and Practice, 2013, 2（3）: 111-138.

［167］吴盼文，曹协和，肖毅，等.我国政府性债务扩张对金融稳定的影响——基于隐性债务视角［J］.金融研究，2013（12）：57+59-71.

［168］李佩珈，梁婧.杠杆率、债务风险与金融稳定——基于理论和中国经济杠杆率的实证分析［J］.新金融，2015（4）：18-21.

［169］王雅君，陈松威.地方政府性债务风险、不良资产处置与金融稳定［J］.税务与经济，2018（5）：5-10.

［170］封北麟.财政可持续与金融稳定——基于中国的经验研究［J］.财政科学，2022（2）：33-51.

［171］Borio C E V, Lombardi M J, Zampolli F. Fiscal sustainability and the financial cycle［J］. BIS Working Paper, 2016（552）.

［172］Schularick M, Taylor A M. Credit booms gone bust: Monetary policy, leverage cycles, and financial crises, 1870-2008［J］. American Economic Review, 2012, 102（2）: 1029-1061.

［173］Mishkin F S. Globalization, macroeconomic performance, and monetary policy［J］. Journal of Money, Credit and Banking, 2009, 41（1）: 187-196.

［174］邓创，谢敬轩.数量型货币政策调控有助于金融稳定吗——基于时变

货币需求的货币政策有效性再评价［J］.当代财经，2021（8）：53-63.

［175］郭红兵，杜金岷.中国货币政策关注金融稳定吗？——纳入 FSCI 的货币政策反应函数的实证检验［J］.广东财经大学学报，2014，29（5）：4-13.

［176］Cao J, Chollete L. Monetary policy and financial stability in the long run: A simple game-theoretic approach［J］. Journal of Financial Stability, 2017 (28): 125-142.

［177］Cesa-Bianchi A, Rebucci A. Does easing monetary policy increase financial instability?［J］. Journal of Financial Stability, 2017 (30): 111-125.

［178］Driffill J, Rotondi Z, Savona P, et al. Monetary policy and financial stability: What role for the futures market?［J］. Journal of Financial Stability, 2006, 2 (1): 95-112.

［179］Angeloni I, Faia E, Lo Duca M. Monetary policy and risk taking［J］. Journal of Economic Dynamics and Control, 2015 (52): 285-307.

［180］Claessens S, Ghosh S R, Mihet R. Macro-prudential policies to mitigate financial system vulnerabilities［J］. Journal of International Money and Finance, 2013 (39): 153-185.

［181］Lim C H, Costa A, Columba F, et al. Macroprudential policy：What instruments and how to use them? Lessons from country experiences［R］. IMF Working Paper, 2011.

［182］Crowe C, Dell'Ariccia G, Igan D, et al. How to deal with real estate booms: Lessons from country experiences［J］. Journal of Financial Stability, 2013, 9 (3): 300-319.

［183］Jiménez G, Ongena S, Peydró J L, et al. Macroprudential policy, countercyclical bank capital buffers, and credit supply: Evidence from the Spanish dynamic provisioning experiments［J］. Journal of Political Economy, 2017, 125 (6): 2126-2177.

［184］樊明太，叶思晖.宏观审慎政策使用及其有效性研究——来自全球 62 个国家的证据［J］.国际金融研究，2020（12）：33-42.

［185］马勇，付莉.“双支柱”调控、政策协调搭配与宏观稳定效应［J］.金融研究，2020（8）：1-17.

［186］马勇，黄辉煌.双支柱调控的金融稳定效应研究［J］.经济理论与经

济管理，2021，41（9）：35-54.

［187］杨书怀．宏观审慎监管模式下政府金融审计与金融稳定［J］．审计研究，2016（3）：56-62.

［188］许莉．国家审计维护金融安全的作用机理与制度创新［J］．审计与经济研究，2010，25（5）：19-26.

［189］张曾莲，岳菲菲．国家审计维护金融稳定的路径与机制研究［J］．金融经济学研究，2021，36（2）：34-51.

［190］Kose M A, Prasad E S, Terrones M E. Does openness to international financial flows raise productivity growth?［J］. Journal of International Money and Finance, 2009, 28（4）: 554-580.

［191］González F. Determinants of bank-market structure: Efficiency and political economy variables［J］. Journal of Money, Credit and Banking, 2009, 41（4）: 735-754.

［192］Klomp J, Haan J de. Bank regulation, the quality of institutions, and banking risk in emerging and developing countries: An empirical analysis［J］. Emerging Markets Finance and Trade, 2014, 50（6）: 19-40.

［193］刘诺，余道先．金融稳定国际指标及其对中国的适用性［J］．经济管理，2016，38（3）：1-11.

［194］Horváth R, Vaško D. Central bank transparency and financial stability［J］. Journal of Financial Stability, 2016（22）: 45-56.

［195］Klomp J, De Haan J. Central bank independence and financial instability［J］. Journal of Financial Stability, 2009, 5（4）: 321-338.

［196］Born B, Ehrmann M, Fratzscher M. Communicating about macro-prudential supervision – A new challenge for central banks［J］. International Finance, 2012, 15（2）: 179-203.

［197］Oosterloo S, De Haan J, Jong A Pin R. Financial stability reviews: A first empirical analysis［J］. Journal of Financial Stability, 2007, 2（4）: 337-355.

［198］Born B, Ehrmann M, Fratzscher M. Central bank communication on financial stability［J］. The Economic Journal, 2014, 124（577）: 701-734.

［199］Crowe C, Meade E E. The evolution of central bank governance around the world［J］. Journal of Economic Perspectives, 2007, 21（4）: 69-90.

［200］Herrero A G, Del Río P. Financial stability and the design of monetary policy ［J］. Banco de Espana Working Paper, 2003.

［201］Alesina A, Drazen A. Why are stabilizations delayed? ［J］. NBER Working Paper, 1989.

［202］何国华，童晶．国家治理体系完善有助于促进金融稳定吗？——基于全球 214 个国家的数据检验［J］.经济管理，2018，40（12）：5-20.

［203］Roe M J, Siegel J I. Political instability: Effects on financial development, roots in the severity of economic inequality［J］. Journal of Comparative Economics, 2011, 39（3）: 279-309.

［204］Chan S G, Koh E H Y, Zainir F, et al. Market structure, institutional framework and bank efficiency in ASEAN 5 ［J］. Journal of Economics and Business, 2015, 82: 84-112.

［205］谭德凯，田利辉，李亭亭．高房价会损害地方政府财政支出效率吗［J］.当代财经，2020（2）：40-51.

［206］Quinn D P, Toyoda A M. Does capital account liberalization lead to growth? ［J］. The Review of Financial Studies, 2008, 21（3）: 1403-1449.

［207］Barth J R, Lin C, Lin P, et al. Corruption in bank lending to firms: Cross-country micro evidence on the beneficial role of competition and information sharing［J］. Journal of Financial Economics, 2009, 91（3）: 361-388.

［208］Ahmad N, Ali S. Corruption and financial sector performance: A cross-country analysis［J］. Economics Bulletin, 2010, 30（1）: 303-308.

［209］汪锋，姚树洁，曲光俊．反腐促进经济可持续稳定增长的理论机制［J］.经济研究，2018，53（1）：65-80.

［210］Alesina A, Giuliano P. Culture and institutions ［J］. Journal of Economic Literature, 2015, 53（4）: 898-944.

［211］Cole R A, Moshirian F, Wu Q. Bank stock returns and economic growth［J］. Journal of Banking & Finance, 2008, 32（6）: 995-1007.

［212］Jordaan J A, Dima B, Goleţ I. Do societal values influence financial development? New evidence on the effects of post materialism and institutions on stock markets［J］. Journal of Economic Behavior & Organization, 2016（132）: 197-216.

［213］Mo P H. Corruption and economic growth［J］. Journal of Comparative Economics, 2001, 29（1）: 66–79.

［214］Beck T, Demirgüç–Kunt A, Levine R. Bank concentration, competition, and crises: First results［J］. Journal of Banking & Finance, 2006, 30（5）: 1581–1603.

［215］Uhde A, Heimeshoff U. Consolidation in banking and financial stability in Europe: Empirical evidence［J］. Journal of Banking & Finance, 2009, 33（7）: 1299–1311.

［216］Berger A N, Klapper L F, Turk–Ariss R. Bank competition and financial stability［J］. World Bank Policy Research Working Paper, 2008.

［217］Boyd J H, De Nicoló G. The theory of bank risk taking and competition revisited［J］. The Journal of Finance, 2005, 60（3）: 1329–1343.

［218］Mishkin F S. Financial consolidation: Dangers and opportunities［J］. Journal of Banking & Finance, 1999, 23（2）: 675–691.

［219］朱孟楠，蔡丛露. 银行业结构性因素对金融稳定的影响［J］. 国际金融研究，2007（8）：33–38.

［220］陈卫东，熊启跃. 集中度与金融稳定——国际经验及对中国银行业的启示［J］. 国际金融研究，2021（6）：56–65.

［221］杨天宇，钟宇平. 中国银行业的集中度、竞争度与银行风险［J］. 金融研究，2013（1）：122–134.

［222］曲昭光，范磊. 区域银行业市场结构与金融稳定的关系研究——基于中国省域面板数据的经验证据［J］. 辽宁大学学报（哲学社会科学版），2016，44（2）：70–80.

［223］Beck T. Bank competition and financial stability: Friends or foes?［J］. World Bank Policy Research Working Paper, 2008.

［224］徐璐，陈逸豪，叶光亮. 多元所有制市场中的竞争政策与银行风险［J］. 世界经济，2019，42（12）：145–165.

［225］冯乾，高洋. 银行业不当行为风险、行为成本与金融稳定——全球金融行为监管和风险治理的焦点领域［J］. 上海财经大学学报，2017，19（4）：52–65.

［226］刘冲，盘宇章. 银行间市场与金融稳定——理论与证据［J］. 金融研

究，2013（12）：72–86.

［227］吴军，黄丹. 商业银行同业业务超常扩张对金融稳定的影响——基于15家商业银行的实证分析［J］.金融论坛，2015，20（5）：36–43.

［228］杨霞. 保险业在国家金融稳定中的作用——后危机时代的思考［J］.保险研究，2010（2）：31–36.

［229］Harrington S E. The financial crisis, systemic risk, and the future of insurance regulation［J］. Journal of Risk and Insurance, 2009, 76（4）：785–819.

［230］王耀东，冯燕，周桦. 保险业在金融系统性风险传染路径中起到"媒介"作用吗？——基于金融市场尾部风险传染路径的实证分析［J］. 中国管理科学，2021，29（5）：14–24.

［231］Weiß G N F, Bierth C, Irresberger F. Systemic risk of insurers around the globe［J］. Journal of Banking & Finance, 2015（55）：232–245.

［232］王桂虎，郭金龙. 保险业资产负债流动性错配与系统性金融风险研究——基于 OECD 国家的经验［J］.保险研究，2018（9）：22–33.

［233］Eisenbeis R, Kaufman G G. Cross–border banking: Challenges for deposit insurance and financial stability in the European Union［J］. FRB of Atlanta Working Paper, 2006.

［234］郭金龙，王桂虎，袁中美. 保险投资对金融稳定的影响——基于欧洲国家的经验研究［J］.保险研究，2018（3）：3–13.

［235］李小林，赵永亚，司登奎. 保险业发展与金融稳定：来自金砖国家的经验证据［J］.世界经济研究，2021（6）：106–120+137.

［236］Gofman M. Efficiency and stability of a financial architecture with too–interconnected–to–fail institutions［J］. Journal of Financial Economics, 2017, 124（1）：113–146.

［237］Berndsen R J, León C, Renneboog L. Financial stability in networks of financial institutions and market infrastructures［J］. Journal of Financial Stability, 2018（35）：120–135.

［238］Manning M, Nier E, Schanz J. The economics of large–value payments and settlement: Theory and policy issues for central banks［M］. Oxford: Oxford University Press, 2009.

［239］周小川.公司治理与金融稳定［J］.中国金融，2020（15）：9-11.

［240］Daud S N M, Ahmad A H, Khalid A, et al. FinTech and financial stability: Threat or opportunity?［J］. Finance Research Letters, 2022（47）: 102667.

［241］邱兆祥，刘永元.金融科技发展对金融稳定的影响及对策研究［J］.教学与研究，2019（2）：28-34.

［242］Vucinic M. Fintech and financial stability potential influence of FinTech on financial stability, risks and benefits［J］. Journal of Central Banking Theory and Practice, 2020, 9（2）: 43-66.

［243］Ozili P K. Impact of digital finance on financial inclusion and stability［J］. Borsa Istanbul Review, 2018, 18（4）: 329-340.

［244］Risman A, Mulyana B, Silvatika B, et al. The effect of digital finance on financial stability［J］. Management Science Letters, 2021, 11（7）: 1979-1984.

［245］单建军.金融科技发展及潜在的金融稳定影响分析［J］.金融科技时代，2019（10）：63-67.

［246］Arner D W, Zetzsche D A, Buckley R P, et al. FinTech and RegTech: Enabling innovation while preserving financial stability business & economics［J］. Georgetown Journal of International Affairs, 2017, 18（3）: 47-58.

［247］孙天琦.对数字金融/金融科技与金融稳定关系的几点思考［J］.清华金融评论，2020（12）：91-96.

［248］韩谷源，朱辰.数字普惠金融对金融稳定的影响——基于贫富差距的中介效应分析［J］.武汉金融，2019（11）：29-36.

［249］林雅.数字金融对我国区域金融稳定影响研究［D］.杭州电子科技大学，2022.

［250］张亚彤.数字普惠金融对地区金融稳定影响的实证分析［D］.东北财经大学，2022.

［251］夏琦.金融科技对金融体系稳定性的影响研究［D］.江苏大学，2021.

［252］陈宇峰，吴金旺，吴忠睿.金融科技发展会提升金融稳定性吗？——基于宏观审慎监管有效性的视角［J］.浙江学刊，2024（2）：117-128+240.

［253］Syed A A, Ahmed F, Kamal M A, et al. Assessing the role of digital finance on shadow economy and financial instability: An empirical analysis of selected South

Asian countries［J］. Mathematics, 2021, 9（23）.

［254］Nguyen Q K, Dang V C. The effect of FinTech development on financial stability in an emerging market: The role of market discipline［J］. Research in Globalization, 2022（5）: 100105.

［255］Cevik S. The dark side of the moon? FinTech and financial stability［J］. IMF Working Paper, 2023（253）.

［256］Fung D W H, Lee W Y, Yeh J J H, et al. Friend or foe: The divergent effects of FinTech on financial stability［J］. Emerging Markets Review, 2020（45）: 100727.

［257］Stankevičienė J, Kabulova J. Financial technology impact on stability of financial institutions［J］. Technological and Economic Development of Economy, 2022, 28（4）: 1089–1114.

［258］吴心弘, 裴平. 互联网支付发展与金融风险防范——基于支付经济学视角的研究［J］. 南京审计大学学报, 2021, 18（1）: 78–89.

［259］吴非, 向海凌, 刘心怡. 数字金融与金融市场稳定——基于股价崩盘风险的视角［J］. 经济学家, 2020（10）: 87–95.

［260］许月丽, 李帅, 刘志媛. 数字金融影响了货币需求函数的稳定性吗？［J］. 南开经济研究, 2020（5）: 130–149.

［261］Banna H, Alam M R. Impact of digital financial inclusion on ASEAN banking stability: Implications for the post-Covid-19 era［J］. Studies in Economics and Finance, 2021, 38（2）: 504–523.

［262］Safiullah M, Paramati S R. The impact of FinTech firms on bank financial stability［J］. Electronic Commerce Research, 2022.

［263］Cuadros-Solas P J, Cubillas E, Salvador C, et al. Digital disruptors at the gate. Does FinTech lending affect bank market power and stability?［J］. Journal of International Financial Markets, Institutions and Money, 2024（92）: 101964.

［264］Schumpeter J A. The theory of economic development［M］. Cambridge, MA: Harvard University Press, 1912.

［265］侯建强, 王喜梅. 支付创新、信息行为与互联网金融风险管理［J］. 财经科学, 2016（10）: 36–45.

［266］何德旭, 王卉彤. 金融创新效应的理论评述［J］. 财经问题研究,

2008（12）：3-8.

[267] 莫易娴. 金融创新相关理论的综述［J］. 江淮论坛，2012（1）：39-43+54.

[268] 许多奇. 金融科技的"破坏性创新"本质与监管科技新思路［J］. 东方法学，2018（2）：4-13.

[269] Chiu I H Y. The disruptive implications of fintech-policy themes for financial regulators［J］. Journal of Technology Law & Policy, 2017, 21（1）.

[270] 程雪军，尹振涛. 全国统一大市场下的金融科技创新与监管体系重构［J］. 经济问题，2023（9）：1-10+76.

[271] 黄旭平，张协奎. 金融科技与金融创新：内生逻辑、强化机制和政策意涵［J］. 南京政治学院学报，2018，34（5）：47-54+140-141.

[272] 郑联盛. 金融创新、金融稳定的历史回望与当下风险管控［J］. 改革，2014（8）：81-89.

[273] Chant J. The new theory of financial intermediation［J］. Current Issues in Financial and Monetary Economics, 1992: 42-65.

[274] Vives X. The impact of FinTech on banking［J］. European Economy, 2017（2）：97-105.

[275] 董柞壮. 数字货币、金融安全与全球金融治理［J］. 外交评论（外交学院学报），2022，39（4）：8+133-154.

[276] Boot A, Hoffmann P, Laeven L, et al. Fintech: What's old, what's new?［J］. Journal of Financial Stability, 2021（53）: 100836.

[277] Wójcik D. Financial geography Ⅱ: The impacts of FinTech – Financial sector and centres, regulation and stability, inclusion and governance［J］. Progress in Human Geography, 2021, 45（4）: 878-889.

[278] 顾海峰，朱慧萍. 数字金融是否影响商业银行特许权价值？［J］. 当代经济科学，2022，44（4）：88-102.

[279] 顾海峰，卞雨晨. 数字金融会影响银行系统性风险吗？——基于中国上市银行的证据［J］. 中国软科学，2022（2）：32-43.

[280] 张杰. 当经济学遭遇中国金融改革：几个问题的新解释［J］. 国际金融研究，2019（6）：3-13.

［281］Beck T, Demirguc-Kunt A, Levine R. Bank supervision and corporate finance［R］. NBER Working Paper, 2003.

［282］李华民, 邓云峰, 吴非. 金融监管如何影响企业技术创新［J］. 财经科学, 2021（2）: 30-44.

［283］Stigler G J. The theory of economic regulation［J］. The Bell Journal of Economics and Management, 1971（2）: 3-211.

［284］Becker G S, Stigler G J. Law enforcement, malfeasance, and compensation of enforcers［J］. The Journal of Legal Studies, 1974, 3（1）: 1-18.

［285］Kane E J. A Six-point program for deposit-insurance reform policy, practice, & problems［J］. Housing Finance Review, 1983, 2（3）: 269-278.

［286］叶永刚, 张培. 中国金融监管指标体系构建研究［J］. 金融研究, 2009（4）: 159-171.

［287］Goldsmith R W. Financial structure and development［M］. New Haven, CT: Yale University Press, 1969.

［288］McKinnon R I. Money and capital in economic development［M］. Washington, D.C.: The brookings Institution Press, 1973.

［289］Shaw E S. Financial deepening in economic development［M］. New York: Oxford University Press, 1973.

［290］托玛斯·赫尔曼, 凯文·穆尔多克, 约瑟夫·斯蒂格利茨. 金融约束: 一个新的分析框架［J］. 经济导刊, 1997（5）: 43-48.

［291］Buera F J, Shin Y. Financial frictions and the persistence of history: A quantitative exploration［J］. Journal of Political Economy, 2013, 121（2）: 221-272.

［292］董晓时. 金融结构的基础与发展［M］. 沈阳: 东北财经大学出版社, 1999.

［293］张兵, 孙若涵. 金融科技发展能否降低融资的地理排斥［J］. 当代财经, 2023（2）: 55-67.

［294］Knaack P, Gruin J. From shadow banking to digital financial inclusion: China's rise and the politics of epistemic contestation within the Financial Stability Board［J］. Review of International Political Economy, 2021, 28（6）: 1582-1606.

［295］林曦, 王仁曾. 金融科技对金融市场复杂性的影响研究——基于系统

性金融风险视角［J］.证券市场导报，2023（10）：68–79.

［296］李志辉，胡心怡，常心宇.金融科技创新能提升商业银行普惠服务能力吗？——兼论商业银行普惠目标与经营目标相容［J］.现代财经（天津财经大学学报），2024，44（1）：107–125.

［297］何德旭，郑联盛.影子银行体系与金融体系稳定性［J］.经济管理，2009，31（11）：20–25.

［298］李建军，薛莹.中国影子银行部门系统性风险的形成、影响与应对［J］.数量经济技术经济研究，2014，31（8）：117–130.

［299］李向前，诸葛瑞英，黄盼盼.影子银行系统对我国货币政策和金融稳定的影响［J］.经济学动态，2013（5）：81–87.

［300］李文喆.中国影子银行的经济学分析：对货币政策调控的影响［J］.中国经济问题，2020（5）：55–70.

［301］何平，刘泽豪，方志玮.影子银行、流动性与社会融资规模［J］.经济学（季刊），2018，17（1）：45–72.

［302］周莉萍.影子银行体系的信用创造：机制、效应和应对思路［J］.金融评论，2011，3（4）：37–53+124.

［303］程小可，姜永盛，郑立东.影子银行、企业风险承担与企业价值［J］.财贸研究，2016，27（6）：143–152.

［304］吴娜，于博，樊瑞婷.影子银行、货币政策与企业金融资产配置［J］.现代财经（天津财经大学学报），2020，40（11）：3–20.

［305］Zhang L, Chen S. China's digital economy: Opportunities and risks［J］. IMF Working Paper, 2019.

［306］Evans O. Connecting the poor: The internet, mobile phones and financial inclusion in Africa［J］. Digital Policy, Regulation and Governance, 2018, 20（6）：568–581.

［307］Huang Y P. FinTech development in the People's Republic of China and its macroeconomic implications［J］. ADBI Working Paper, 2020（1169）.

［308］周全，韩贺洋.金融科技发展及风险演进分析［J］.科学管理研究，2020，38（6）：127–133.

［309］白当伟，汪天都，李潇潇，等.普惠金融与金融稳定：传导机理及实

证研究［J］.上海金融，2018（8）：25-35.

［310］Siddik MNA, Kabiraj S. Does financial inclusion induce financial stability? Evidence from cross-country analysis［J］. Australasian Accounting Business & Finance Journal, 2018, 12（1）：33-46.

［311］Neaime S, Gaysset I. Financial inclusion and stability in MENA: Evidence from poverty and inequality［J］. Finance Research Letters, 2018（24）：230-237.

［312］Barik R, Pradhan A K. Does financial inclusion affect financial stability: Evidence from brics nations?［J］. Journal of Developing Areas, 2021, 55（1）：341-356.

［313］郭峰，王靖一，王芳，等.测度中国数字普惠金融发展：指数编制与空间特征［J］.经济学（季刊），2020，19（4）：1401-1418.

［314］梁晓琴.数字普惠金融对地方税收影响的实证研究［J］.审计与经济研究，2020，35（5）：96-104.

［315］宋晓玲.数字普惠金融缩小城乡收入差距的实证检验［J］.财经科学，2017（6）：14-25.

［316］王小华，胡大成.金融科技发展对城乡收入差距的影响研究［J］.西南大学学报（自然科学版），2022，44（7）：141-151.

［317］Tok Y W, Heng D. 金融科技：金融普惠还是金融排斥？［J］.新金融，2022（9）：8-15.

［318］李牧辰，封思贤，谢星.数字普惠金融对城乡收入差距的异质性影响研究［J］.南京农业大学学报（社会科学版），2020，20（3）：132-145.

［319］张乐柱，高士然.金融普惠逻辑、数字化转型与城乡收入差距［J］.华南农业大学学报（社会科学版），2023，22（1）：107-117.

［320］Hannig A, Jansen S. Financial inclusion and financial stability: Current policy issues［J］. ADBI Working Paper, 2010（259）.

［321］Muganyi T, Yan L, Sun H. Green finance, fintech and environmental protection: Evidence from China［J］. Environmental Science and Ecotechnology, 2021（7）：100107.

［322］Tao R, Su C W, Naqvi B, et al. Can FinTech development pave the way for a transition towards low-carbon economy: A global perspective［J］. Technological

Forecasting and Social Change, 2022（174）: 121278.

［323］房宏琳，杨思莹. 金融科技创新与城市环境污染［J］. 经济学动态，2021（8）: 116-130.

［324］段永琴，何伦志，克翺. 数字金融、技术密集型制造业与绿色发展［J］. 上海经济研究，2021（5）: 89-105.

［325］郭新明. 气候风险对金融稳定与货币政策目标实现的影响及应对［J］. 金融纵横，2020（1）: 3-13.

［326］Dafermos Y, Nikolaidi M, Galanis G. Climate change, financial stability and monetary policy［J］. Ecological Economics, 2018（152）: 219-234.

［327］G20 Green Finance Study Group. G20 Green Finance Synthesis Report 2017［R］. 2017.

［328］陶娅娜，袁佳. 生物多样性下降对产业链安全及金融稳定的影响与启示［J］. 南方金融，2022（2）: 72-78.

［329］马正宇，秦放鸣. 气候变化影响金融稳定的传导机制研究［J］. 金融发展研究，2021（2）: 35-43.

［330］Svartzman R, Bolton P, Despres M, et al. Central banks, financial stability and policy coordination in the age of climate uncertainty: A three-layered analytical and operational framework［J］. Climate Policy, 2021, 21（4）: 563-580.

［331］Roncoroni A, Battiston S, Escobar Farfán L O L, et al. Climate risk and financial stability in the network of banks and investment funds［J］. Journal of Financial Stability, 2021.

［332］Battiston S, Dafermos Y, Monasterolo I. Climate risks and financial stability［J］. Journal of Financial Stability, 2021（54）: 100867.

［333］中国人民银行研究局课题组. 气候相关金融风险——基于央行职能的分析［J］. 中国人民银行工作论文，2020（3）.

［334］Chabot M, Bertrand J-L. Climate risks and financial stability: Evidence from the European financial system［J］. Journal of Financial Stability, 2023（69）: 101190.

［335］贺晓宇，储德银. 政府治理数字化转型与城市创业活跃度提升［J］. 上海经济研究，2023（9）: 41-53.

［336］朱太辉. 我国 Fintech 发展演进的综合分析框架［J］. 金融监管研究，

2018（1）：55-67.

［337］余丰慧.金融科技：大数据、区块链和人工智能的应用与未来［M］.杭州：浙江大学出版社，2018.

［338］赵永新.金融科技创新与监管［M］.北京：清华大学出版社，2021.

［339］王浦劬.国家治理现代化研究［M］.北京：中国社会科学出版社，2020.

［340］奥古斯丁·卡斯滕斯，斯泰恩·克莱森斯，费尔南多·莱斯特伊，等.大型科技公司的金融监管［J］.中国金融，2021（22）：16-17.

［341］中国人民银行金融科技委员会.中国金融科技创新监管工具白皮书［M］.北京：中国金融出版社，2020.

［342］Amstad M, Huang B H, Morgan P J, et al. Central bank digital currency and FinTech in Asia［M］. Tokyo: Asian Development Bank, 2019.

［343］黄靖雯，陶士贵.数智化阶段的金融科技：风险与监管［J］.兰州学刊，2023（6）：30-53.

［344］沈悦，郭品.互联网金融、技术溢出与商业银行全要素生产率［J］.金融研究，2015（3）：160-175.

［345］战明华，汤颜菲，李帅.数字金融发展、渠道效应差异和货币政策传导效果［J］.经济研究，2020，55（6）：22-38.

［346］张红伟，林晨，陈小辉.金融科技能影响金融分权吗？——来自金融科技信贷的证据［J］.经济与管理研究，2020，41（11）：77-91.

［347］李淑萍，徐英杰.互联网金融、系统重要性与商业银行风险承担［J］.宏观经济研究，2020（12）：38-46+151.

［348］王靖一，黄益平.金融科技媒体情绪的刻画与对网贷市场的影响［J］.经济学（季刊），2018，17（4）：1623-1650.

［349］郭红兵，杜金岷.中国金融稳定状况指数的构建［J］.数量经济技术经济研究，2014，31（5）：100-116+161.

［350］Albulescu C. Forecasting the romanian financial system stability using a stochastic simulation model［J］. Romanian Journal for Economic Forecasting, 2010, 13（1）：81-98.

［351］梁永礼.新常态下我国金融安全实证分析［J］.经济问题探索，2016

（11）：128-137.

［352］Creel J, Hubert P, Labondance F. Financial stability and economic performance in Europe［J］. Economic Modelling, 2015, 48（35）：25-40.

［353］张曾莲，王莹．地方政府债务、支出效率与金融稳定的互动关系研究——基于中国 30 个省份样本的实证分析［J］．软科学，2021，35（9）：1-7.

［354］国际货币基金组织．金融体系稳健性的宏观审慎指标［M］．北京：中国金融出版社，2001.

［355］陈守东，杨莹，马辉．中国金融风险预警研究［J］．数量经济技术经济研究，2006（7）：36-48.

［356］何德旭，娄峰．中国金融安全指数的构建及实证分析［J］．金融评论，2012，4（5）：1-14+122.

［357］Petrovska M, Mihajlovska E M. Measures of financial stability in macedonia［J］. Journal of Central Banking Theory and Practice, 2013, 2（3）：85-110.

［358］Morris V C. Measuring and forecasting financial stability: The composition of an aggregate financial stability index for Jamaica［J］. Bank of Jamaica, 2010, 6（2）：34-51.

［359］易传和，安庆卫．建立区域金融稳定评价指标体系研究［J］．财经理论与实践，2005（5）：54-59.

［360］王劲松，钟昌标，武文慧，等．中国金融稳定的地区异质性测度及其治理［J］．浙江社会科学，2023（2）：13-24+155.

［361］文洪武．区域金融稳定宏观预警模型研究——基于河北省的实证分析［J］．上海金融，2011（1）：107-112.

［362］仲彬，陈浩．金融稳定监测的理论、指标和方法［J］．上海金融，2004（9）：33-35.

［363］中国人民银行上海总部金融稳定分析小组．中国区域金融稳定报告2008［R］．2008.

［364］杜鑫．当前中国农村居民收入及收入分配状况——兼论各粮食功能区域农村居民收入水平及收入差距［J］．中国农村经济，2021（7）：84-99.

［365］陈兵，乌静，王伟龙．新型城镇化、城乡收入差距对居民消费的影响及区域差异［J］．商业经济研究，2021（18）：42-45.

[366] 王晰, 杨琳, 白智奇. 考虑动态调整的金融稳定指数构建 [J]. 金融监管研究, 2020 (2): 102-114.

[367] 赵奉军, 骆祖春. 经济政策不确定性与房地产投资 [J]. 现代经济探讨, 2019 (11): 13-20.

[368] 中国人民银行上海总部金融稳定分析小组. 中国区域金融稳定报告2009 [R]. 2009.

[369] 陶玲, 朱迎. 系统性金融风险的监测和度量——基于中国金融体系的研究 [J]. 金融研究, 2016 (6): 18-36.

[370] 吴心弘, 裴平. 中国支付体系发展对金融稳定的影响研究 [J]. 新金融, 2020 (4): 25-30.

[371] 翟光宇. 存贷比监管指标是否应该放松——基于中国上市银行2007—2012年的季度数据分析 [J]. 经济理论与经济管理, 2013 (6): 91-101.

[372] 罗晓蕾, 张明辉, 许尚超. 区域性金融风险监测预警体系研究——以河南省区域金融风险为例 [J]. 金融理论与实践, 2018 (5): 40-46.

[373] 高洪忠, 李坤. 考虑时间因素的退保率指标及应用 [J]. 数理统计与管理, 2015, 34 (1): 142-149.

[374] 范庆祝, 孙祁祥. 中国寿险产品退保行为净传染效应研究——基于空间面板数据的实证分析 [J]. 保险研究, 2017 (6): 3-14.

[375] 邓子基. 财政收入与 GDP 的协调关系研究——兼评所谓"国富民穷"之说 [J]. 经济学动态, 2011 (5): 21-25.

[376] 徐国祥, 檀向球, 胡穗华. 上市公司经营业绩综合评价及其实证研究 [J]. 统计研究, 2000 (9): 44-51.

[377] 宋林. 民间金融对我国金融体系稳定性的影响研究 [M]. 西安: 西安交通大学出版社, 2022.

[378] 华秀萍, 毕坚达, 石豪骞. 普惠金融的适度水平: 金融稳定的视角 [J]. 经济学 (季刊), 2023, 23 (3): 1131-1149.

[379] 吴雨, 李晓, 李洁, 等. 数字金融发展与家庭金融资产组合有效性 [J]. 管理世界, 2021, 37 (7): 92-104+7.

[380] 张晓晶, 李成, 李育. 扭曲、赶超与可持续增长——对政府与市场关系的重新审视 [J]. 经济研究, 2018, 53 (1): 4-20.

［381］马勇，陈雨露. 金融杠杆、杠杆波动与经济增长［J］. 经济研究，2017，52（6）：31-45.

［382］杨翠红，王小琳，王会娟，等. 开放与保护的平衡：数字服务贸易的监管同质化［J］. 中国工业经济，2023（12）：80-98.

［383］Lind J T, Mehlum H. With or without U? The appropriate test for a U-shaped relationship［J］. Oxford Bulletin of Economics and Statistics, 2010, 72（1）：109-118.

［384］Haans R F J, Pieters C, He Z L. Thinking about U: Theorizing and testing U- and inverted U-shaped relationships in strategy research［J］. Strategic Management Journal, 2016, 37（7）：1177-1195.

［385］张勋，杨桐，汪晨，等. 数字金融发展与居民消费增长：理论与中国实践［J］. 管理世界，2020，36（11）：48-63.

［386］郭峰，孔涛，王靖一. 互联网金融空间集聚效应分析——来自互联网金融发展指数的证据［J］. 国际金融研究，2017（8）：75-85.

［387］范庆倩，封思贤. 数字金融影响碳排放的作用机理及效果［J］. 中国人口·资源与环境，2022，32（11）：70-82.

［388］白俊红，刘宇英. 金融市场化与企业技术创新：机制与证据［J］. 经济管理，2021，43（4）：39-54.

［389］许和连，成丽红，孙天阳. 制造业投入服务化对企业出口国内增加值的提升效应——基于中国制造业微观企业的经验研究［J］. 中国工业经济，2017（10）：62-80.

［390］陈强. 高级计量经济学及 Stata 应用（第2版）［M］. 北京：高等教育出版社，2014.

［391］郑江淮，冉征. 走出创新"舒适区"：地区技术多样化的动态性及其增长效应［J］. 中国工业经济，2021（5）：19-37.

［392］Ni Q, Zhang L, Wu C. Fintech and commercial bank risks-The moderating effect of financial regulation［J］. Finance Research Letters, 2023（58）：104536.

［393］王小华，宋檬，杨亦兰. 金融科技、金融监管与企业高质量发展［J］. 财经问题研究，2023（4）：87-99.

［394］杨彪，李冀申. 第三方支付的宏观经济风险及宏观审慎监管［J］. 财经科学，2012（4）：44-52.

［395］吴晓求．互联网金融：成长的逻辑［J］．财贸经济，2015（2）：5-15.

［396］胡艺，张晓卫，李静．出口贸易、地理特征与空气污染［J］．中国工业经济，2019（9）：98-116.

［397］李海奇，张晶．金融科技对我国产业结构优化与产业升级的影响［J］．统计研究，2022，39（10）：102-118.

［398］江艇．因果推断经验研究中的中介效应与调节效应［J］．中国工业经济，2022（5）：100-120.

［399］Judd C M, Kenny D A. Process analysis: Estimating mediation in treatment evaluations［J］. Evaluation Review, 1981, 5（5）: 602-619.

［400］Baron R M, Kenny D A. The moderator-mediator variable distinction in social psychological research: Conceptual, strategic, and statistical considerations［J］. Journal of Personality and Social Psychology, 1986, 51（6）: 1173-1182.

［401］Edwards J R, Lambert L S. Methods for integrating moderation and mediation: A general analytical framework using moderated path analysis［J］. Psychological Methods, 2007, 12（1）: 1-22.

［402］Hayes A F. Beyond baron and kenny: Statistical mediation analysis in the new millennium［J］. Communication Monographs, 2009, 76（4）: 408-420.

［403］Zhao X, Lynch J G Jr, Chen Q. Reconsidering baron and kenny: Myths and truths about mediation analysis［J］. Journal of Consumer Research, 2010, 37（2）: 197-206.

［404］温忠麟，叶宝娟．中介效应分析：方法和模型发展［J］．心理科学进展，2014，22（5）：731-745.

［405］刘斌，甄洋．数字贸易规则与研发要素跨境流动［J］．中国工业经济，2022（7）：65-83.

［406］杨碧云，魏小桃，易行健，等．数字经济对共享发展影响的微观经验证据：基于消费不平等的视角［J］．国际金融研究，2022（10）：15-25.

［407］白俊红，王星媛，卞元超．互联网发展对要素配置扭曲的影响［J］．数量经济技术经济研究，2022，39（11）：71-90.

［408］黄阳华，张佳佳，蔡宇涵，等．居民数字化水平的增收与分配效应——来自中国家庭数字经济调查数据库的证据［J］．中国工业经济，2023

（10）：23–41.

［409］颜杰，周茂，李雨浓，等．外资进入、市场不确定性与本土企业商业信用供给［J］．中国工业经济，2023（12）：153–170.

［410］林伟鹏，冯保艺．管理学领域的曲线效应及统计检验方法［J］．南开管理评论，2022，25（1）：155–166.

［411］Hayes A F. Introduction to mediation, moderation, and conditional process analysis: A regression–based approach［M］. New York: The Guilford Press, 2022.

［412］史焕平，刘鑫．数字金融与货币政策有效性：基于银行风险承担渠道视角［J］．南方金融，2023（6）：3–17.

［413］Chen Z, He Z, Liu C. The financing of local government in China: Stimulus loan wanes and shadow banking waxes［J］. Journal of Financial Economics, 2020, 137（1）：42–71.

［414］陈剑，张晓龙．影子银行对我国经济发展的影响——基于2000—2011年季度数据的实证分析［J］．财经问题研究，2012（8）：66–72.

［415］王振，曾辉．影子银行对货币政策影响的理论与实证分析［J］．国际金融研究，2014（12）：58–67.

［416］Chen K, Ren J, Zha T. The Nexus of monetary policy and shadow banking in China［J］. American Economic Review, 2018, 108（12）：3891–3936.

［417］李青原，陈世来，陈昊．金融强监管的实体经济效应——来自资管新规的经验证据［J］．经济研究，2022，57（1）：137–154.

［418］Benfratello L, Schiantarelli F, Sembenelli A. Banks and innovation: Microeconometric evidence on Italian firms［J］. Journal of Financial Economics, 2008, 90（2）：197–217.

［419］粟勤，肖晶．中国银行业市场结构对金融包容的影响研究——基于区域经济发展差异化的视角［J］．财经研究，2015，41（6）：32–45.

［420］金友森，张琴韵，许和连．银行发展对企业创新的影响——基于商业银行县域密度的证据［J］．金融论坛，2020，25（2）：44–55.

［421］张勋，万广华，张佳佳，等．数字经济、普惠金融与包容性增长［J］．经济研究，2019，54（8）：71–86.

［422］朱东波，任力，刘玉．中国金融包容性发展、经济增长与碳排放［J］.

中国人口·资源与环境，2018，28（2）：66-76.

［423］孙君，张前程. 中国城乡金融不平衡发展与城乡收入差距的经验分析
［J］. 世界经济文汇，2012（3）：108-120.

［424］田卫民. 省域居民收入基尼系数测算及其变动趋势分析［J］. 经济科
学，2012（2）：48-59.

［425］王少平，欧阳志刚. 我国城乡收入差距的度量及其对经济增长的效应
［J］. 经济研究，2007，42（10）：44-55.

［426］梁双陆，刘培培. 数字普惠金融与城乡收入差距［J］. 首都经济贸易
大学学报，2019，21（1）：33-41.

［427］Aghion P, Bloom N, Blundell R, et al. Competition and innovation: An
Inverted-U relationship［J］. The Quarterly Journal of Economics, 2005, 120（2）: 701-
728.

［428］张杰. 金融抑制、融资约束与出口产品质量［J］. 金融研究，2015
（6）：64-79.

［429］张笑，孙典. 再谈"数字鸿沟"：新兴技术关注度与社会公平感知
［J］. 科学学研究，2024，42（10）：2028-2037.

［430］段军山，庄旭东. 地方金融监管对提高银行贷款质量的效应——来自
中国省级面板数据的经验证据［J］. 金融论坛，2020，25（1）：28-37.

［431］张晓燕，姬家豪. 金融科技与金融监管的动态匹配对金融效率的影响
［J］. 南开管理评论，2023，26（1）：43-56.

［432］王小鲁，胡李鹏，樊纲. 中国分省份市场化指数报告（2021）［M］.
北京：社会科学文献出版社，2021.

［433］王金杰，郭树龙，张龙鹏. 互联网对企业创新绩效的影响及其机制研
究——基于开放式创新的解释［J］. 南开经济研究，2018（6）：170-190.